管理学学术文库·宏观管理与决策卷

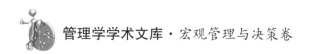

管理学学术文库·宏观管理与决策卷

国家自然科学基金项目（NO.72174124,NO.72104146）成果
广东省基础与应用基础研究基金项目（NO.2022A1515011009）成果

中国新能源汽车政策演化及建模分析

—— 秦全德　张　蕾　范　璧◎著 ——

中国·武汉

内 容 提 要

本书剖析了中国新能源汽车政策的演变历程,探讨其对市场格局和消费者行为的影响。在宏观层面,本书分析了政策如何推动产业革新、促进技术升级和加强环境保护,同时探讨了中央与地方政策的协同效应及其面临的挑战。在微观层面,本书构建了"认知-情感-意愿"模型,深入解析了消费者对新能源汽车的认知、情感与购买意愿之间的复杂关系。通过多维度分析,本书挖掘出影响消费者购车决策的关键因素。本书不仅提供了对中国新能源汽车政策的深度洞察,还为推动可持续交通发展提供了管理理论和实践建议。本书适合从事绿色低碳发展转型、公共政策分析的学者,以及对新能源汽车产业感兴趣的读者参考和阅读。

图书在版编目(CIP)数据

中国新能源汽车政策演化及建模分析 / 秦全德,张蕾,范璧著. -- 武汉:华中科技大学出版社,2024.9. -- (管理学学术文库). -- ISBN 978-7-5772-1308-8

Ⅰ.F426.471

中国国家版本馆 CIP 数据核字第 2024TH2420 号

中国新能源汽车政策演化及建模分析　　　　　　　　　　秦全德　张蕾　范璧　著
Zhongguo Xinnengyuan Qiche Zhengce Yanhua ji Jianmo Fenxi

策划编辑:	杨　玲　肖丽华
责任编辑:	张梦舒　肖唐华
封面设计:	原色设计
责任校对:	张汇娟
责任监印:	周治超
出版发行:	华中科技大学出版社(中国·武汉)　　电话:(027)81321913
	武汉市东湖新技术开发区华工科技园　　邮编:430223
录　　排:	武汉正风天下文化发展有限公司
印　　刷:	武汉科源印刷设计有限公司
开　　本:	710mm×1000mm　1/16
印　　张:	16.5　插页:2
字　　数:	313 千字
版　　次:	2024 年 9 月第 1 版第 1 次印刷
定　　价:	88.00 元

本书若有印装质量问题,请向出版社营销中心调换
全国免费服务热线:400-6679-118　竭诚为您服务
版权所有　侵权必究

前言

在全球气候变化和能源安全问题日益严峻的背景下,发展新能源汽车已成为世界各国应对这些挑战的重要战略选择。作为世界上重要的汽车生产国和消费国,中国在新能源汽车领域的探索和实践对全球汽车产业的转型升级具有举足轻重的作用。新能源汽车产业的发展不仅关乎一个国家的经济转型和技术进步,更是人类应对全球气候变化、实现可持续发展的重要举措。因此,深入研究中国新能源汽车政策,不仅对中国自身的产业发展具有指导意义,也为全球其他国家提供了宝贵的经验,具有深远的学术价值和实践意义。

回顾中国新能源汽车产业的发展历程,政策在其中发挥了关键作用。从2009年启动"十城千辆"工程,到2010年将新能源汽车产业列入七大战略性新兴产业行列,再到2020年发布《新能源汽车产业发展规划(2021—2035年)》,中国政府始终致力于通过政策引导和支持推动新能源汽车产业的快速发展。这些政策涵盖了研发支持、生产激励、消费补贴、基础设施建设等多个方面,形成了一个全方位、多层次的政策体系。在这些政策的推动下,中国新能源汽车产业取得了显著成就。2015年以来,中国新能源汽车销量连续多年位居全球第一,中国成为全球最大的新能源汽车市场。至2023年,中国新能源汽车的产销量均超过900万辆,保有量超过2000万辆,充电基础设施建设也取得了显著进展。这些成就不仅为中国汽车产业的转型升级提供了强劲动力,也为全球应对气候变化做出了重要贡献。然而,随着产业的快速发展,新能源汽车政策面临着新的挑战和调整需求。这些挑战不仅反映了产业发展的复杂性,也凸显了政策制定和实施过程中的诸多难题。首先,政策制定者需要不断更新完善政策体系,以应对市场需求和技术进步的变化,支持产业的持续健康发展。其次,中央政策与地方政策之间的有效协同至关重要,以确保政策目标的一致性和执行的连贯性。新能源汽车政策涉及生产技术、市场推广和节能环保等多个目标,这些目标之间可能存在资源竞争和优先级冲突，需要政策制定者审慎权衡。此外，消费者的认知、情感和购买意愿直接影响新能源汽车的市场接受度，因此，如何通过政策激励和市场推广活动来影响消费者行为，促进新能源汽车的销售和使用，也是一个重要课题。最后，建立有效的数据收集和分析机制，对政策实施效果进行监测和评估，并及时根据反馈进行调整，对于政策的持续优化至关重要。这些都是当前新能源汽车政策研究中的重要课题。

  我们围绕中国新能源汽车政策开展了一系列研究。这些研究涵盖宏观和微观视角。在宏观层面，我们研究了中国新能源汽车政策的演变过程、中央和地方层面政策的协同扩散情况以及不同政策目标之间的竞争与合作机制。在微观层面，我们从市场中的消费者入手，构建了以"认知-情感-意愿"为框架的消费者新能源汽车购买意愿模型，旨在从新能源汽车产业链终端的消费者入手，明确促进或阻碍消费者选购新能源汽车的因素及其作用机制，以帮助识别新能源汽车市场中消费者的购车用车需求，并根据新能源汽车终端市场变化调整新能源汽车政策，更好地推动中国新能源汽车产业发展模式由政府政策引导向市场主导转变。

  本书共分为七章，内容安排如下。

  第一章为导论，主要阐述新能源汽车政策研究背景、相关研究及其理论与技术。本章重点对国内外新能源汽车政策相关研究进行了回顾和梳理，总结了新能源汽车政策研究的不同阶段及其形成原因。从分析结果来看，1980年至2021年国内外新能源汽车的研究可以分为三个阶段，分别是缓慢增长期（1980—2008年）、稳定增长期（2009—2016年）和快速增长期（2017—2021年）。这三个研究阶段的形成及其特点与全球新能源汽车产业的发展阶段高度相关。在缓慢增长期，新能源汽车产业处于初步探索的阶段，因此，这一阶段关于新能源汽车产业政策的研究较少；在稳定增长期，由于新能源汽车技术已经实现了较大的突破，市场对新能源汽车已有一定的认知，越来越多的国家进入新能源汽车领域，关于新能源汽车市场化的政策研究越来越多；在快速增长期，新能源汽车市场化已有明显成就，但在这一阶段，相关市场化政策的执行细节问题越来越突出，对新能源汽车政策执行细节的研究也成为这一时期的研究重点。在本章，我们还运用CiteSpace文献数据可视化软件分析了新能源汽车政策的研究热点和研究趋势，向读者展示了新能源汽车政策研究的主要学者、国家、机构及其协作情况，并展示了新能源汽车研究的热点话题、重要参考文献等。此外，我们还回顾了关于消费者新能源汽车购买意愿的研究，对影响消费者购买新能源汽车行为的个人特征因素、产品因素、政策因素和情感因素相关研究进行了梳理,为后续研究提供理论基础。

第二章对中国新能源汽车政策的演化过程进行了分析。在国家层面,我们梳理了新能源汽车政策的演变逻辑和推进思路,提出了一个宏观微观综合分析框架,对中国新能源汽车政策演变进行了系统、全面的分析。一方面,从宏观层面概述中国国家新能源汽车政策目标的发展;另一方面,对不同时期的政策工具进行识别和分类,揭示微观层面的政策实施路径。同时,利用该框架将政策目标和政策工具联合进行分析,以发现协同规律。本章所提出的宏观微观分析框架,可以帮助读者对中国新能源汽车政策的演变形成系统、全面的理解。

第三章定性分析了国家和地方政府新能源汽车政策的演变特点,特别是对新能源汽车补贴政策进行了讨论。对新能源汽车政策内容演化的分析,既展示了中国政府对新能源汽车发展的整体规划,又清晰地展示了政府政策随着新能源汽车产业发展进行动态调整的过程,有助于探究政府政策制定与调整的动因和政府在扶持新能源汽车产业发展中的战略选择。本章为后续对新能源汽车政策中央与地方的协同、竞争与合作机制以及消费者新能源汽车购买意愿的研究提供了背景依据。

第四章利用各级政府政务微博发布的新能源汽车产业政策,采用动态主题模型挖掘了中央和地方两级政府新能源汽车政策的主题内涵、政策组合特点及差异。研究发现,政府在社交媒体上对新能源汽车产业政策的宣传主要集中在三个方面:政策指导、政策措施和现状报道。分析结果还表明,中央政府与地方政府在政策宣传方面存在差异。中央政府的宣传重点是政策指导,而地方政府更多宣传政策的实施情况。简而言之,中央制定指导方针,地方负责政策的具体实施。此外,研究结果还揭示了新能源汽车政策的宣传并不是中央向地方的单向辐射,中央政府在向地方政府传播促进新能源汽车政策宣传的信号时,地方政府也能够自下向上地影响中央政府的新能源汽车政策宣传。

第五章运用常用于生态系统中物种竞争研究的 Lotka-Volterra 模型,从竞争与合作的角度探讨了长三角、珠三角及京津冀地区不同新能源汽车政策目标之间的竞争与合作情况。研究发现,三大地区会根据各自的资源禀赋合理配置资源,对某些政策目标给予更多的政策倾斜。虽然三大地区政府出台的新能源汽车产业政策都贯穿了新能源汽车产业全链条,产业政策目标较为全面,但是,这些目标之间并不是平等共存的关系。相反地,这些政策目标之间存在相互竞争和抑制的关系。本章重点分析了三大地区新能源汽车产业政策目标之间的竞争与合作关系,三大地区的政策目标竞争与合作关系的不同表现与自身发展新能源汽车产业的优势不同有关。

第六章运用文本挖掘、机器学习等技术对社交媒体平台上消费者对新能源汽车进行评价与讨论的文本数据进行了消费者关注度和情感主题聚类等分析,从中发现消费者对新能源汽车关注度的变化和所持有的情感差异特点。研究表明,个体消费者对新能源汽车的关注度同新能源汽车政策、与自身相关的程度是紧密相关的。具体来说,个体消费者对新能源汽车的关注度与补贴、政策同频出现。同时,个体消费者对新能源汽车的关注度在性别和地区上存在差异。具体来说,男性对新能源汽车的关注度高于女性,东部、中部地区消费者比西部、东北部地区消费者更关注新能源汽车。在对社交媒体中与新能源汽车相关的文本挖掘中,我们发现,消费者对新能源汽车的情感是复杂的,既有积极情感又有消极情感。诱发这些情感的因素不同,而且同一因素给消费者带来的情感既可能是积极的也可能是消极的。

在新能源汽车产业发展以市场为主导的原则指引下,第七章从微观角度入手,探讨影响消费者新能源汽车购买意愿的因素。我们构建了消费者新能源汽车购买意愿模型,该模型联系了影响消费者购买意愿的外部因素和内部心理因素,提出消费者对外部因素的认知引起了消费者对新能源汽车心理上的变化(情感态度),进而影响其购买新能源汽车的意愿。第六章关于消费者对新能源汽车的情感分析为我们构建以"认知-情感-意愿"为框架的消费者新能源汽车购买意愿模型提供了基础。本章重点探讨了消费者情感对新能源汽车购买意愿的影响及其在认知因素和消费者新能源汽车购买意愿之间的中介作用,并指出了态度矛盾对新能源汽车购买意愿的阻碍作用。

中国新能源汽车政策研究不仅涉及理论问题,也涉及大量与具体实践相结合的问题,需要运用经济学、管理科学、系统科学,以及计算科学等多学科知识。本书立足于中国新能源汽车产业发展的实际,运用多学科研究方法,从政策演变、政策协同、政策竞争与合作、消费者行为等多个角度对中国新能源汽车政策进行了较为全面和深入的探索。本书的研究方法具有较强的跨学科特点,不仅运用了传统的政策分析方法,还引入生态学模型、机器学习、社交网络分析等多学科研究工具,这种跨学科的研究方法为新能源汽车政策研究提供了新的思路,也可为其他领域的政策研究提供借鉴。

展望未来,中国新能源汽车产业正站在新的历史起点。随着技术进步、市场成熟和政策优化,新能源汽车有望在更大范围内替代传统燃油汽车,成为主流的交通工具。与此同时,新能源汽车也将与智能网联、共享出行等新技术、新模式深度融合,推动整个汽车产业和交通体系的变革。在这个过程中,政策将继续发挥重要的引导和支持作用,但其重点和方式也将随之调整。未来的政策重点可能会从直接的财政补贴转向更加市场化的激励机制,从单纯的产业扶持转向更加全面的生态系统构建,从国内市场发展转向全球竞争力的提升。这些变化都需要政策制定者保持敏锐的洞察力,具有前瞻性思维,不断调整和优化政策措施。

  本书的研究工作得到了国家自然科学基金面上项目及青年科学基金项目(No.72174124,No.72104146)和广东省基础与应用基础研究基金项目(No.2022A1515011009)的支持,在此一并致谢!

  限于我们的知识范围和学术水平,书中难免存在不足之处,恳请读者批评指正!

秦全德
2024 年 9 月于深圳

目录

第一章 导论 …………………………………………………………（1）
    第一节 研究背景 …………………………………………………（2）
    第二节 相关研究回顾 ……………………………………………（4）
    第三节 相关研究理论 ……………………………………………（35）
    第四节 相关研究技术 ……………………………………………（39）

第二章 中国新能源汽车政策量化演变研究 ………………………（41）
    第一节 研究动机 …………………………………………………（42）
    第二节 中国新能源汽车发展情况 ………………………………（43）
    第三节 国家层面新能源汽车政策演化 …………………………（45）
    第四节 本章小结 …………………………………………………（65）

第三章 中国新能源汽车政策演化 …………………………………（69）
    第一节 研究动机 …………………………………………………（70）
    第二节 国家层面新能源汽车政策定性演化研究 ………………（70）
    第三节 地方层面新能源汽车政策分析 …………………………（73）
    第四节 补贴政策比较 ……………………………………………（79）
    第五节 本章小结 …………………………………………………（82）

第四章 中央和地方的政策协同 ……………………………………（84）
    第一节 研究动机与研究问题 ……………………………………（85）

第二节　数据来源与研究方法 …………………………………（86）
　　第三节　基于DTM的新能源汽车政策主题挖掘 …………………（93）
　　第四节　央地两级政府新能源汽车政策宣传组合 ………………（96）
　　第五节　央地两级政府新能源汽车政策传播机制 ………………（99）
　　第六节　结果讨论与政策启示 …………………………………（107）
　　第七节　本章小结 ………………………………………………（111）

第五章　新能源汽车政策竞合机制研究 ……………………………（112）
　　第一节　三大地区新能源汽车产业发展概况 ……………………（113）
　　第二节　研究方法与数据收集 …………………………………（115）
　　第三节　地区内部政策目标竞争与合作机制研究结果 …………（118）
　　第四节　讨论与总结 ……………………………………………（124）

第六章　基于社交媒体的消费者态度研究 …………………………（128）
　　第一节　研究动机与研究问题 …………………………………（129）
　　第二节　基于微博的新能源汽车公众关注度与情感分析 ………（130）
　　第三节　基于知乎社区话题的情感分析 …………………………（155）
　　第四节　本章小结 ………………………………………………（179）

第七章　新能源汽车购买意愿研究 …………………………………（181）
　　第一节　研究问题与研究动机 …………………………………（182）
　　第二节　基于文本挖掘的新能源汽车购买意愿模型构建 ………（183）
　　第三节　积极情感与消极情感的冲突：态度矛盾的作用 ………（217）
　　第四节　本章小结 ………………………………………………（235）

参考文献 ………………………………………………………………（237）

第一章 导论

第一节 研究背景

随着经济的快速增长和物质生活水平的提高,人们对汽车的需求不断攀升。面对能源短缺和环境污染的双重挑战,新能源汽车的发展已成为全球各国战略发展的新方向。作为一种清洁、环保的交通工具,新能源汽车的推广有助于减少道路交通中的温室气体排放,改善全球生态环境。根据国际能源署(IEA)发布的《全球电动汽车展望2023》,2022年电动汽车实现了温室气体净减排8000万吨。按照现有政策和企业目标,到2030年,使用电动汽车将避免约7亿吨二氧化碳当量的排放。欧美日等工业国家早已开始在新能源汽车领域进行研究,并在近年来将其纳入国家发展战略(熊勇清,2020)。中国也将新能源汽车产业列为国家战略性新兴产业,视其为汽车产业高质量发展和绿色低碳可持续发展的关键战略选择。

中国在新能源汽车产业的发展起步晚于欧美日等工业强国。2001年,在"十五"期间,中国首次确立了新能源汽车产业的地位。2009年,中国启动了"十城千辆"工程,该计划旨在3年左右的时间内,每年在10个城市各推广1000辆新能源汽车进行示范运行。这一标志性工程的实施,标志着中国新能源汽车产业正式步入发展正轨(冯相昭,蔡博峰,2012)。为了进一步凸显新能源汽车的战略重要性,2010年,新能源汽车产业被纳入七大战略性新兴产业之一。自此,中国新能源汽车产业开始迅速崛起,并逐渐发展成为全球最大的新能源汽车市场。根据IEA统计,2022年中国电动汽车销量约占全球电动汽车销量的60%,电动汽车总量首次超过全球的50%,达到了1380万辆,这一数据不仅显示了中国在全球新能源汽车市场中的领先地位,也反映了中国新能源汽车产业的迅猛发展势头。

作为一种新兴的产业,新能源汽车产业的成长和发展离不开政策的有力支持。新能源汽车政策构成了一个高度复杂的政策领域,其特点包括时间跨度长、参与主体众多、影响范围广泛以及不确定性强。自20世纪80年代起,已有国家开始制定相关政策以扶持新能源汽车产业的发展。经过数十年的演进,许多国家的新能源汽车政策已经从粗放型发展转变为集约型发展。在政策发布的主体层面,新能源汽车政策不仅包括国家层面的政策,还涵盖了地方层面的政策。在政策涵盖的主体方面,它从产业链的起点——制造厂商和技术提供者,到产业链的终点——消费者,都有所涉及。形成的政策体系不仅推动了传统汽车产业的革新和基础设施建设的发展方向,还深刻影响了消费者日常生活的方方面面。

为了促进新能源汽车在中国的广泛采用,中国中央政府及地方政府制定了一系列全面的产业支持政策和消费补贴政策。这些政策旨在从汽车制造商和消费者两个主体着手,既推动新能源汽车的生产,也拉动其消费和使用,以此加速新能源汽车的普及进程。本书围绕中国新能源汽车政策演化这一主题,从政策内容演变、政策扩散过程、政策竞合和政策效果四个方面进行深入研究。

第一,探讨中央政府及地方政府在新能源汽车领域的政策演变至关重要。中国的新能源汽车政策与该产业的发展演变紧密相连,深入研究这些政策目标和政策工具的演变,有助于我们全面而立体地理解中国新能源汽车政策的历史轨迹,识别产业在不同发展阶段的特征,并预测中国新能源汽车市场的未来走向。此外,由于各地区的经济发展状况和生产要素条件存在差异,地方政府制定的新能源汽车政策也呈现出多样性,各自的侧重点亦有所区别。通过分析和总结各地政策的共性与差异,包括那些已经取得成效的政策实践和仍需改进的政策领域,我们能够更清晰地描绘出中国新能源汽车政策的发展脉络。通过比较分析,最终可以提出有利于推动中国新能源汽车行业发展的政策建议。

第二,分析中央政府与地方政府在新能源汽车政策扩散中的协同作用。提高新能源汽车的采用率、加快新能源汽车的推广步伐,需要政府政策的支持。消费者对新能源汽车的认知不足影响着新能源汽车的推广效果,而政府可以通过政策工具传达对新能源汽车的支持态度,为消费者提供更多相关信息,以减少或消除信息不对称对新能源汽车推广的不利影响。因此,推动政府政策的扩散成为提高新能源汽车采用率、加快推广步伐的重要环节。新能源汽车政策扩散范围越广,市场终端消费者的新能源汽车知识积累越多,消费者越可能购买和使用新能源汽车。与新能源汽车政策体系的构建一样,新能源汽车政策的扩散离不开多层次主体的参与。中央政府和地方政府作为新能源汽车政策的制定者和重要宣传口,在政策扩散过程中,两级政府如何进行新能源汽车政策推广、两级政府的新能源汽车政策宣传有何差异等,都是值得深入研究的问题。

第三,探究新能源汽车政策内部的竞争合作关系。为了全方位推动新能源汽车市场的发展,政府在制定新能源汽车政策时往往采用多种政策工具,设置多个政策目标。然而,政府资源是有限的,并不能均衡分配给各个政策目标。因此,对于政府而言,必须根据新能源汽车市场发展的不同特征有偏向性地将资源配置给不同的政策目标,引导差异化市场发展。这就意味着,新能源汽车政策存在着内部竞争与合作的情况,研究新能源汽车政策内部的竞争与合作态势有助于识别中国不同地区新能源汽车市场的发展特点和发展优势,为具有同样发展特点和优势或期望培育同类型新能源汽车市场的地区提供政策经验参考。

第四,研究新能源汽车政策的扩散效果及其对消费者反应的影响。政府制定新能源汽车政策的核心目标是促进新能源汽车市场的形成和发展,激励消费者购买和使用新能源汽车。因此,研究消费者对新能源汽车的态度对于评估政府新能源汽车政策扩散的实际效果至关重要。随着新能源汽车政策的持续扩散和市场的不断扩大,消费者对新能源汽车的认知逐渐增强,需求也从被动接受转变为主动寻求。新能源汽车产业随之扩张,逐步进入商业化阶段。在这一阶段,获取更多关于消费者需求的信息变得尤为重要,这有助于将新能源汽车政策激励转变为市场化手段,确保新能源汽车市场的持续健康发展。因此,通过建模分析影响消费者购买新能源汽车意愿的因素,对于未来中国新能源汽车政策的调整方向和策略至关重要。特别是在《新能源汽车产业发展规划(2021—2035年)》明确以市场为主导原则的背景下,消费者对新能源汽车的态度和反应不仅影响市场的发展趋势,也对政府未来新能源汽车政策的制定产生影响。未来的新能源汽车政策应有针对性地解决消费者对新能源汽车消费的顾虑,以更好地促进中国新能源汽车市场的健康发展。

第二节 相关研究回顾

一、新能源汽车政策相关研究

新能源汽车政策的研究极为广泛和复杂,因此需要采用系统性的方法来梳理和归纳相关文献。在大量文献的情况下,传统的定性文献分析方法存在一定的局限性,难以全面展现学科领域的发展趋势。因此,本节选择运用基于大数据的文献计量分析方法,以更全面、客观的角度对新能源汽车政策相关研究进行梳理和分析。基于大数据的文献计量分析方法能够克服传统方法的局限性,帮助研究者获得更全面的信息。这种方法不仅能够量化研究领域的关键主题和热点问题,还能够识别相关研究之间的关联性和趋势。对大规模文献数据的处理和分析能够更准确地呈现新能源汽车政策研究的整体格局,揭示其中的关键特征和发展方向,并提高研究的科学性和可信度,为学术研究和政策制定提供更加有力的支持。

(一)数据收集与研究方法

1. 数据收集

本章研究中使用的数据于 2024 年 3 月 1 日从 Web of Science(WoS)数据库中下载,收集自 Web of Science 核心合集中的 Social Sciences Citation Index (SSCI)数据库。本章研究聚焦于新能源汽车的政策发展,因此检索可分为两个部分:新能源汽车和政策。对于每个部分都要考虑相似的或者相关的术语。关于新能源汽车部分的术语参考了 Zhao X(2018)的文章。详细情况如表 1-1 所示。

表 1-1 检索项目

序号	类别	关键词
1.1	new energy vehicle	"new energy vehicle"
1.2	electric vehicle	"electric vehicle" or "electric car" or "electric automobile"
1.3	battery electric vehicle	"battery electric vehicle" or "pure electric vehicle"
1.4	hybrid electric vehicle	"hybrid electric vehicle" or "plug-in hybrid electric vehicle"
1.5	fuel cell electric vehicle	"fuel cell electric vehicle"
2	policy	"policy" or "policy instrument" or "implementing measure" or "policy tool" or "policies" or "policies and measures" or "programs"

具体检索步骤:对新能源汽车领域的文献进行检索,得到 9764 篇文献;为确保收集到具体的施政手段,还对政策工具领域的文献进行检索,共得到 1 523 582 篇文献;在 WoS 数据库的高级检索选项中,将新能源汽车领域及政策工具领域的文献进行 AND 组配,文献类型精炼为"Article",语种设置为"English",得到新能源汽车政策工具研究相关文献共 4288 篇,如图 1-1 所示。

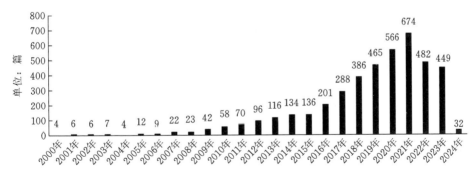

图 1-1 2000—2024 年新能源汽车政策工具研究相关文献数量

2. 研究方法

本章研究选用了 CiteSpace 软件 5.7R2 版本作为主要的分析工具,还结合了 WoS 数据库的年度统计、期刊分布等数据绘制了相关的图表,便于全面了解该研究领域已有文献。CiteSpace 从宏观到微观提供了三个层次的科学合作网络分析:国家和地区合作网络分析、机构合作网络分析、作者合作网络分析。在CiteSpace得到的合作网络中,节点大小代表了国家和地区/机构/作者发表论文数量的多少。此外,CiteSpace还能够实现作者和参考文献的共引分析。本章研究在共引分析的基础上,对共引参考文献进行了聚类分析,得出新能源汽车政策研究领域中不同研究阶段的研究前沿和热点。CiteSpace还支持对关键词和参考文献做突现检测,本章研究也给出了两次突现检测的结果。

在分析整个新能源汽车政策研究领域的已发表文章时,本章研究发现了一个有趣的现象:许多文献计量的结果显示出与"中国"极大的相关性。因此,本章研究遵循相同的研究思路收集来自中国的文献,用 CiteSpace 对这部分文献进行了分析,并给出了关键的分析结果。图1-2 展示了该领域文献梳理的总体框架。

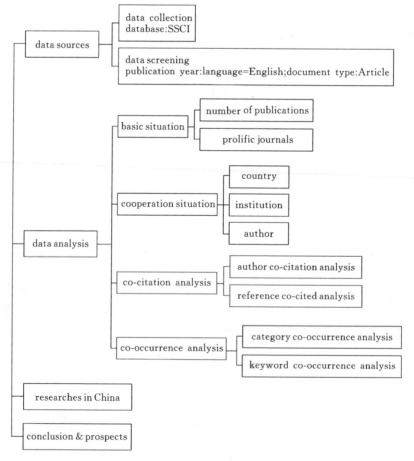

图1-2 研究框架

(二)国内外新能源汽车政策整体研究

1. 基本研究情况

从1980年到2021年,SSCI数据库共有3389篇相关文章。整体来看,新能源汽车政策的研究数量呈逐年增长的趋势,可以划分为三个发展阶段来讨论:缓慢增长期(1980—2008年)、稳定增长期(2009—2016年)和快速增长期(2017—2021年)。

1)缓慢增长期:1980—2008年

新能源汽车政策研究始于20世纪80年代。当时,三次石油危机导致油价的巨大波动并造成全球经济影响。为了能源安全和适应环境变化,各国开始向新能源领域探索,而新能源汽车在其中扮演了重要的角色。在28年的缓慢增长期内,发表的相关文章共157篇,这表明在此阶段,新能源汽车政策的发展缓慢,相关研究尚处于起步阶段。早期的研究方向主要集中于新能源汽车的初步尝试与探索。

从对该时期的文献分析中可以发现,早期新能源汽车政策的提出主要有两个驱动因素:环境保护和经济效益。环境保护体现在"降低能耗"相关关键词的频繁出现,经济效益体现在新能源汽车所能带来的"燃油经济性"相关关键词的频繁出现。这两个因素从产业和市场的角度推动了新能源汽车政策的发展。从1992年到2008年,部分发达国家(如美国)率先确定了新能源汽车发展的战略方向,而大多数国家则处于观望状态。

在该时期的研究中,学者对政策设计和实施的建议多为传统的政策手段,如制定硬性指标、建设有关机构、完善基础条例、补贴与奖励等,或是参考现有的成功模式提出符合本国国情的改良措施。这些建议可以视作一种保守的、试探性的动作。在早期经验尚且不足的时候,相关的政策研究都是摸着石头过河,这就导致研究多从宏观视角对问题进行剖析。

2)稳定增长期:2009—2016年

在稳定增长期,该研究主题下共发表了853篇文章。在这个阶段,各国政府开始大力推行新能源汽车的有关政策,发布国家层面的纲领性文件,为新能源汽车的整体发展指明方向。

从历史上看,2009年之后,各国政府都开始制定并实施促进新能源汽车市场发展的相关政策和法规细则。其中包括2009年的《美国复苏与再投资法案》,2009年德国政府发布的《国家电动汽车发展规划》,以及2009年日本国民议会通过的《绿色车辆购买促进措施》等。这些政策都以不同形式对本国的新能源汽车产业进行了帮扶。

新政策的推行很少是一帆风顺的,在世界各地推进新能源汽车政策落地的过程中,出现了许多阻碍。首先,作为传统燃油车的替代品,新能源汽车并不具备挑战传统燃油车统治地位的优势,因为它不具备购买和运维上的成本优势,充电效率也是一个巨大的问题。其次,一项新产品的出现往往伴随着消费者各方面的担忧。例如,曾经出现过电动汽车自燃事件,让消费者对电池的安全性产生怀疑;又例如,充电桩数量不够充足,给消费者带来里程焦虑的问题。

为解决上述问题,政策研究将重心转移到了消费者身上。该时期出现大量有关补贴、税收的研究,因为补贴与税收是帮助新能源汽车与传统燃油车竞争的最直接方式。消费者对安全性的担忧和里程焦虑,也激励了这些方向的政策支持。这反映在对电池技术研发的补贴以及基础设施的广泛设置上。在此期间,政策研究的最显著特点是思考如何打开市场以及如何适应市场的扩大。

3) 快速增长期:2017—2021年

在一系列新能源汽车推广政策发布后,新能源汽车政策研究开始进入快速增长期,2017年至2021年该研究主题下共发表文章2379篇。在此期间,政策的实际执行和推广过程中产生了更多的细节问题。例如,粗放的补贴政策让不法分子有机可乘,产生了大量恶意骗补事件。此外,各种相关政策乱无章序地出台,政府所面临的资金压力也接踵而至,因为这种大规模补贴在经济上和政治上都是不可持续的。

政府宏观调控是一只看得见的手,根据具体情况发挥不同的作用。在此期间,政策研究的重点是政策效率,重视政策投入与效果的反馈,并试图建立一条产业自我持续发展的道路。

2. 具体研究情况

1) 作者和被引作者的映射和分析

在作者映射方面,本章研究收集的文献来自6845位作者。表1-2列出了发表相关文章数量最多的10位作者。来自萨塞克斯大学的Sovacool B K总共发表42篇相关文章,其研究聚焦于可再生能源和能源效率、大规模能源基础设施政策、设计改善能源安全和电力供应的公共政策、能源伦理,以及培养应对气候变化后果的适应能力。来自西蒙弗雷泽大学的Axsen J发表了35篇文章,位居第二。作者的合作网络由785个节点和614个链接组成,图1-3显示了整个合作网络的主要部分,从合作网络图来看新能源汽车政策的研究,目前尚未形成错综复杂的合作网络,仍是较多的小团体进行"单独作战"。研究统计表明,三个突出而重要的团队是:以 Sovacool B K 为核心的合作网络、以 Axsen J 为核心的合作网络,以及以 Han H 为核心的合作网络。

表 1-2 发表相关文章最多的 10 位作者

作者	数量/篇	开始时间/年
Sovacool B K	42	2009
Axsen J	35	2009
Hao H	23	2015
Noel L	21	2017
Thiel C	21	2010
De Rubens G Z	19	2017
Lin B Q	19	2018
Liu Z W	18	2017
Zhao F Q	17	2017
Kester J	17	2018

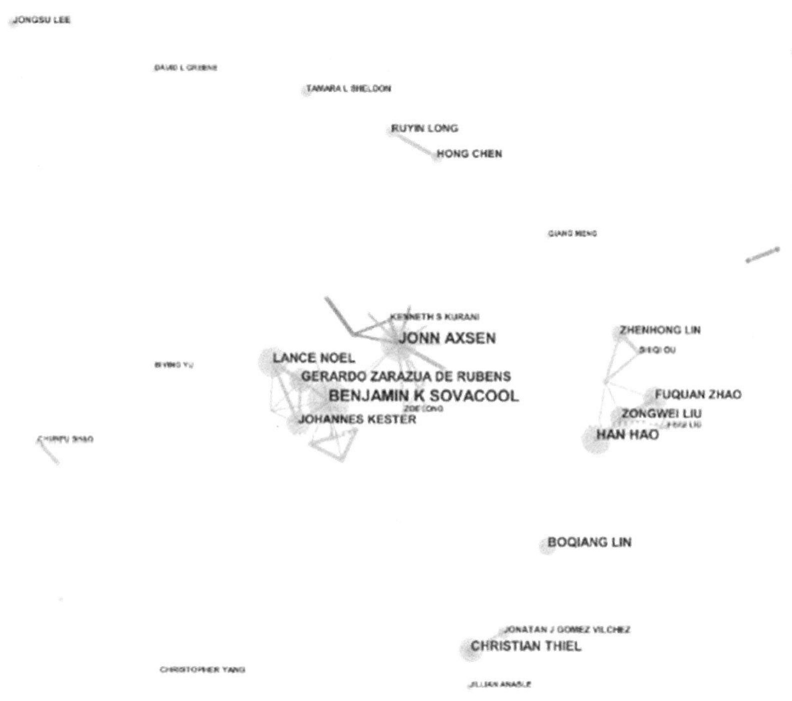

图 1-3 作者合作网络

被引作者的映射方面,由于在收集的数据中,不同的文献对同一机构使用了不同的称呼,因此,首先在 CiteSpace 中将它们整合起来,然后得到被引作者的共引网络。被引作者的共引网络由 385 个节点和 345 个链接组成,整个网络的主要部分如图 1-4 所示,按计数和中心性排名的前 10 名被引作者如表 1-3 所示。

图 1-4 被引作者的共引网络

表 1-3 按计数和中心性排序的前 10 名被引作者

作者	数量/篇	作者	中心性
IEA	637	Greene D L	0.12
Axsen J	315	Sperling D	0.1
Sierzchula W	233	IEA	0.09
Egbue O	230	Bunch D S	0.09
European Commission	223	National Research Council	0.07
Greene D L	206	Ajzen I	0.05

续表

作者	数量/篇	作者	中心性
Sovacool B K	203	Train K	0.05
Hidrue M K	189	Wang M	0.05
Hao H	178	California Air Resources Board	0.05
Rezvani Z	176	Axsen J	0.04

被引次数最多的前 5 名被引作者是 IEA(637)、Axsen J(315)、Sierzchula W(233)、Egbue O(230)和 European Commission(223)。中心性最高的前 5 名被引作者是 Greene D L(0.12)、Sperling D(0.1)、IEA(0.09)、Bunch D S(0.09)和 National Research Council(0.07),这表明这些作者的研究对该领域产生了重大影响。

这里有一个有趣的现象:官方机构国际能源署(IEA)是最高的共同被引作者,像 European Commission、National Research Council、California Air Resources Board 这些官方机构也拥有较高的共引次数或中心性。这在其他领域的文献研究中是较为少见的,原因是在该主题的研究下经常需要引证能源相关的数据和政策,而这些数据信息和政策原文通常由这些官方机构来发布和提供。

此外,Axsen J 是一位同时具有高共引次数和高中心性的作者。他的主要研究领域是环境政策,如电动汽车和可持续能源。在本章研究收集的文献合集中,Axsen J 共引次数最高的文章是 *Preference and lifestyle heterogeneity among potential plug-in electric vehicle buyers*。近年来,他的研究方向聚焦于政策工具组合(Axsen J,et al.,2020)。

2)国家和地区及机构的映射和分析

国家和地区间的合作网络由 90 个节点和 681 个链接组成,主要部分如图 1-5 所示。本章研究收集的 2919 篇已发表文章来自 89 个国家和地区。表 1-4 列出了发表数量统计排名前 10 的国家。来自美国的文章数量最多(904 份,30.97%),其次是中国(753 份,25.80%)。美国和中国文章数量占总量的一半以上。图 1-6 比较了美国和中国 1980—2021 年每年的文章发表数量。研究表明,美国的新能源汽车政策研究始于 1980 年,中国的新能源汽车政策研究与美国相比晚了 20 多年。中国的崛起除了 GDP 的增长创造了更好的经济基础外,还得益于 1980—2005 年期间中国对工业的重视,特别是对汽车工业的重视。改革开放时期,中国政府允许国外汽车厂商与中国汽车厂商合资,通过技术引进和建设改造,提高了产量,加强了国际合作,汽车工业生产逐步形成规模效益。此外,中国在2001年加入WTO时获得了汽车行业的关税保护（实行阶段性减税），这一举措加快了中国汽车工业融入全球市场的步伐，有效保护了本国的新兴产业。

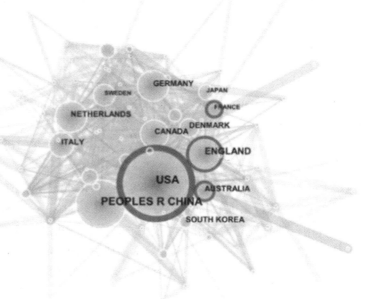

图 1-5　国家和地区间合作网络

表 1-4　发表相关文章数量最多的 10 个国家

国家	数量/篇	百分比	时间/年
USA	904	30.97%	1990
China	753	25.80%	2005
England	302	10.35%	1997
Germany	174	5.96%	1994
Canada	164	5.62%	1997
Netherlands	154	5.28%	1993
Italy	147	5.04%	1994
Australia	116	3.97%	1996
Denmark	101	3.46%	2008
Korea	92	3.15%	1998

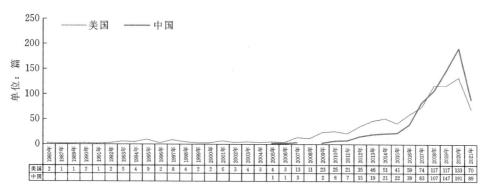

图 1-6　1980—2021 年美国和中国发表相关文章情况

2017 年,中国发表相关文章数量首次超过美国,是中国新能源汽车发展的关键一年,中国政府出台了"双积分"政策。这也标志着,除了宏观经济背景的影响外,中国对新能源汽车的扶持正逐渐走向市场调节。中国和美国都对该行业进行了大量投资,中国政府的管控效率和推进工业化过程中的后发优势,为赶超美国提供了充足的动力。

机构映射方面,机构间的合作网络由 501 个节点和 842 个链接组成。整个网络的主要部分如图 1-7 所示,每个节点代表不同的机构,节点之间的线表示它们的合作,线的粗细描述合作的程度。在 WoS 数据库中的搜索结果表明,本章研究收集的文章涉及 2111 家机构。表 1-5 列出了相关文章发表数量最多的 10 个机构。清华大学是发表相关文章数量最多的机构,共计发表 106 篇文章;其次是加利福尼亚大学戴维斯分校,有 72 篇文章。

表 1-5　发表相关文章数量最多的 10 个机构

机构	数量/篇	百分比	中心性	时间/年
Tsinghua University (China)	106	3.63%	0.15	2010
University of California, Davis (USA)	72	2.47%	0.08	2001
University of California, Berkeley (USA)	53	1.82%	0.08	1998
Aarhus University	51	1.75%	0.04	2016
Massachusetts Institute of Technology	49	1.68%	0.07	2001
University of Sussex	48	1.64%	0.02	2015
Beijing Institute of Technology	47	1.61%	0.04	2013

续表

机构	数量/篇	百分比	中心性	时间/年
Delft University of Technology	44	1.51%	0.04	2003
Carnegie Mellon University	43	1.47%	0.03	2002
Simon Fraser University	38	1.30%	0.03	2007

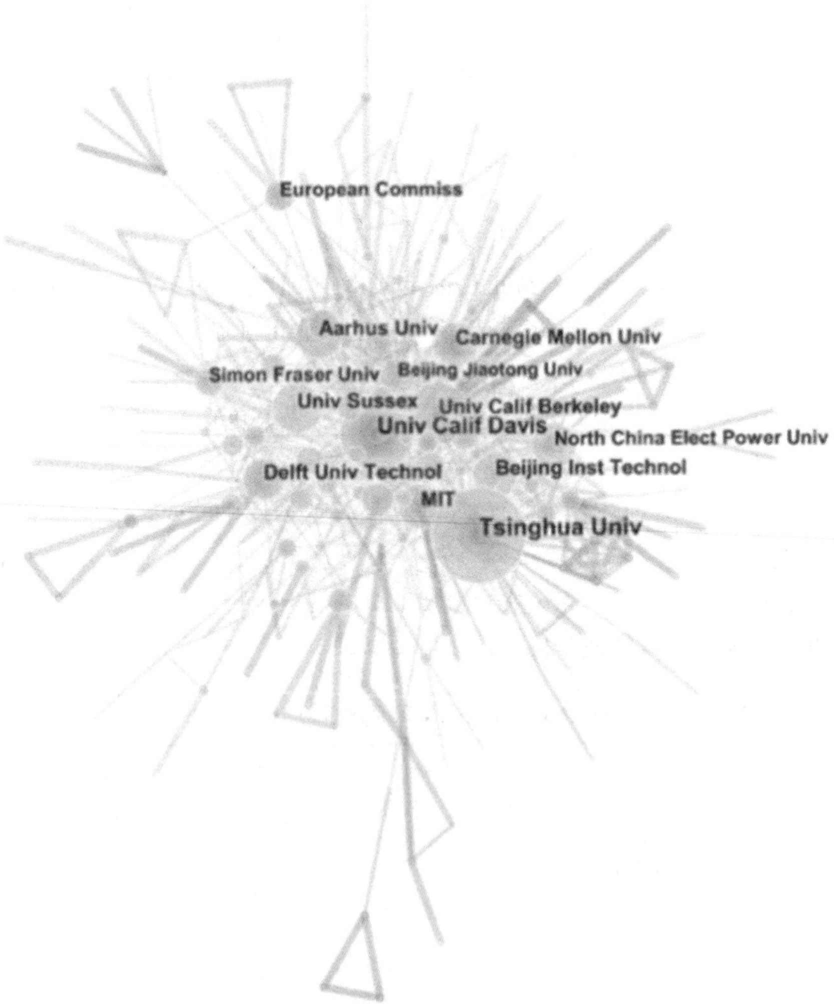

图 1-7　机构间合作网络

3）关键词的映射与分析

关键词的最终共现网络（已通过 CiteSpace 中的裁剪方法简化序列中的每个网络）由 460 个节点和 1654 个链接组成。整个网络的主要部分如图 1-8 所示。CiteSpace 提供突现检测的功能，用于检测某个时间段内引用次数的大幅变化，用以发现某一个主题词、关键词衰落或者兴起的情况。表 1-6 显示了关键词的突现情况。

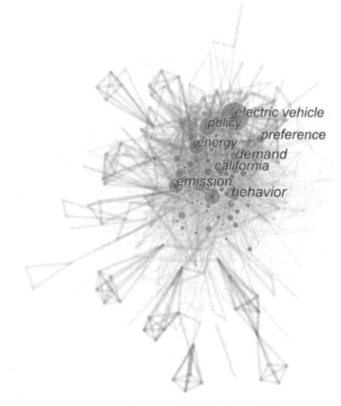

图 1-8 不同关键词的共现网络

表 1-6 以计数和中心性排序的 10 个关键词

关键词	数量/篇	关键词	中心性
electric vehicle	967	behavior	0.08
policy	406	emission	0.07
impact	362	model	0.06

续表

关键词	数量/篇	关键词	中心性
model	359	algorithm	0.06
adoption	266	policy	0.05
emission	250	demand	0.05
demand	245	cost	0.05
energy	241	network	0.05
China	231	electric vehicle	0.04
vehicle	227	energy	0.04

表1-7列出了引用次数最多的14个关键词,其中最早出现的关键词是"California",从1993年到2000年,突现期长达7年。当时,加利福尼亚州(简称加州)是美国新能源汽车政策的主导州。冷战结束后,美国原有的军事产业陷入停滞,地方政府迫切需要找到新的产业突破,汽车业成为一个新的突破口。加州空气资源委员会(CARB)于1990年首次通过《零排放法案》。在接下来的30年里,《零排放法案》不断修订以顺应市场变化。可见,加州的《零排放法案》是一项在国际社会具有重大示范效应的新能源汽车法案。

表1-7 被引用次数最多的14个关键词

关键词	突现强度	突现开始时间/年	突现结束时间/年	1992—2020年
California	2.38	1993	2000	
network	1.65	1993	1997	
vehicle routing	1.34	1994	1999	
technological change	2.63	1995	2009	
empirical analysis	3.16	1997	2011	
modelling	1.35	1997	2006	
Delhi	1.34	1997	2007	
automobile	3.11	2001	2009	
fuel cell vehicle	2.63	2001	2008	
engine capacity	2.65	2006	2010	

续表

关键词	突现强度	突现开始时间/年	突现结束时间/年	1992—2020 年
fuel	11.78	2009	2015	
plug-in hybrid electric vehicle	8.45	2009	2013	
vehicle	7.79	2009	2013	
fuel economy	6.01	2009	2013	

突现强度最大的关键词是"fuel"。在研究消费者行为时，新能源汽车经常被拿来与燃油车做对比。电比油便宜，所以燃油经济性是消费者偏向购买新能源汽车的一个关键原因。为了平衡新能源汽车与燃油车的竞争能力，多国政府都对新能源汽车实施税收优惠、补贴等政策，使其最终价格基本上等于或低于燃油车。这种替代品之间的价格平衡和销售引发了关于政策调整的重大讨论。这在文献中反映为各种优惠政策的效果和优化的探讨。

突现时间最久的关键词是"empirical analysis"和"technological change"，分别从 1997 年延伸到 2011 年和从 1995 年延伸到 2009 年，突现持续了 14 年。新能源汽车政策领域涉及许多实施效果，所以研究方法多为实证研究，而技术变革正如聚类分析所述，在开发新能源汽车时会出现技术障碍，影响电池寿命、电池安全或充电效率，因此，政府在扶持新能源汽车产业发展时，也会出台相应的技术研发政策。例如，2018 年中国国家标准化管理委员会发布了 5 项新能源汽车领域国家标准，包括《燃料电池电动汽车 燃料电池堆安全要求》等；美国能源部高级研究计划署（ARPA-E）也资助了许多电动汽车研发项目。

4）参考文献的映射和分析

共引参考文献的分析是文献计量学中的重要内容。根据 CiteSpace 统计的结果，共引次数最多的 5 篇参考文献和中心性最高的 5 篇参考文献排名如表 1-8 和表 1-9 所示。表 1-10 列出了突现强度最高的 15 篇参考文献。图 1-9 显示了引用参考文献的共引网络，包括 856 个节点和 3521 个链接。

表 1-8 基于引用次数排序的前 5 篇被引用参考文献

共引次数/次	参考文献	主要作者	发表时间/年
150	*Advances in consumer electric vehicle adoption research: a review and research agenda*	Rezvani Z	2015

续表

共引次数/次	参考文献	主要作者	发表时间/年
116	The influence of financial incentives and other socio-economic factors on electric vehicle adoption	Sierzchula W	2014
105	Incentives for promoting Battery Electric Vehicle(BEV) adoption in Norway	Bjerkan K Y	2016
91	Rapidly falling costs of battery packs for electric vehicles	Nykvist B	2015
89	The effect of policy incentives on electric vehicle adoption	Langbroek J H	2016

表 1-9 基于中心性排序的前 5 篇被引用参考文献

中心性	参考文献	主要作者	发表时间/年
0.18	Valuation of plug-in vehicle life-cycle air emissions and oil displacement benefits	Michalek J J	2011
0.08	Going hybrid: an analysis of consumer purchase motivations	Ozaki R	2011
0.08	Giving green to get green? Incentives and consumer adoption of hybrid vehicle technology	Gallagher K S	2011
0.08	Impact of battery weight and charging patterns on the economic and environmental benefits of plug-in hybrid vehicles	Shiau C S N	2009
0.07	Advances in consumer electric vehicle adoption research: a review and research agenda	Rezvani Z	2015

表 1-10 突现强度最高的 15 篇参考文献

主要作者	发表时间/年	突现强度	突现开始时间/年	突现结束时间/年	1992—2020 年
Samaras C	2008	20.66	2009	2013	
Diamond D	2009	13.26	2010	2014	
Caulfield B	2010	5.31	2011	2015	

续表

主要作者	发表时间/年	突现强度	突现开始时间/年	突现结束时间/年	1992—2020年
Hidrue M K	2011	23.31	2012	2016	
Ozaki R	2011	13.07	2012	2016	
Pearre N S	2011	12.1	2012	2016	
Beresteanu A	2011	9.19	2012	2016	
Graham Rowe E	2012	20.53	2013	2017	
Hawkins T R	2013	14.66	2013	2018	
Schuitema G	2013	16.69	2014	2018	
Hackbarth A	2013	13.64	2014	2018	
Al-Alawi B M	2013	12.42	2014	2018	
Axsen J	2013	9.98	2014	2018	
Krause R M	2013	7.25	2014	2018	
Plotz P	2014	10.85	2015	2019	

共引次数最多的参考文献是 Rezvani Z 等人于 2015 年发表的 *Advances in consumer electric vehicle adoption research: a review and research agenda*。这篇文章指出了消费者采用电动汽车的五个关键驱动因素：环保态度、象征意义、身份、创新性和情感。作者认为态度会影响消费者的采用行为，而政策的相关表现会影响消费者的态度。

引用突现最早的文章是 Samaras C 和 Meisterling K 于 2008 年发表的 *Life cycle assessment of greenhouse gas emissions from plug-in hybrid vehicles: implications for policy*。该文章评估了插电式混合动力汽车（简称插混汽车）在生命周期内的温室气体排放量，发现与传统燃油车相比，插混汽车的温室气体排放量减少了 32%，但与传统混合动力汽车相比，温室气体排放量的区别不大。因此，为了减少插混汽车的温室气体排放量，政策应侧重于鼓励低碳充电。例如，调整可再生能源投资组合标准，以考虑潜在的非高峰充电。

引用突现最新的是 Plotz P 等人发表于 2014 年的文章 *Who will buy electric vehicles? Identifying early adopters in Germany*。研究结果表明，德国最有可能购买私人电动汽车的是居住在农村或郊区的大家庭中的中年男性技术专业人士。一般来说，他们拥有多台车辆，使用电动汽车会更经济。

图 1-9　引用参考文献的共引网络

这三篇具有显著代表意义的文章中有两篇是与消费者相关的研究,表明后期的研究更关注市场力量。实际上,各国政府针对消费者购买行为都制定了不同程度的补贴和税收优惠政策,可见消费者作为新能源汽车政策的主体发挥着至关重要的作用。

本章研究还使用 pruning sliced networks 的裁剪方法对共引文献进行了聚类。聚类结果如图 1-10 所示。早期的研究集中于以下主题:消费者选择、每小时电力消耗、温室气体排放和早期采用者。这与前面基本研究情况的分析一致。新能源汽车早期进入市场时遭遇了许多困难,因为它正处于产品生命周期的初期,消费者对其并不十分了解,多数持观望态度。新能源汽车的早期采用者往往是出于环保主义的动机。因此,早期的政策重点在于如何扩大消费市场,以更好地支持新兴行业的发展。当时的政策措施多体现在企业生产和消费者购买补贴上。

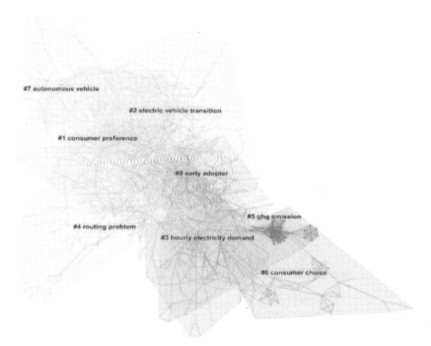

图1-10 共引文献聚类

随着产品导入期不断推进,越来越多的消费者接触到新产品,新的质疑和挑战也出现了,例如能源消耗的问题。从宏观上看,电动汽车销量的增长给电网带来了巨大压力。一旦新能源汽车广泛普及,政府需要着力解决的关键问题包括高峰/非高峰时段充电调度的安排、电网承载负荷能否达标以及相应的电力成本和电力定价等。后期的研究更聚焦于以下主题:路由问题、电动汽车过渡、消费者偏好和自动驾驶汽车。与燃油车相比,新能源汽车在续航时间上处于劣势,加上推广初期的充电设施建设并不到位,里程焦虑成为消费者购买的最大阻碍因素之一。在运筹学中,这个问题可以转化为路径问题,新能源汽车的最大行驶里程和充电时间等变量构成了一系列效率上的考虑和计算。而在政策视角下,这是如何使用最小成本(或在最短时间内)满足大量消费者充电需求的问题。

在新能源汽车政策的推动下,越来越多的企业进入新能源汽车市场。政府在此期间也不断加强对研发的支持,以帮助实现新能源汽车的多样化和创新。政府对研发的支持侧重于消除消费者对安全性的接受障碍(例如自燃、辐射等)。

另一方面，政策也引导了轻量化、智能化、网络化和智能制造的研发，以帮助新能源汽车的创新发展。自动驾驶技术就是新兴技术转型的例证，许多车企在推出新款新能源汽车时都会搭载辅助自动驾驶功能。未来的政策制定需要考虑自动驾驶和新能源汽车的协同发展。

5）期刊的映射和分析

本章研究收集的 2919 篇文章发表在 427 种不同的期刊上。表 1-11 列出了发表相关文章数量排名前 10 的期刊。如表 1-11 所示，排名最高的期刊是 Energy Policy，发表了 485 篇相关文章，占总数的 16.62%。其次是 Transportation Research Part D Transport and Environment 和 Transportation Research Part A Policy and Practice，分别有 188 篇和 185 篇相关文章。此外，IF 最高的前三大期刊分别是 Technological Forecasting and Social Change、Applied Energy 和 Journal of Cleaner Production。这些数据将有助于学者选择理想的期刊发表与该研究领域相关的论文。

表 1-11 发表相关文章数量排名前 10 的期刊

期刊	数量/篇	百分比	IF 2022
Energy Policy	485	16.62%	9.0
Transportation Research Part D Transport and Environment	188	6.44%	7.6
Transportation Research Part A Policy and Practice	185	6.34%	6.4
Sustainability	183	6.27%	3.9
Journal of Cleaner Production	132	4.52%	11.1
Transport Policy	82	2.81%	6.8
Applied Energy	76	2.60%	11.2
Energy	60	2.06%	9.0
Energies	56	1.92%	3.2
Technological Forecasting and Social Change	56	1.92%	12.0

6）学科类别的映射和分析

学科的共现网络由 105 个节点和 463 个链接组成。整个网络的主要部分如图 1-11 所示。表 1-12 显示了占比较高的 10 个学科。该主题下较为集中的研究领域包括环境科学生态学、商业经济学、能源燃料、运输、科学技术等。

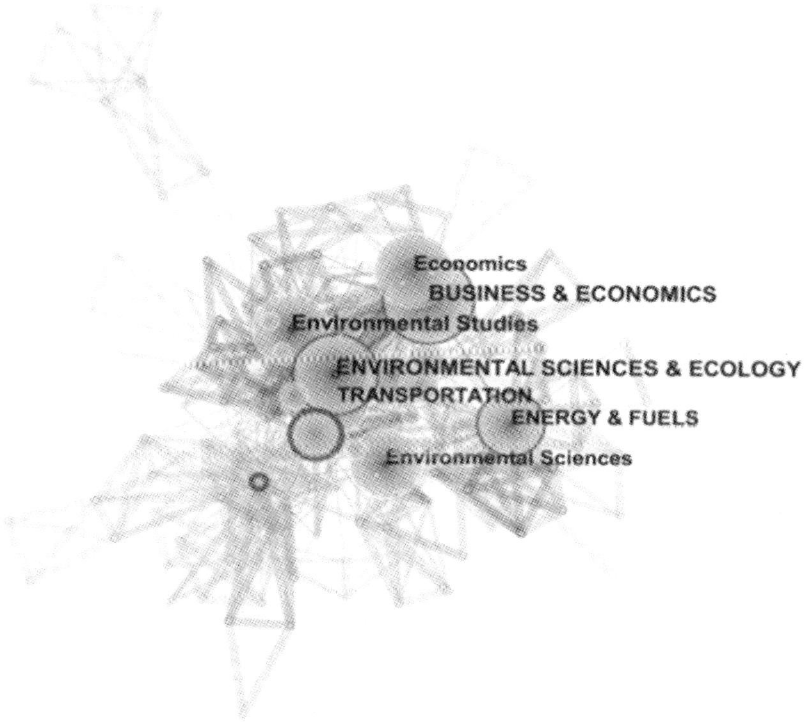

图 1-11　不同学科类别的共现网络

表 1-12　按计数和中心性排序的前 10 个学科

类别	相关文献数量/篇	百分比	时间/年
Environmental Sciences & Ecology	1431	49.02%	1993
Business & Economics	1222	41.86%	1980
Environmental Studies	1118	38.30%	1994
Environmental Sciences	1048	35.90%	1993
Economics	1038	35.56%	1980
Transportation	842	28.85%	1980
Energy & Fuels	817	27.99%	1992
Transportation Science & Technology	594	20.35%	1980
Engineering	568	19.46%	1992
Science & Technology-Other Topics	470	16.10%	2008

(三)国内新能源汽车政策研究

1. 中国新能源汽车政策的历史发展阶段

虽然中国不是最早开始相关研究的国家,但中国是在短时间内迅速成为研究数量最多的国家。在共引文献中,中国也作为中期的一项聚类出现(主题词:China)。在关键词研究部分,中国多次出现在关键词词频排名前10和中心性排名前10的列表中。本章研究从中国收集文献并对文献进行分析总结,以阐明中国学者对中国新能源汽车政策的认识与理解。

关于中国新能源汽车政策的文献数据于2021年8月16日从中文社会科学引文索引(CSSCI)数据库下载。中国学者更多地使用"新能源汽车"作为电动汽车的术语,因此,本章研究以"新能源汽车"和"电动汽车"为关键词,以"政策"为所有字段进行检索,对于发文时间不做限制。CSSCI数据库中有97篇相关文章,时间跨度为2004年1月1日至2021年8月21日。表1-13列出了CSSCI中在此时间跨度内的相关文章的数量。

表1-13 2004—2021年CSSCI中相关文章数量

年份	文章数量/篇	年份	文章数量/篇
2004年	1	2013年	9
2005年	0	2014年	6
2006年	0	2015年	7
2007年	0	2016年	11
2008年	0	2017年	11
2009年	0	2018年	16
2010年	2	2019年	13
2011年	5	2020年	11
2012年	2	2021年	3

从表1-13中看出,2004年至2018年中国新能源汽车政策研究总体呈现上升趋势,其中几个特定年份的发文数量较上年增多明显:2011年、2013年和2018年。2019年及之后,中国的相关发文数量逐渐减少。早在1986年3月,中国就提出了国家高技术研究发展计划(简称863计划)。国内多数学者认为这是

中国新能源汽车政策的起源。在发展初期,中国政府发布了一系列政策指令,但都仍然停留在意向的鼓励上。直到2007年,中国政府开始通过863计划组织力量研发新能源汽车。2007年11月1日起,《新能源汽车生产准入管理规则》正式实施,我国首次从国家层面对新能源汽车进行了有效界定。这也使得"新能源汽车"一词在后续的研究中被更广泛地使用(以"新能源汽车政策"为关键词的文章有81篇,以"电动汽车政策"为关键词的文章有16篇)。

中国的新能源汽车政策在2009年密集出台,这就解释了为什么相关研究文献从2010年开始增加。2009年1月23日,中国政府颁布了《关于开展节能与新能源汽车示范推广试点工作的通知》,制定了《节能与新能源汽车示范推广财政补助资金管理暂行办法》,对新能源汽车的应用和推广给出了具体的补贴方案,并选取13个城市开展节能与新能源汽车示范推广试点工作。中国的补贴政策继续发展,从2009年开始,中国持续对新能源汽车的购买进行补贴。到2016年末《关于调整新能源汽车推广应用财政补贴政策的通知》出台,补贴开始退坡。中国汽车工业协会的统计数据显示,2016年中国新能源汽车产销量分别达到51.7万辆和50.7万辆,连续两年位居世界第一。补贴政策的出台是培育中国新能源汽车市场的重要推动力。

2016年是第二个转折点。2016年后,中国政府对新能源汽车政策进行了调整和变革。变革的原因有二:首先,2016年,中国政府发现了一系列恶意骗补事件,暴露了普惠制补贴形式的漏洞,这要求政府在政策制定和执行的过程中优化标准,细化规则;其次,从长远来看,补贴资金是难以为继的,需要政府对有限的资金进行更科学合理的设计。基于不断变化的现实情况,后续的政策不断优化组合形式,在补贴退坡的前提下,增加一些非经济激励政策(如"双积分"政策),希望能替代一部分经济激励型政策的效用,或是对现有的经济激励配置形式进行调整(从鼓励生产到鼓励技术进步)。也就是说,2016年后中国的研究在很大程度上以政策调整和优化为主。这一阶段,中国的政策研究与中国的政策现实是密切结合起来的。

2. 参考文献的映射和分析

参考文献引用情况包括共引参考文献的分析、突现最强的参考文献以及共引参考文献的聚类情况。根据CiteSpace统计的结果,表1-14和表1-15分别显示了共引用次数最多的5篇参考文献和中心性最高的3篇参考文献。此外,表1-16列出了突现强度最高的10篇参考文献情况。图1-12给出了引用参考文献的共引网络,包括319个节点和907个链接。

表 1-14 共引次数最多的 5 篇参考文献

共引次数/次	参考文献	作者
8	《新能源汽车产业政策的国际比较研究》	卢超,等(2014)
7	《新能源汽车政策工具运用的国际镜鉴与引申》	张国强,徐艳梅(2017)
6	《新能源汽车需求市场培育的政策取向:供给侧抑或需求侧》	熊勇清,陈曼琳(2016)
5	《新能源汽车"需求侧"创新政策有效性的评估——基于全寿命周期成本理论》	陈麟瓒,王保林(2015)
5	《新能源汽车补贴政策工具挖掘及量化评价》	张永安,周怡园(2017)

表 1-15 中心性最高的 3 篇参考文献

中心性	参考文献	作者
0.09	《新能源汽车产业政策的国际比较研究》	卢超,等(2014)
0.06	《新能源汽车政策工具运用的国际镜鉴与引申》	张国强,徐艳梅(2017)
0.06	《基于供应链竞争的技术创新价值与溢出效应》	李晓静,等(2017)

表 1-16 突现强度最高的 10 篇参考文献情况

主要作者	时间/年	突现强度	突现开始时间/年	突现结束时间/年	2004—2020 年
刘兰剑	2010	1.88	2013	2013	
刘颖琦	2014	2	2016	2017	
陈麟瓒	2015	2.34	2017	2018	
卢超	2014	1.79	2017	2017	
谢青	2015	1.79	2017	2017	
卢超	2014	2.85	2018	2019	
熊勇清	2016	2.66	2018	2019	
张国强	2017	2.18	2018	2021	
李苏秀	2016	2.28	2019	2019	
张永安	2017	2.2	2019	2021	

图 1-12　引用参考文献的共引网络

其中，最值得注意的是卢超等人于 2014 年发表在《科研管理》的《新能源汽车产业政策的国际比较研究》。这篇文章不仅共引次数最多，共引中心性最高，突现强度也最高。该文从产业创新链和政策工具两个维度构建了新兴产业政策研究的理论框架。采取裁剪切片网络的裁剪方法，图 1-13 显示了五个聚类结果：♯0 部门协同、♯1 政策组合、♯2 人口密度、♯3 政府补贴和♯4 跟随型目标用户。

图 1-13　被引用文献的聚类

聚类♯0 部门协同。部门协同指两个或两个以上部门共同制定同一条政策。在中国，发展新能源汽车产业涉及多个职能部门。随着相关政策数量的增多，学者们开始探讨部门之间的协同程度对政策效果的影响。中国的部门协同涉及两个层面：部委间的协同以及地方政府间的协同。中国是一个幅员辽阔的国家，除了中央政府发布的国家政策以外，在不同的行政区划下，各地方政府也有自己相应的扶持措施。例如，2010 年 7 月，深圳市政府在国家补贴的基础上，对纯电动汽车追加6万元补贴。

聚类#1 政策组合。政策组合的概念最早出现在20世纪60年代的经济政策文献中,主要用于分析货币政策和财政政策之间的互动关系,后来被引入公共政策和创新政策领域,主要指政策工具的组合应用(Flanagan K, et al.,2011)。许多中国学者从政策工具的视角对中国的新能源汽车政策进行分类和分析。Rothwell G 和 Zegveld W 对政策工具的分类是被借鉴最多的分类形式之一,它将政策分为供给侧、需求侧和环境侧。中国的大多数研究结果表明,中国的新能源汽车政策规划存在着结构不合理的问题,学者们呼吁政府在科研投入和市场拉动等方面做出改进。

聚类#2 人口密度。相对而言,中国东部比西部经济较发达,沿海城市比内陆城市经济较发达,相应的,经济发达地区人口密度较高。鉴于此,人口密度可能会间接影响消费者的态度或购买决策。例如,人口密度影响政策实施的示范效应,充电基础设施建设可能会影响消费者的充电焦虑,在人口密度高的地区,限行限购政策缓解交通拥堵(李晓敏,等,2020b)。此外,由于人口密度分布不均,许多研究对路线选择和充电站位置等课题进行了评价。

聚类#3 政府补贴。中国政府的补贴政策一直是新能源汽车政策中的一个主要关注点。中国的新能源汽车推广经历了由公用带动私用的过程。在推广早期,政府利用财政手段鼓励在公交、出租、公务、环卫和邮政等公共服务领域率先使用新能源汽车。例如,2008年北京奥运会期间,中国自主研发的新能源汽车实现了奥林匹克公园中心区交通"零排放"的承诺。这一系列的试点措施在技术和配套设施不成熟的情况下支持了新能源汽车产业的快速发展,为新能源汽车的商业化奠定了基础。到2009年,中国政府出台了大量补贴政策,然而,这些补贴政策仍然存在不规范、低效率的问题。政府投入大量资金,具体实施上却暴露出粗放管理的弊端。因此,中国学者在研究中开始呼吁对整个补贴政策进行细化和调整。随着补贴政策的不断优化,中国新能源汽车市场逐步发展和规范起来。

聚类#4 跟随型目标用户。在早期,新能源汽车作为一种新兴产品被推广,其购买者往往是具有创新和远见的"领先型"用户。随着新能源汽车逐渐走向成长期甚至成熟期,追随者市场成为更值得关注的目标市场。中国的研究表明,在新能源汽车的培育期,营销投入相比于研发投入更能促进追随者购买。在新能源汽车市场的成熟期,应重点扶持龙头制造商不断提高新能源汽车产品性能并降低产品成本,以满足追随者的大众化消费需求(熊勇清和何舒萍,2017)。

(四) 小结

对新能源汽车政策相关文献的梳理和分析揭示了新能源汽车政策发展的三个阶段：缓慢增长期(1980—2008年)、稳定增长期(2009—2016年)和快速增长期(2017—2021年)。结合国家统计数据，以美国为代表的早期新能源政策为其他国家相关的法律和政策制定提供了借鉴经验。随着中国经济的持续增长，中国政府对新能源汽车产业进行了大量投资且给予了强有力的政策支持。后期，中国新能源汽车产业发展迅速，相关研究数量显著增加，中国成为该领域新的关注焦点。

从参考文献共引结果来看，由几项关键指标统计得出的重要文献都呈现出侧重于对消费者的研究。考虑到它们的发表年份，研究者似乎对揭示新能源汽车政策稳定增长期的消费者购买行为黑箱更感兴趣。聚类结果表明，早期的研究更多地关注新能源汽车的环保性，研究者更多地将其视为一种环保政策，并注重这些政策能够为环境带来哪些好处。随着研究的不断深入，新能源汽车政策不再简单地被视为绿色行为，而是从经济视角切入，研究主题转向了产业促进和公共基础设施建设。在政策的帮助下，各国的新能源汽车市场日益完善，政府的"有形之手"也逐渐从中抽离。在此期间，政府通过不断调整政策，使其更加规范和精细化，许多政策漏洞被填补，许多开支也被节省。研究者还将重点转移到政策执行效率上，研究通过调整环节、程序和结构来提高效率的方法。

研究中的多项计量结果都指向了中国，强调了探讨中国在新能源汽车领域经验的重要性。在全球范围内，相比起步最早的美国，中国起步时间晚了20多年。2009年起，中国政府开始全面扶持新能源汽车产业。到2015年，中国的新能源汽车产量和销量均居世界首位。这种规模效应的迅速实现可能与中国政府政策实施的几个特点有关：①资金的大规模投入；②首先发展公共使用，带动私人使用；③地方政府的积极响应。

此外，中国的研究热点集中在三个领域：补贴政策、税收减免和部门协同效应。中国政府对新能源汽车产业的激励措施主要集中在补贴和税收政策上。政府应该调整每种政策工具的权重，以取得更好的政策实施效果，这种方法主张从政策内容的角度进行改革。部门协同作用则强调从政策发布者的角度进行政策协调。随着参与部门的不断增加，政策的发布和执行更容易出现条块分割和权力争夺，使得一些政策受到模糊决策和部门折中的影响。不同的政策发布机构能否有效合作，发挥出"一加一大于二"的效果，值得在新能源汽车政策领域进一步探索。

二、新能源汽车购买意愿研究回顾

(一)消费者个人特征

1. 人口统计学特征

Egbue O 和 Long S(2012)通过抽样调查发现,对于电动汽车知识的掌握和观念的理解,在不同性别、年龄和教育群体中有所不同。多项研究发现,受教育程度较高的人更有可能购买电动汽车,或以电动汽车为导向进行消费(Hidrue M K, et al.,2011;Carley S, et al.,2013;Hackbarth A and Madlener R,2013);但 Sierzchula W 等人(2014)发现,教育和收入水平对各国之间的电动汽车采用率的影响都不显著。

此外,收入较高的消费者对燃料成本的重视程度较低(Helveston J P, et al.,2015;Valeri E and Danielis R,2015);收入较高的中国消费者对高燃料成本更为敏感(Helveston J P, et al.,2015)。这种效应意味着,在中国,新能源汽车的吸引力更强,因为收入较高的消费者同样看重它在日常使用中带来的成本节约。

Jensen A F 等人(2013)的研究结果指出,拥有汽车的家庭在打算购买电动汽车时,对于续航里程的重视程度没有那么高,因为如果需要长途旅行,他们可以依靠另一辆车(燃油车)。但在 Hidrue M K 等人(2011)的研究中得出了相反的结果,高收入和拥有多车的家庭对电动汽车的购买意愿反而有所下降。

2. 对新技术的态度

新能源汽车作为一项新技术产品,进入市场时通常会遇到许多障碍。研究表明,一些常见障碍包括:潜在采用者缺乏相关知识、高初始成本和低风险容忍度。Oliver T D 和 Rosen D E(2010)的研究表明,消费者对混合动力汽车的接受程度有限,部分原因是对新产品风险的认知有限,对车辆燃料效率、尺寸和价格的权衡。新技术对少数早期采用者(包括有远见的人和技术爱好者)有内在的吸引力,但大多数消费者对新技术持保守态度(König M and Neumayr L,2017)。一小部分早期采用者对新奇事物有积极的态度,并有可能采用新技术。另一方面,有些人对技术变化和不确定性感到不舒服,因此对接受创新犹豫不决。

3. 环保价值观

价值观可以定义为个人用于判断和选择特定行为以及评价自己和他人的标

准。价值观反映了个人对对错的判断,会影响个人做出的选择。研究表明,具有利他价值观的消费者倾向于将车辆选择视为环境问题,而具有利己价值观的消费者倾向于基于自身利益来选择车辆(Li W, et al.,2017a)。例如,Peters A 和 Dütschke E(2014)验证了价值观对于德国消费者购买新能源汽车的显著影响。此外,在大部分研究中,价值观被定义为与环境保护相关的价值取向。例如,部分研究提到,环境价值观是某些消费者行动的有力预测因素,并积极影响参与保护环境行动的意愿(Oliver J D and Rosen D E,2010)。这种环境价值观通常被看作消费者对环境相关问题的认识程度,以及他们是否赞成解决问题或表示愿意为解决问题做出个人贡献(Sang Y N and Bekhet H A,2015)。一般来说,具有环保意识的人更愿意实施环保行为。

4. 产品熟悉度

许多研究表明,消费者在购买汽车时经常被误导。Lane B 和 Potter S(2007)在一项针对英国消费者的研究中发现,人们通常缺乏对于车辆特性的了解,尤其是与燃料使用相关的知识。他们发现消费者存在经济方面的担忧,但他们对实际汽车使用成本的了解却少之又少。Krause R M 等人(2013)发现,近67%的受访者错误地回答了有关新能源汽车的问题,约75%的人低估了新能源汽车的价值或优势,近95%的人不知道州和地方的相关激励措施。Zhang Y 等人(2011)在南京的消费者调查中也有类似的发现。他们认为信息不足或误解会使消费者对新能源汽车产生偏见。因此,向消费者提供正确的信息,或使他们了解新能源汽车和燃油车的区别,能够提高消费者购买新能源汽车的意愿。

(二)产品线索

1. 续航里程

较短的续航里程是阻碍消费者购买新能源汽车的最主要原因之一。更长的续航里程会增强消费者的购买意愿(Helveston J P, et al.,2015)。此外,Jensen A F 等人(2013)还发现,新能源汽车的续航里程的边际效益远高于燃油车。Dimitropoulos A 等人(2013)通过元分析得出,对续航里程的偏好可能会使消费者对充电站密度和充电时间较为敏感。

2. 充电时间

充电时间也是影响消费者购买意愿的重要因素之一(Caperello N D and Kurani K S,2012)。充电时间主要取决于电池的充电水平,其次取决于车内技术(受电池接受高充电率的能力限制),以及使用的充电电缆和充电站

(Hardman S, et al., 2018)。Bockarjova M 和 Steg L(2014)的研究对慢充和快充电做了区分。在家中或工作场所使用慢充电,一次充满电大约需要 6~8 小时;而在长途旅行中,快充充电器可以在 15~30 分钟内给电池充 80% 的电量。因此,充电时间也会根据不同的条件产生很大的差异(Liao F, et al., 2017)。

3. 充电基础设施

在大多数研究中,充电基础设施的完善对购买意愿具有显著的积极作用。这是由于完善的充电基础设施能够为消费者节省更多的时间和搜索成本,同时减轻他们的里程焦虑。Egbue O 和 Long S(2012)的研究表明,17%的受访者认为缺乏充电基础设施是他们对新能源汽车最大的担忧。Sierzchula W 等人(2014)发现充电基础设施与各国的新能源汽车市场份额显著正相关。Mersky A C 等人(2016)在对挪威激励措施的区域和市政层面分析中发现,新能源汽车充电基础设施是新能源汽车普及率最有效的预测因素。

4. 成本

新能源汽车的使用成本通常被分为早期的采购成本和后期的运营成本。Carley S 等人(2013)在 2011 年对美国 21 个大城市的消费者所做的调查中,约有 55% 的调查对象认为新能源汽车最主要的缺点是较高的购买价格。运营成本主要包括能源成本,大多研究中采用每 100 公里的成本或燃油效率和燃油价格作为衡量标准(Musti S and Kockelman K M, 2011)。一些研究中,运营成本还包括定期维护成本(Hess A, et al., 2012),有的还将其与能源成本结合作为一项综合运营成本属性来计算(Mabit S L and Fosgerau M, 2011)。

成本也会受到其他因素的影响,如政府的激励措施会影响采购成本,汽油的价格、行驶里程的长短会影响运营成本。当汽油价格上涨时,新能源汽车更容易受到消费者的青睐(Gallagher K S and Muehlegger E, 2011)。当行驶里程长时,新能源汽车消费者才能获得更多经济效益(Plötz P, et al., 2014)。此外,Tamor M 等人(2013)的研究表明,消费者更看重新能源汽车的初始采购成本,而非长期节省费用。虽然运营成本的优势可能会吸引一些消费者,但这些优势在短期内并不明显。因此,短期措施(如更优惠的经济激励措施)能够更好地鼓励消费者。

5. 品牌与多样化

Helveston J P 等人(2015)发现人们更喜欢来自特定国家的品牌。此外,市场上可选择的新能源汽车类型越多,消费者购买概率就越大(Hoen A and Koetse M J, 2014),因为产品的多样化可以看作市场成熟度的一个指标,从而影响消费者对不确定性的感知。Liao F 等人(2017)却认为产品的多样化是新能源汽车销量较低的原因。

(三) 激励政策

在市场推广阶段,新能源汽车的大规模普及很大程度上依赖于政府的支持。研究的主要政策包括财政补贴、税收优惠、免费停车和驾驶特权等(Li Y, et al.,2016a)。财政补贴和税收优惠可以视作经济激励,而免费停车、驾驶特权等则可以视作非经济激励。Aasness M A 和 Odeck J(2015)认为,消费者采用新能源汽车是经济激励的结果,因为能够帮助消费者节省大量购买资金。Sierzchula W 等人(2014)发现,在 2012 年 30 个国家的数据中,经济激励措施对新能源汽车的采用率有积极影响,但是低于 2000 美元的经济激励措施几乎没有效果。这说明小额的经济激励并不那么重要。Bjerkan K Y 等人(2016)认为,减免购置税和增值税等前期成本降低措施是鼓励采用新能源汽车最有力的经济激励措施。但是,一些研究发现,政策的影响并没有预期的那么强大。Hoen A 和 Koetse M J(2014)的研究发现,包括免征道路税和财政激励在内的政策有助于提高新能源汽车采用意愿,但在消除消费者对性能的怀疑方面效果较差。在 Mersky A C 等人(2016)的研究中,使用公交专用道和收费公路豁免等措施并不能显著地提升新能源汽车的使用量。

(四) 情感与新能源汽车购买

许多学者认为,态度不仅是一种认知评价,还包括情感成分。这些情感成分能够帮助判断一些事物是否满足了人的需求。情感包括了积极的情感,如爱、赞同和自豪,也包括了消极的情感,如担心、羞耻和厌恶。情感的研究具有重要意义,过往研究主要集中于认知层面的解释,但事实上认知与情感两个系统倾向并行运作(Moons I and De Pelsmacker P,2012)。这一观点在精细加工可能性模型(elaboration likelihood model, ELM)中也有证明。在高参与度的情况下,人们会集中且主要地处理认知信息或刺激;在低参与度的情况下,如情感这样的外围线索对反应或行动等起决定性作用。还有学者认为,情感和行为之间的联系可能比态度和行为之间的联系更强、更直接。Rezvani Z 等人(2015)认为消费者的情感是新能源汽车购买意愿研究中相对被忽视的一个方面,这一重要因素的前因和后果都尚未得到充分的研究。因此,情感这一因素的加入对新能源汽车购买意愿的研究具有重要意义。

Moons I 和 De Pelsmacker P(2012)的研究对影响新能源汽车购买意愿的

情感因素的研究起到重要作用,他们首次将情感加入 TPB 中。通过对 1202 名比利时消费者的调查,研究了新能源汽车购买意愿的决定因素及早期和后期的购买意愿差异,结果发现情感和态度是影响新能源汽车购买意愿最强的因素。在他们的研究中,情感包括了三个维度:本能情感、行为情感和反思情感。本能情感是基于消费者对新能源汽车的工具和视觉属性的感知,如风格、设计和尺寸;行为情感与消费者在使用体验新能源汽车时产生的情感有关;反思情感与消费者在使用新能源汽车时的自我形象和身份有关。然后,他们通过测量消费者对新能源汽车的本能、行为和反思方面的积极情感和消极情感的程度来衡量情感这一因素。三种情感都是通过询问受访者这三个方面对他们驾驶新能源汽车时的积极情感的贡献程度来衡量的。表 1-17 中的研究结果显示,情感的影响与态度的影响相似,当有积极情感时,消费者更愿意采用新能源汽车;而当消极情感更为显著时,消费者则更不愿意采用新能源汽车,这为后续的研究奠定了重要的理论基础。

表 1-17　情感的划分与测量

情感维度	测量问项
本能情感	发动机的轰鸣声/快速加速/仪表盘上的信息/内饰/外观/高速行驶的可能性/技术的先进性
行为情感	开车时享受环境/开车时放松
反思情感	汽车成本低/环境友好型汽车/汽车的经济油耗

除了有对于新能源汽车属性产生的情感的研究外,还有学者对消费者在驾驶体验中的情感进行了研究。在 Graham-Rowe E 等人(2012)的研究中,提到了消费者在体验驾驶新能源汽车时产生了不同的情感,例如,一些消费者在驾驶新能源汽车后表达了他们"感觉很好"或"减少内疚"的情感;也有一些消费者在驾驶小型新能源汽车后会有"尴尬"的感觉,因为他们认为自己不能像驾驶燃油车那样快速。在这篇文章的基础上,Schuitema G 等人(2013)中研究了享乐属性对于消费者购买意愿的影响,他们将享乐属性定义为情感体验,具体指的是使用新技术所带来的快乐或愉悦。这项研究表明,如果消费者对于新能源汽车的享乐属性有积极的看法,那么他们采用新能源汽车的意愿会更加强烈。

此外,新能源汽车作为一种新兴绿色产品,对情感价值层面也会产生作用。Rezvani Z 等人(2018)认为,预测购买可持续产品的快乐和兴奋的感觉可以增加绿色产品购买的概率。这种判断基于他们对于享乐动机的理解,这一点与

Schuitema G 等人(2013)的研究有相似之处。Onwezen M C 等人(2013)认为，个人道德规范也会影响这种可持续消费中的积极情感，研究结果表明个人道德规范水平较高的消费者更倾向于从他们的可持续消费中预期到积极情感，从而对可持续产品产生更高的购买意愿。但在 Steg L 等人(2014)的研究框架中有另一种看法，他们认为个人道德规范可能与积极情感和增强的收益互相冲突，因为消费者可能认为他们为环境所做的行为不一定能够增强他们的积极情感，或者使他们的收益最大化。综合上述观点，Rezvani Z 等人(2018)提出了一个新的模型，该模型探讨了收益、享乐和个人道德规范动机对消费者采用高度参与的可持续产品(新能源汽车)的影响。他们发现三种类型的动机都直接和积极地影响了样本中新能源汽车的购买意愿，其中与情感相关的享乐动机的直接正向影响最强。在采用新能源汽车时，个人道德规范显著地影响了积极的预期情感，三种动机也与积极的预期情感呈正相关。因此，个人道德规范可以支持和加强积极的预期情感，进而对行为意图产生最强烈的直接影响。

第三节　相关研究理论

一、政策扩散理论

政策扩散的研究源于 20 世纪 60 年代美国学者 Walker J L 关于美国各州政府之间政策扩散的文章。政策扩散指一个政策方案从一个地区或部门向另一个地区或部门传播并被采纳和推行的过程，实质上是两个组织之间的互动(周英男，等，2019)。对于政府而言，一项创新政策能否被其他地区或部门采纳和推行，影响着政策的落地实现和执行效率。政策扩散以扩散过程和扩散结果为焦点特征，政策扩散结果是政策主体受到邻近效应影响而选择政策的行为，政策扩散则关注在空间、时间和层级结构上等如何实现新政策的采纳和实施(周英男，等，2019)。政策扩散并不是新政策在不同时空上的简单复制，一个地区采用新政策往往需要对其进行一定的调整和维护(DeLeo R A and Donnelly K P，2017)。政策扩散在时间维度上表现为新政策的政策主体数量呈 S 形曲线增加，在空间维度上政策主体表现出邻近效应，并在区域内出现"领导-追随"的层级效应。

二、Lotka-Volterra 模型

Lotka-Volterra 模型(LV 模型)是单物种进化的 logistic 模型的扩展模型

(Zhang T,et al.,2020b)。logistic 模型假设单一物种是孤立存在的,物种的繁衍与死亡只与自身因素相关(Pao H T,et al.,2015)。然而,在自然界中,一个物种的进化和发展往往受到周围多个物种的影响。Lotka-Volterra 模型是在 logistic 模型的基础上,加入不同物种间的相互作用项,最终形成的反映多物种间竞争与合作的模型。Lotka-Volterra 模型在提出时主要用于生态系统中物种竞争研究,后来作为解释企业之间、产业之间竞争与合作关系的模型逐渐被引入经济领域中(Ji J,et al.,2021)。

三、新能源汽车购买意愿相关研究理论

(一)技术接受模型与感知风险

Davis F D 于 1989 年提出了技术接受模型(technology acceptance model,TAM),以帮助了解个体用户如何使用和接受特定技术。技术接受模型的理论基础主要来源于社会学和心理学,该模型认为个体用户对尝试学习并使用新技术的态度和意图取决于其对技术相关优势的考虑。技术接受模型中包含两个主要的决定因素,其中一个是感知有用性(perceived usefulness,PU),定义为个体用户预期在组织内部使用特定技术后,感受到自己的业绩有所提高的程度。当人们认为一项技术有用时,他们倾向于对采用该技术持积极态度;相反,当人们认为该技术仅提供有限的优势时,他们可能会对该技术形成负面态度。感知易用性(perceived ease of use,PEU)是另一个重要因素,其定义为个体用户预期使用特定技术的容易程度。当人们觉得自己可以快速轻松地学习并使用一项技术时,他们往往会对技术的采用表现出积极态度;相反,当人们认为该技术很难掌握并使用时,他们更有可能对技术的采用持负面看法。使用行为意愿(behavioral intention,BI)指个体用户愿意完成某一具体行为的程度。使用态度(attitude toward using,AU)指个体用户在技术使用过程中所持有的主观情感,可以是积极的或消极的情感。TAM 指出,个体用户的使用行为意愿在很大程度上决定了特定技术的应用,使用行为意愿受到感知有用性和使用态度的影响(BI=PU+AU),感知易用性和感知有用性决定了使用态度(AU=PEU+PU),感知易用性和外部变量(external variables,EV)影响了感知有用性(PU=PEU+EV),而感知易用性则仅受外部变量的影响(EV=PEU)。外部变量为可测量的变量,例如,掌握技术所需的练习或学习时间、技术细节手册和技术本身的外部特征等。

有许多研究将感知风险与技术接受模型相结合。感知风险(perceived risk)

最早是由 Bauer R A(1960)提出的,他认为由于消费者可能无法预知其购买行为的结果是否正确,当某些结果较差时,可能会引起消费者的不愉快,因此消费者购买决策中隐含着不确定,这种不确定性后来被定义为感知风险。在 Cox D F(1967)的研究中,他提出了一项基本假设,消费者在实施消费行为时是具有目标导向的,在每一次购买时都具有相应的购买目标,而消费者难以在主观上确定每次消费是否能够满足其目标导向,因此产生了感知风险。具体到新能源汽车购买意愿的研究中,如图 1-14 所示,李创等(2021)基于"刺激-感知-反应"的 SOR 理论探究了感知价值与感知风险对购买意愿的影响。

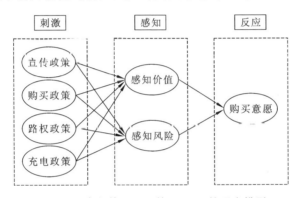

图 1-14　李创等(2021)基于 SOR 的研究模型

(二) 计划行为理论

计划行为理论(theory of planed behavior,TPB)是在理性行为理论(theory of reasoned action,TRA)的基础上提出的。计划行为理论认为,行为是由行为意向和感知行为控制引起的,行为意向是由态度、主观规范和感知行为控制共同决定的,态度、主观规范和感知行为控制相互影响。感知行为控制指个体感知完成行为的困难程度,即个体感知完成行为的资源和机会的丰富性。感知行为控制在计划行为理论中非常重要。它不但影响行为意向,而且与行为意向一起预测个体行为。因此,计划行为理论常用于解释个体在无法完全控制自己行为时的态度、行为意向和行为。具体到新能源汽车购买意愿的研究中,如图 1-15 所示,Wang S 等人(2016)基于 TPB 对中国消费者进行实证调查,结果发现消费者对环境的关注间接影响了购买意愿。表 1-18 所示是研究新能源汽车购买意愿的常见模型。

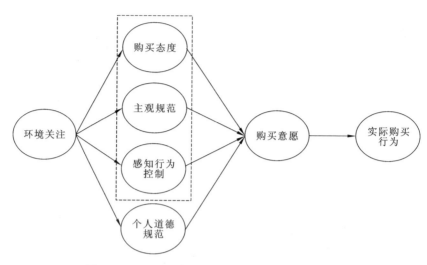

图 1-15　Wang S 等人(2016)基于 TPB 的研究模型

表 1-18　新能源汽车购买意愿常见研究模型

参考文献作者和发表时间	研究视角	变量	研究模型
王颖和李英,2013	PRT	感知风险、涉入程度	SEM
Wang S, et al.,2016	TPB	环境关注、态度、主观规范、感知行为控制、个人道德规范	SEM
Globisch J, et al.,2018	TAM	感知有用性(组织、个人)、感知易用性	SEM
Wang S, et al.,2018b	PRT、TAM	感知有用性、感知风险、有关电动汽车的知识、财政激励政策	SEM
陈凯,等,2019	TAM	感知风险、感知价值、环境意识	SEM
尹洁林,等,2019	PRT、TAM	感知有用性、感知易用性、感知风险	SEM
Wu J, et al.,2019	TAM	绿色感知有用性、感知易用性、环境关注	SEM
李创,等,2021	PRT、TAM	感知价值、感知风险(宣传政策、购买政策、路权政策、充电政策)	SEM
杜慧滨,等,2021	TPB	态度、主观规范、感知行为控制、个人道德规范、社会背景信息、政策因素	仿真模型
Shalender K and Sharma N,2021	TPB	态度、主观规范、感知行为控制、个人道德规范、环境关注	SEM

续表

参考文献作者和发表时间	研究视角	变量	研究模型
Vafaei-Zadeh A, et al., 2022	C-TAM-TPB	感知有用性、感知易用性、态度、主观规范、感知行为控制、感知价值、感知风险、环境自我形象、基础设施障碍	SEM

第四节 相关研究技术

一、文本分析

(一) 主题模型

传统的文本分析方法，如 TF-IDF，一般只停留在文档的表面统计信息，无法挖掘词语背后的词义关联，为了充分利用文本的丰富信息尤其是潜在语义信息，开展复杂语义环境下的文本分析与挖掘，主题模型是一种很好的选择。主题模型的起源是 Deerwester S 等学者于 20 世纪 90 年代提出的潜在语义分析 (latent semantic analysis, LSA)，但潜在语义分析并不是概率模型，所以它不算是一个真正意义上的主题模型。尽管如此，LSA 的提出还是为主题模型的发展奠定了基础。1999 年，Hofmann T 在 LSA 的基础上提出了概率潜在语义分析 (probabilistic latent semantic analysis, PLSA) 模型，而后 Blei D M 提出的潜在狄利克雷分配 (latent Dirichlet allocation, LDA) 模型较 PLSA 模型而言则是更为完全的概率生成模型 (Blei D M, et al., 2001)。为了解决主题模型的时变因素，Blei D M 于 2006 年提出了动态主题模型 (dynamic topic models, DTM) (Blei D M and Lafferty J D, 2006)。在主题模型中，"主题"可以视为词语的概率分布，描述同一主题的词语往往以较大概率同时出现，而主题模型就是一种模拟文档生成过程，通过参数估计来发现文档隐含的主题的机器学习模型。

(二) 情感分析

情感分析 (sentiment analysis, SA)，又称为挖掘分析或倾向性分析，是对包含情感信息的主观文本内容进行分析、处理、归纳和推理的过程 (Feldman R, 2013)。情感分析是自然语言处理中的一种常见应用，特别是在以判别文本的情感倾向为目标的分类方法中,与此同时,情感分析也可以视为利用情感指标来量化定性非结构化数据的方法(Liu B,2012)。目前,情感分析多是利用统计模型或机器学习算法从大量具有代表性的语料中自动获取潜在有价值的特征信息并用于理解人类情感,从而提高文本识别能力。

情感分析主要可分为情感极性分析、情感程度分析和主客观分析等。情感极性分析的目的是对文本进行积极、消极或中立的判断,在大多数应用场景下只做正负之分。情感程度分析是为了对同一个情感极性的词语进行情感强度细分。主客观分析是为了确定文本中哪一部分是含有情感信息的主观描述,哪一部分是不含情感信息的客观描述。由于电商购物平台和微博、微信等社交媒体的蓬勃发展,情感分析领域发展突飞猛进(张楠,等,2019)。情感分析以主观情感为分析对象,将情感进行量化测度,已经运用到了许多实践场景当中,如消费者反馈、商品在线评论的分析等(Hu Y H, et al.,2017b)。

二、结构方程模型

结构方程模型(structural equation model,SEM)是评价理论模式与经验数据一致性的新型模型,在心理学、管理学、教育学等领域广泛应用。第一代统计技术,如多元回归、验证性因素分析和方差分析,是被研究者用于实证检验变量之间假设关系的统计方法,存在三个主要的共同局限性:①它们基于简单的假设模型结构,难以捕捉复杂的现实关系;②要求所有变量都可观察及测量,而在实际应用中某些重要变量可能难以准确观察或测量;③这些方法假定所有变量都是无误差测量的,然而在实际情况中很难做到这一点,误差的存在可能影响结果的准确性。考虑到上述局限性,研究人员不得不寻求更为合适的数据分析方法来测量理论概念,因此,逐渐转向第二代统计技术,这些方法称为结构方程模型,使得研究人员能够同时建模和检验多个因变量和自变量之间的复杂关系。在这些关系中,涉及的概念通常是不可观察的,可通过多个指标间接测量。与第一代统计技术相比,SEM 解释了观测变量的测量误差,因此,能够对众多研究涉及的理论概念进行更精准的测量(Cole D A and Preacher K J,2014)。管理学领域的许多变量不能直接测量,不存在直接的测量方法,如果利用一些可观测变量作为潜在变量的"标识"时,又往往包含大量的测量误差。对这个问题许多方法都难以解决,而包含测量模型和结构模型的结构方程模型能够很好地解决这个问题。当研究模型中存在一个潜在构念无法用单一指标来衡量而必须通过多个外显变量来表示时,采用结构方程模型进行研究模型的证实或证伪往往是合适的。

第二章 中国新能源汽车政策量化演变研究

第一节 研究动机

在对新能源汽车政策的研究整理中,多项计量结果均指向中国,凸显了中国在全球新能源汽车政策研究中的核心地位。中国不仅是全球新能源汽车的关键市场,而且在2015年已经成为全球最大的新能源汽车市场。根据国际能源署(IEA)2023年公布的数据,2022年中国新能源汽车销量约占全球新能源汽车销量的60%,再次成为全球新能源汽车销量的领导者。中国之所以能在2015年成为全球最大的新能源汽车市场,政府对新能源汽车政策的大力支持起到了决定性作用。政府对产业发展政策的正确选择和科学设计,是实现新能源汽车产业规划目标的关键。尽管学者们对中国新能源汽车政策进行了广泛研究,并为新能源汽车产业提出了宝贵意见,但他们往往忽视了多目标的综合信息以及政策目标与政策工具之间的相互作用。这种局限性源于他们对局部政策分析的专注,从而限制了对新能源汽车政策体系整体研究的视野。目前,针对新能源汽车政策体系整体演化的定量研究相对较少,而体系中不仅需要协调补贴、技术、监管等多个目标,还需要多种政策工具的协同作用。鉴于新能源汽车政策体系的复杂性,包括多部门参与、跨越长期发展周期、需要众多目标与相应工具的协调配合等难点,政策演变研究需要更加全面和系统的方法。因此,本章将对2010年至2021年中国国家层面政府机构出台的新能源汽车政策进行定量研究,对中国新能源汽车政策在国家层面的演变路径进行刻画,以期获得对中国新能源汽车政策的全局理解。

本章构建了一个宏观与微观相结合的综合分析框架,旨在对中国新能源汽车政策的演变进行系统而全面的分析。首先,通过应用LDA模型识别政策目标的趋势特征,从宏观层面概述中国新能源汽车政策的发展历程;其次,对不同时期的政策工具进行识别和分类,揭示微观层面上的政策实施路径;最后,将政策目标与政策工具整合到联合分析中,量化它们之间的协同作用。这一宏观微观分析框架的提出,确保了对新能源汽车政策的系统性和全面性理解。对政策目标设定和政策工具偏好的详细分析,有助于揭示政策制定者的意图,并洞察新能源汽车产业的实际发展情况。这项研究的成果能够为政策制定者提供实用的指导,帮助实现国家能源安全和碳中和目标。此外,从这项研究中获得的见解对于其他新兴行业的发展同样具有重要价值。

本章的研究意义可以归纳为以下三方面。首先,本章研究综合分析中国新能源汽车政策体系的演变,并考虑其多部门性质和各目标之间的协调性。其次,本章研究提出了一种结合 LDA 方法的新的宏观微观框架,用于定量分析新能源汽车政策演变,解决了该领域的主观性问题,研究了政策目标和政策工具选择的差异以及它们之间的协同作用。最后,本章研究通过历史视角分析政策的动态演变过程,对中国新能源汽车产业政策驱动的发展格局进行了系统的审视。

第二节 中国新能源汽车发展情况

新能源汽车有广义和狭义之分。根据 2009 年的《新能源汽车生产企业及产品准入管理规则》,新能源汽车指采用非常规的车用燃料作为动力来源(或使用常规的车用燃料、采用新型车载动力装置),综合车辆的动力控制和驱动方面的先进技术,形成的技术原理先进,具有新技术、新结构的汽车。在广义下,新能源汽车包括了纯电动汽车、氢发动机汽车、其他新能源(如二甲醚)汽车等。但是,由于技术限制,大量投产进入市场的主要是电动汽车,这也是狭义上对新能源汽车的界定。《节能与新能源汽车产业发展规划(2012—2020 年)》中所指的新能源汽车包括插电式混合动力汽车、纯电动汽车和燃料电池汽车三类,这也是中国制定新能源汽车相关政策的主要分类依据。

新能源汽车对中国经济发展、环境保护、国家安全等具有多重优势(Liu Y and Kokko A,2013;Li Y, et al.,2014;Li W, et al.,2018;Zhu L, et al.,2019)。①降低汽车油耗,缓解石油短缺,平衡燃料供求,确保国家能源安全,保障居民生活,实现环境资源的可持续发展;②减少二氧化碳排放量,实现到 2020 年单位 GDP 二氧化碳排放比 2005 年下降 40%～45% 的国际减排承诺,同时降低化石燃料带来的城市空气污染;③有利于技术创新和提升制造业竞争力,加大国内汽车工业的科学研究力度,例如,国家高技术研究发展计划(863 计划)中已列入与新能源汽车有关的重大项目;④满足国内汽车消费需求,提升居民环保消费意识,改善产业结构,促进社会经济发展。

2010 年,国务院将新能源汽车产业确定为七大战略性新兴产业之一,并在同年界定新能源汽车产业处于产业发展的初始阶段(Ma S, et al.,2019)。根据公共产品供给理论和政府干预理论,新能源汽车产业发展中存在着如核心技术研发成本高昂、项目投资风险大(Liu Y and Kokko A,2013)、配套充换电基础设施建设欠缺(He L Y and Qiu L Y,2016),以及绿色消费的社会氛围未形成下的产品市场推广障碍等市场失灵问题,这成为政府力量干预的基本依据,政府的直接政策有助于提高资源使用效率,加快产业发展,而全方位的政策组合则有助于创新的持续性;根据幼稚产业保护理论,为了保护新能源汽车这一新兴产业在初创期不受国际强势品牌的影响,应该采取措施提高创新水平,这些措施包括财政补贴(Al-Alawi B M and Bradley T H,2013)、税收减免(Liu Y and Kokko A,2013)等政策。政府政策在新能源汽车产业的发展中发挥关键作用。

2010年到2016年间,各级政府从基本国情出发,结合地方具体情况,陆续出台了多项政策。国务院还制定了《节能与新能源汽车产业发展规划(2012—2020年)》,从产业发展、能源效率、技术创新、基础配套和管理制度五个方面提出了具体的发展目标,表2-1展示了每个目标的阶段性要求和具体内容。

表2-1 新能源汽车五大发展目标

目标	具体内容
产业化取得重大进展	到2015年,纯电动汽车和插电式混合动力汽车累计产销量力争达到50万辆;到2020年,纯电动汽车和插电式混合动力汽车生产能力达200万辆、累计产销量超过500万辆,燃料电池汽车、车用氢能源产业与国际同步发展
燃料经济性显著改善	到2015年,当年生产的乘用车平均燃料消耗量降至6.9升/百公里,节能型乘用车燃料消耗量降至5.9升/百公里以下。到2020年,当年生产的乘用车平均燃料消耗量降至5.0升/百公里,节能型乘用车燃料消耗量降至4.5升/百公里以下
技术水平大幅提高	新能源汽车、动力电池及关键零部件技术整体上达到国际先进水平,掌握混合动力、先进内燃机、高效变速器、汽车电子和轻量化材料等汽车节能关键核心技术,形成一批具有较强竞争力的节能与新能源汽车企业
配套能力明显增强	关键零部件技术水平和生产规模基本满足国内市场需求。充电设施建设与新能源汽车产销规模相适应,满足重点区域内或城际间新能源汽车运行需要
管理制度较为完善	建立起有效的节能与新能源汽车企业和产品相关管理制度,构建市场营销、售后服务及动力电池回收利用体系,完善扶持政策,形成比较完备的技术标准和管理规范体系

新能源汽车市场的产销情况反映了汽车工业的发展趋势和消费者对该产品的认可程度,也反映了政府相关产业政策的实施效果(Yang T, et al., 2021)。图2-1显示了2010年至2022年中国新能源汽车产销量所发生的变化。2010年至2013年,中国新能源汽车总产量与总销量逐年稳步增长。在2014年出现了

第一次爆发式的增长,2015年的产销量再次突飞猛进,新能源汽车产业出现了前所未有的高速发展。这种突然、快速增长的原因主要来自三个方向:①国内以及世界各大汽车制造厂商加大了对新能源汽车市场的布局与投资;②销量的大幅提升也反映了消费者对新能源汽车的认可程度有根本性的提高,且与受教育水平相关;③产销量剧烈变化也直接得益于多项产业支持政策和消费补贴政策。上述三个原因中,政府相关政策对市场的积极作用,是带动中国新能源汽车生产商生产和国内消费者购买的直接原因,影响作用明显。2016年至2018年,中国新能源汽车产销量继续保持50%以上的高速增长;2019年,受新能源汽车财政补贴的退坡及宏观经济形势影响,增速有所放缓;2020年增速再次回升;2021年实现了大幅度增长,产销量分别达到354.5万辆和352.05万辆,较2020年分别增长160%和157%;2022年,产销量均超过了700万辆,均较2021年翻了一番。

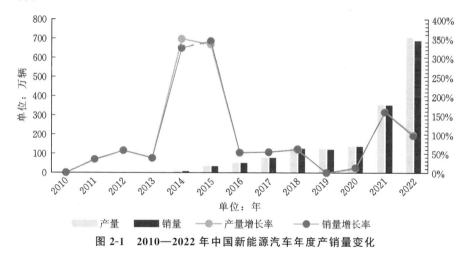

图2-1 2010—2022年中国新能源汽车年度产销量变化

第三节 国家层面新能源汽车政策演化

定性分析一直是分析新能源汽车政策的主要方法(Liu Y and Kokko A,2013),但是,定性分析不能独立于人的先验判断,无法有效应对数据规模和范围的变化(Lee J H, et al.,2021)。政策量化主要是从政策文本的外部特征和内容特征发现数量规律与政治现象的。杨慧和杨建林(2016)将政策文本量化方法分为基于数理统计的内容分析、文献计量、社会网络分析、文本挖掘等不同类型。盛亚和陈剑平(2013)基于数量统计方法,制定了新的量化标准对区域创新政策进行量化分析。在政策文本量化的研究中,文献计量方法的应用相当广泛。政策文献计量为政策演变等研究主题提供了新的分析框架。Yang Z 等学者(2023)运用文献计量方法,归纳并对比了粤港澳三地的垃圾分类政策的政策重心的不同及演化特征中的差异。但 Hicks D(1987)认为文献计量学的共引分析在科学政策领域的应用存在局限性,例如,随着时间的推移,分析的结果可能会不一致等。不同主体在政策的执行中存在相互影响和协同配合的网络关系。Xu W 等学者(2021)运用社会网络分析方法量化研究中国新能源汽车政策发布部门之间存在的合作网络以及其中的阶段结构特征及演进规律。随着政策文本量化分析的需求增加,以及文本挖掘技术在众多领域的成功应用,学者已经将文本挖掘技术应用于政策文本的内容分析。Jia S 和 Wu B(2018)采用文本挖掘的方法对中国新能源汽车政策进行量化评价。

近年来在政策领域中,主题建模变得越来越流行。它可以量化分析和发现文档集合中隐藏的语义结构,使用概率模型识别语料库中的隐藏主题(Isoaho K, et al.,2021)。其中常用的是 LDA 模型。LDA 是一种自动数据聚类技术,用于提取大型非结构化文档中包含的主题。LDA 的显著优势在于它能够识别大样本的主题并且具有高度实质性的可解释性(Kukreja V,2023),这使得研究者能够观察主题随时间的演变并检测出重大变化。许多研究也已证明,主题建模可以从文本中识别新的主题,而不受潜在的偏见观点的影响,这说明 LDA 模型能较好地弥补定性分析的不足(Jelveh Z, et al.,2018)。在实际应用中,LDA 模型也得到了进一步的拓展。不少学者使用该模型研究人工智能政策、新能源汽车政策(赵公民,等,2021)、公众政策舆情(Qin Q, et al.,2024)等,充分显示了 LDA 模型在政策研究领域的适用性。使用 LDA 模型解释政策文本的能力是合理有效的。

一、政策量化研究分析框架

本章研究提出了一个宏观微观框架来分析新能源汽车政策的演变,如图 2-2 所示。新能源汽车政策的演变是一个动态且长期的过程,涉及新能源汽车产业的各个方面,它们一起构成了政策的整体系统。新能源汽车政策的目标随着产业规则和特定背景而变化,这展现了政策的动态特性。在宏观层面上对政策目标的分析可以确定政府对新能源汽车产业重视情况的变化。新能源汽车产业发展的不同方面需要不同的手段来支持。根据不同的目标和阶段,政策是灵活变化的。所以,从微观层面政策工具的动态演变中,可以观察到政府为了实现政策目标所使用的不同政策工具,以及不同政策工具的效果。此外,本章研究将从宏观的政策目标和微观的政策工具两个层面对政策进行联合分析和比较,以检验新能源汽车政策的合理性。在具体的技术层面,本章研究使用 LDA 模型来确定政策目标和政策工具,以克服主观性和不确定性。

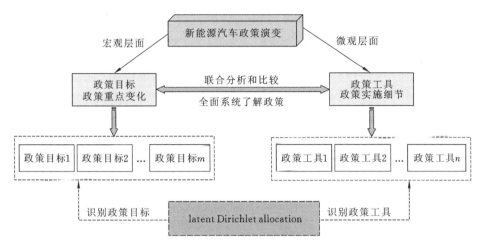

图 2-2 新能源汽车政策演变分析的宏观微观框架

二、latent Dirichlet allocation 模型

(一) 模型原理

主题模型是一种用于从大量非结构化文档集合中发现主要主题的算法。这种模型能够适应多种类型的数据,并已在多个领域内得到广泛应用。LDA (latent Dirichlet allocation) 模型是一种主题生成模型,用于从大量文档集合中发现隐藏的主题信息。它的基本思想是文档集合中的每一篇文档都是由多个主题混合构成的,而每个主题又由一系列概率分布的词汇构成。LDA 模型通过无监督学习的方式,找出文档集合中的主题结构,并确定每个文档中各主题的比例以及每个主题下词汇的概率分布。具体来说,LDA 模型中一篇文档的生成过程可以概括为以下几个步骤(Chen Y, et al., 2019c):

① 在主题上随机选择一个分布。

② 对于文档中的每个单词,从主题分布中选择一个主题,从相应的词汇分布中选择一个词。

LDA 模型的生成过程对应于隐藏变量和观察变量的联合分布:

$$p(\beta_{1:K},\theta_{1:D},z_{1:D},w_{1:D}) = \prod_{i=1}^{K} p(\beta_i) \prod_{d=1}^{D} p(\theta_d) \prod_{n=1}^{N} p(z_{d,n} \mid \theta_d) p(w_{d,n} \mid \beta_{1:K},z_{d,n})$$

其中,$\beta_{1:K}$ 是主题分布,每个主题 β_i 都是词汇表上的分布;θ_d 是文档 d 的主

题比例；$z_{d,n}$ 是文档 d 中单词 n 的主题分配；$w_{d,n}$ 是文档 d 的第 n 个词。

在求解每一篇文档的主题分布和每一个主题中词的分布时，可以通过吉布斯采样算法来估计：

$$p(\beta_{1:K},\theta_{1:D},z_{1:D}|w_{1:D})=\frac{p(\beta_{1:K},\theta_{1:D},z_{1:D},w_{1:D})}{p(w_{1:D})}$$

最后，提取出不同主题对应的主题词，进而确定主题内涵。为更好地理解 LDA 模型，依据前人研究，绘制了 LDA 模型结构（Chaney A and Blei D，2012），如图 2-3 所示。

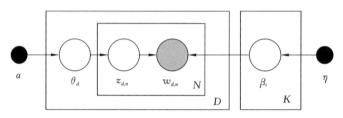

图 2-3　LDA 模型示意图

其中，有阴影的是观察变量，无阴影的是潜在变量，α 和 η 分别是狄利克雷分布的参数，箭头表示变量之间的条件依赖关系，框表示重复抽样，重复次数在方框的右下角。

（二）模型实现

LDA 模型的具体实现过程如下。

① 数据收集。通过检索各部委网站，查询从 2010 年到 2021 年的政策文件，经过对比、筛选，整理成统一文档格式。

② 数据预处理。在实际建模之前，数据预处理是一个不可或缺的步骤。原始数据往往存在不完整性和格式不一致的问题，而数据分析的效果与数据准备的充分性直接相关。数据预处理的目的在于将原始数据转换成一个干净的数据集，以减少缺失值、噪声数据及其他数据问题对实验结果的影响。在本章研究中，基于收集到的国家层面新能源汽车政策的原始文本，我们采用了文本处理技术进行语料的预处理。预处理的具体步骤包括使用结巴分词工具进行分词和去除停用词。在分词阶段，我们选择了 Jieba 分词工具，相较于其他工具在单词切分和实体识别上的不准确性，Jieba 在处理中文长文本时更为高效，因此被选为最终的分词工具（Ding Y，et al.，2021）。为了进一步提升分词效率，我们在阅读大量政策文本的基础上构建了一个个性化词典，该词典包含了政策文本中经常出现的词汇，有助于提高分词的准确性。在分析主题演变时，我们进行了词语

筛选,去除了如"的""地"等无意义的词汇,并合并了"电动汽车""电力汽车"等同义词。最终,我们将经过这些步骤处理得到的干净数据集作为 LDA 模型的输入,以进行进一步的分析。

③ LDA 模型的参数确定。在进行 LDA 模型构建时,主题数量的确定是一个难点。perplexity 指标是一种基于概率模型对样本拟合程度的估计值,它能够衡量给定的一组参数对一组未知数据拟合的有效性。所以,perplexity 指标可用于评估语言模型的优劣程度,找出具有实际意义的主题。本章研究基于 perplexity 指标进行最优主题数的确定。同时,为了保证所选择的主题模型更具有可解释性,本章研究还结合了人工判断,以专家经验对主题数进行确定。综上,在确定 LDA 模型的主题数目过程中,第一步,选择不同的 K 值计算 perplexity 指标,通过多次交叉验证测试模型性能,得出可备选的合适 K 值;第二步,由专家对主题输出的结果进行有效评估,结合实际文本特性选择最佳 K 值。实验证明,当主题数目设置为 6 时模型表现最佳,因此 LDA 模型的主题数最终定为 6。

④ LDA 模型的建立。在选择合适的参数以后,建立 LDA 模型并运行,模型输出为 6 个主题下的不同词语。根据词语的内涵以及人工比对,可以确定每个主题的内涵,并确定每个文档所属的主题是什么,为后续的政策演变分析奠定基础。

三、国家层面新能源汽车产业政策相关数据

本章研究收集了 2010 年至 2021 年国家层面发布的 220 项新能源汽车政策。为确保所收集政策的有效性,收集数据时按照三个步骤对政策文件进行筛选。第一步,广泛浏览相关国家部委和其他国内新能源汽车专业网站(如中国汽车工业协会网站),以获取相关政策。以"新能源汽车"和"新能源"为搜索词,时间范围设置为 2010—2021 年。第二步,按照政策形式筛选出中央政府发布的政策,政策形式包括命令、公告、意见等,确保所选择政策的正确性。第三步,通过检查政策内容删除重复的文件,最终获得 220 项新能源汽车政策。

本章研究收集的政策文件涵盖了多个关键机构,包括国务院、国家发展改革委、生态环境部、科技部、工业和信息化部、公安部、财政部以及交通运输部等,内容广泛涉及财政支持、研发、充电站设施等多个方面。通过对这些机构发布的政策进行统计分析,我们发现国务院、国家发展改革委、财政部以及工业和信息化部是主要的政策发布机构。这些机构发布的政策内容主要集中于财政支持、研发和充电站设施等领域。

不同的政策文种和发布机构对政策效率水平有着不同的影响。通常情况下,主要机构发布的规范性政策表明该政策受到了较高程度的重视(Liao Z,

2016)。不同政策文种的数量和类型如表 2-2 所示,该表显示通知和广义公文是最常见的政策类型。通知多用于指导、推动下级工作,这与国家级政策的性质相匹配。广义公文是一种非正式的政策文种,也是新能源汽车政策的主要形式之一。主要机构偏好的政策文种如图 2-4 所示。对于不同政策发布机构,财政部多采取通知作为主要政策文种。国务院对中国的行政和经济资源拥有最大的控制权,因此对新能源汽车的发展起着重要推动作用。财政部负责制定财政计划,通知形式更易于实现部门间财政计划的协调。国家发展改革委发布的新能源汽车政策的主要形式也是通知,但在四大机构中发布的政策数量最少。相比之下,工业和信息化部发布的新能源汽车政策数量最多,独立或联合发布的政策有 89 项,这表明工业和信息化部在新能源汽车产业发展中发挥了重要作用。

表 2-2 政策文种

命令	决定	公告	通知	意见	函	广义公文
1	3	23	90	39	2	63

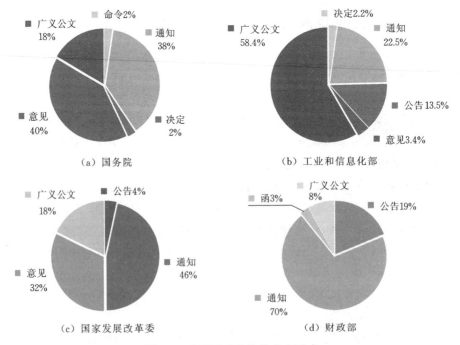

图 2-4 主要政府机构的发文形式

四、新能源汽车政策目标的动态演变

政策目标是政策制定者意图的明确陈述。在制定新政策时,深入理解政策目标尤为重要。政策目标的演变能够反映出新能源汽车政策在不同历史时期的变化,通过分析这些变化,我们可以捕捉到政策演化的动态特征。传统的确定政策目标的方法依赖于专家的知识和经验,而本章研究提出了一种基于 LDA 模型的量化方法,以有效识别政策目标。首先,将新能源汽车政策文本作为 LDA 模型的输入;然后,运行 LDA 模型获得主题下的特征词,根据特征词划分主题内涵;最后,根据主题内涵来识别政策目标。

(一)新能源汽车政策目标的分类

通过应用 LDA 模型并参考学者对政策目标的相关论述,本章研究确定了六大新能源汽车政策目标,分别为生产技术、基础设施、财政支持、市场推广、工业管理和节能环保。这些政策目标的具体定义详见表 2-3。在不同时期,各个政策目标的重要性会有所变化。通常情况下,政府政策中提及某一目标的次数越多,表明该目标的重要性越高。因此,政策目标的重要性可以通过相关政策的发布数量来体现。本章研究将政策目标的重要性级别定义为某个政策目标在特定时期的政策数量。经过排序整理,政策目标的演变情况如图 2-5 所示,其中重要性分为六个级别,数字"1"代表最重要,重要性按序降低。

表 2-3 政策目标定义

政策目标	具体含义
生产技术	掌握关键核心技术,促进技术的信息化与体系化,形成整车及零部件研发和产业化体系,建设新能源汽车产业标准体系和技术支持系统
基础设施	系统科学地构建高效开放、与新能源汽车发展相适应的基础设施体系,保障和促进新能源汽车产业健康快速发展,提高车网融合程度
财政支持	鼓励在公交、出租、公务、环卫和邮政等公共服务领域率先推广使用新能源汽车,对推广使用单位购买新能源汽车给予补助,为新能源汽车产业发展提供必要的资金支持
市场推广	提高新能源汽车在全国范围内的使用比例,实现新能源和清洁能源车辆在城市公交、出租、城市配送等领域的替换,增加新能源汽车投入比例
工业管理	建立起有效的与新能源汽车企业和产品相关管理制度,构建市场营销、售后服务及动力电池回收利用体系,完善扶持政策,形成比较完备的管理规范体系
节能环保	实施节能减排计划,建设绿色可持续发展社会

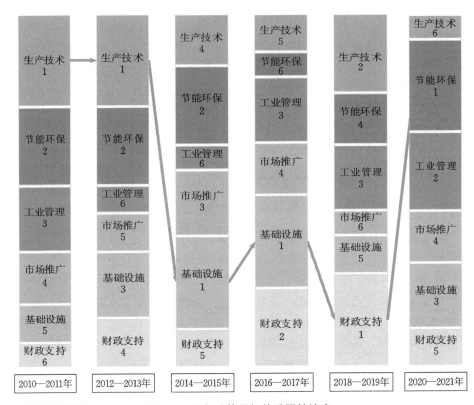

图 2-5 历年政策目标的重要性演变

(二) 新能源汽车政策目标演变的深入分析

从图 2-5 所示的政策目标演变中可以清晰地看出新能源汽车产业发展的优先级。生产技术在初始阶段(2010—2013 年)发挥着最重要的作用;然后,基础设施的重要性升至第一位(2014—2017 年);最后,财政支持和节能环保占据最重要的位置(2018—2021 年)。

生产技术的重要性在 2010 年至 2013 年间排名第一,政府共出台了 16 项相关政策;随后在 2014 年至 2017 年间其重要性排名有所下降,2018 年至 2019 年政府出台 11 项生产技术相关政策,其重要性反弹至第二位,随后又回落至最低水平。在工业化初期,生产技术的发展是政府最紧迫的任务,重点培育新能源汽车生产的技术突破和创新。生产技术达到一定水平后,其重要性在 2014 年至 2017 年间开始下降。然而,到了 2018 年,当新能源汽车的国际竞争力被优先考虑时,生产技术重新变得重要起来。其原因是认识到了最高速度、电池寿命和续航里程等领域仍然存在挑战(Tie S F and Tan C W,2013；Zhang X,2014)。这些挑战促使人们重新关注相关技术研究,旨在提高新能源汽车产品的质量、安全性和整体竞争力。因此,鼓励生产者从事创新研发成为政府的重要任务。

对于基础设施,其重要性在2014年至2017年间随着12项相关政策的发布上升至顶峰,然后逐渐下降。初期,小型新能源汽车并没有给基础设施建设带来太大压力,随着新能源汽车的快速扩张,充电基础设施的建设变得更加重要和紧迫,这使得基础设施的重要性从2014年到2017年稳步上升(Du J and Ouyang D,2015)。此后,基础设施的重要性下降,2018年至2021年基础设施建设取得成果,平均每年有4项相关政策。

财政支持的重要性整体呈现先上升后下降的趋势。补贴和激励措施被认为是激励消费者购买新能源汽车的关键因素(Li J, et al.,2020a)。政府越来越多地利用税收优惠和补助来促进研发和其他创新活动,导致相关政策数量缓慢但稳定地增加。但由于补贴政策存在漏洞和监管缺失,导致补贴政策的有效性降低。中国政府意识到这些漏洞,并通过取消不合理的补贴政策、优化补贴结构、制定更细的目标和采取更好的监管措施来解决这些问题。新补贴计划的实施成为2018年至2019年政府的重点工作。2019年以来,国家逐步取消新能源汽车财政补贴。2020年,补贴技术门槛适度放宽,2021年保持稳定。

市场推广对新能源汽车采用的重要性在2014年至2015年间急剧上升,政府共出台了22项相关政策,随后逐渐下降至不太显著的水平。私人消费者在新能源汽车采用的早期阶段犹豫不决,而公共部门的政府采购在展示效益和激发投资者提高私营部门商业化的热情方面发挥了至关重要的作用(姜爱华,生享璐,2017)。然后,示范的重要性开始下降。公共部门新能源汽车采购趋于饱和,持续的高额推广补贴不利于行业健康发展(Wan Z, et al.,2015)。然而,其重要性在2020年至2021年再次上升,政府出台了8项相关政策,且主要针对农村地区新能源汽车的引进。

2010年至2015年,节能环保目标的重要性以9项相关政策位列第二位。政府颁布了各种环境计划,倡导公共和私营部门采用新能源汽车,以提高空气质量。这些计划鼓励社会使用新能源汽车,广泛倡导节能低碳的生活方式,其重要性日益凸显。随着人们对环境保护认识的不断提高以及对可持续发展的重视,其重要性从2016年到2021年显著提高,尤其吸引了拥抱环保新能源汽车的中国年轻一代(Lin B and Tan R,2017)。

工业管理目标重要性先降后升,政府共出台29项相关政策。在初创阶段,政府出台了众多相关政策来规范社会投资,这些政策主要集中在新建新能源汽车工厂的审批措施上。随着新能源汽车产业的持续发展,相关的管理法规也在不断完善。特别是在动力电池和生产技术领域,标准陆续被公布和更新。自 2016 年,工业管理政策的数量稳步增长,2020 年至 2021 年期间,其重要性更是上升到了第二位。这些政策的重点在于促进行业的稳定发展,并推动新能源汽车行业的标准化进程。

(三)新能源汽车政策目标的相互作用

政策目标并非孤立存在,而是相互关联,共同推动新能源汽车产业的发展。在制定连贯的政策时,必须系统地考虑这些政策目标之间的相互联系。因此,政策制定者需要探索新的方法,思考如何将政策目标作为一个不可分割的整体来整合。通过深入分析政策目标的内容,本章研究构建了如图 2-6 所示的政策目标关系图。该图考虑了新能源汽车发展的过程和资源配置策略,旨在揭示不同政策目标之间的关系。

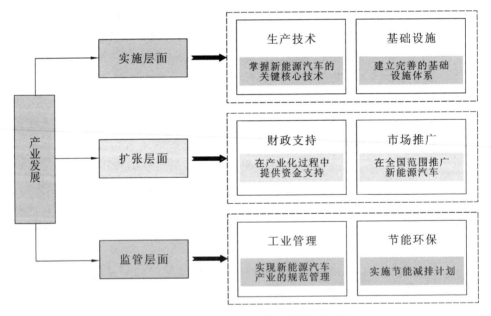

图 2-6 基于产业化导向的政策目标关系图

新能源汽车产业的蓬勃发展需要在实施、扩张和监管三个层面共同努力。在实施环节,控制制造商资质、产品和技术规范,以提供合格的新能源汽车是监管职责的一部分,同时,获得补贴的要求也应由监管机构来制定(Zhang X and Bai X,2017)。新能源汽车发展的前提是产业基础的完备性,使得人们能够方便地使用新能源汽车,这需要实施和扩张层面的共同协作。这些目标之间的联系体现了它们之间密不可分的关系。此外,新能源汽车面临的一些挑战需要不同层面的共同努力。例如,新能源汽车的成本问题仍然是一个关键议题。在实施层面,由于电池是新能源汽车的主要成本项目,电池技术创新对于降低新能源汽车成本至关重要(Tie S F and Tan C W,2013)。在扩张层面,对购置新能源汽车的个人进行补贴也对降低成本起到关键作用。三个层面的合力推动新能源汽车产业的发展,致力于打造一个高效的新能源汽车市场。

实施层面包括两个政策目标——生产技术和基础设施,它们为新能源汽车的生产制造提供工业基础。前期,政府非常重视对生产技术的政策支持,发布了国家计划,提议大幅增加对新能源汽车技术研究的资助(刘兰剑,陈双波,2013)。新能源汽车的生产成本随着技术的进步而下降,从而提高了市场竞争力。同时,基础设施也是必要的,因为它是新能源汽车正常使用的重要前提,尤其是在新能源汽车销售达到一定规模之后,需要更加重视。中国计划增加电动汽车充电站,以适应新能源汽车的扩张。Arias M B 和 Bae S(2016)认为,充分的基础设施建设对于优化公共服务和政府投资至关重要。

扩张层面在于鼓励公共和私营部门购买新能源汽车,涉及财政支持和市场推广两个目标。财政支持对于新能源汽车的发展至关重要,研发和基础设施建设等长期项目需要大量投资。此外,产业发展初期,企业无法单独承担高风险的投资,因此需要政府的财政支持。大规模采用新能源汽车是市场推广的重点,财政补贴对于促进新能源汽车的扩散至关重要。这些资金不仅在公共部门采用新能源汽车方面创造了足够的需求,而且吸引了许多个人购买新能源汽车(Musti S and Kockelman K M,2011)。

监管层面以工业管理和节能环保为重点,对产品管理和环境标准进行指导,以刺激新能源汽车产销的增长。工业管理涉及维护新能源汽车市场体系、确保产品质量和保护行业权益(Zhang L and Qin Q D,2018)。中央政府出台了《纯电动乘用车技术条件》等多项新能源汽车产业监管政策,用于促进产业标准化。为了改善空气质量,政府颁布了有关节能减排的政策。这些政策的重点是新能源汽车的排放标准和环境优化。

五、新能源汽车政策目标及政策工具协同分析

政策工具是政府为实现既定政策目标而采用的方法和机制。政策工具的选择是否恰当,会直接影响到政策目标的实现效果。通过分析政策工具的演变,可以确定政府对不同政策目标的重视程度,完成政策目标转化是具体的管理行为

和政策实施的关键一步。本章研究聚焦于与不同政策目标相对应的政策工具的特征,探讨在政策工具选择和组合中存在的问题,并提出建议。

将政策工具分为三类,即供给侧、需求侧和环境侧。在实际识别政策工具时,首先获取不同政策目标下的所有政策,然后依据 LDA 模型,提取政策的主题词,将新能源汽车政策划分为三种政策工具。

新能源汽车各政策目标下的政策工具演变特征分析如下。

1. 生产技术

生产技术在新能源汽车产业发展中起着重要作用。生产技术目标的关键是要提升汽车安全性、质量和持续降低能耗,并依据此建立新能源汽车的产品和技术标准。因此,政府针对这些标准发布了相关政策。与生产技术目标相关的政策有 45 项,如图 2-7 所示。

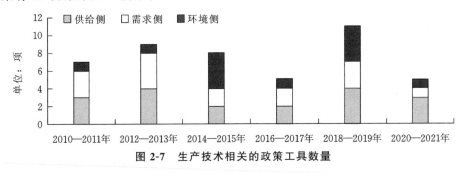

图 2-7　生产技术相关的政策工具数量

生产技术目标的实现综合使用三种政策工具。其中,供给侧和需求侧的工具主导生产技术目标的实现,环境侧工具从中起协调作用。供给侧工具直接指向关键技术的投资,包括资本、人才、土地和其他激励措施。需求侧和环境侧工具则关注优化技术环境措施。市场发展前期,技术成为新能源汽车产业发展的关键,这也是供给侧政策工具的主题之一。2010 年,国务院发布《关于加快培育和发展战略性新兴产业的决定》,将新能源汽车产业列为七大战略性新兴产业之一,表明发展新能源汽车产业正式上升到国家战略层面,其中插电式混合动力汽车和纯电动汽车成为技术发展的主要方向。生产环节还涉及行业软环境的创建,因此在生产标准以及企业税收优惠上,政府亦出台了相关的环境侧政策。《关于节约能源　使用新能源车船车船税政策的通知》明确规定了使用新能源汽车所能带来的优惠。技术落地即新能源汽车的试点示范工作也是政府的关注重点,这一方面主要体现在需求侧政策。《关于促进战略性新兴产业国际化发展的指导意见》和《关于开展 1.6 升及以下节能环保汽车推广工作的通知》都强调技术创新支持,推进重点产业关键技术的研发与推广。进入 2018 年,关于生产技术的话题热度上升,但此时更加关注产品的全过程管理问题,因此,三项政策工具使用比例均衡。就供给侧工具而言,政府提出了新的技术发展方向——推进氢燃料电池车发展;环境侧工具依然以售后税收相关问题为关注点,注重新能源汽车积分报送工作和财政支持工作;需求侧工具对产品回收做出了要求,《关于进一步加强新能源汽车产品召回管理的通知》从售后产品问题角度继续加强对生产领域的管理规范。从上述政策中可以看到,同样为实现生产技术目标,前期政策主要落实具体的操作层面,如技术的研发、生产的规范,后期则转向相关的管理工作,这也从侧面表明了新能源汽车市场向规范化方向前进的要求。从政府角度而言,生产技术目标的实现需要多机构的参与,三种政策工具也需要同时使用,综合性较强。

2. 基础设施

随着新能源汽车的发展,政府已经出台了许多针对基础设施建设的政策。基础设施目标中使用的政策工具的演变如图 2-8 所示。供给侧工具对这一目标的贡献最大,在整个研究期内都有应用,其次是环境侧工具,而需求侧工具贡献最小,仅在 2012 年至 2015 年间有应用。

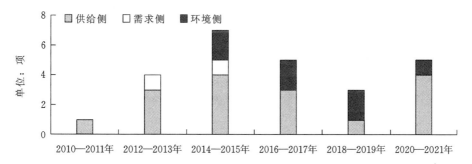

图 2-8　基础设施相关的政策工具数量

为了实现基础设施目标,政策工具以供给侧工具为核心。能源和电力基础设施的投资大,私人生产无法达到预期效果,同时,政府掌握着各种有助于建设基础设施的资源和资金,因此,在土地规划、建设标准和资金分配方面需要政府的支持,这是供给侧工具的功能。需求侧工具主要关注收费政策,认为对新能源汽车停车收费的价格应给予更多优惠。《关于进一步完善机动车停放服务收费政策的指导意见》指出,要进一步完善机动车停放服务收费形成机制,充分发挥价格杠杆作用,促进停车设施建设,提高停车资源配置效率,推动停车产业优化升级。从 2014 年到 2015 年,基础设施目标的相关政策工具数量最多,这主要是因为新能源汽车充电设施不足的矛盾变得更加突出,因此政府发布了许多政策,如《关于加快电动汽车充电基础设施建设的指导意见》。环境侧工具在改善人文及生态环境方面作用较大,新型城镇规划及加快推进生态文明建设的意见对于营造良好的环境以配合基础设施目标的实现做出了相关要求。

总体而言,在实现基础设施目标上,政策工具呈现波动变化大、内容单一集中的特点。近十年来,政府主要使用供给侧工具以促进目标实现,其他类型的工具稍有涉及,这主要是因为基础设施的建设必须动用国家力量,同时相关的能源及电力基础设施对国民经济非常重要,因此除供给侧工具之外的工具类型使用少且不连续。

3. 财政支持

对于财政支持目标,相关政策工具演变如图 2-9 所示,政策数量呈现先上升后下降的特征,政策工具渐趋全面,以环境侧工具为主要手段。

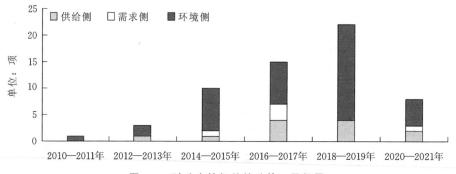

图 2-9 财政支持相关的政策工具数量

我国对汽车整车产品征收的主要税种包括增值税、消费税、车辆购置税和车船税。新能源汽车则享有一系列税收优惠政策,包括减免车船税、车辆购置税、消费税和关税等。此外,新能源汽车生产企业还可以享受企业所得税、营业税等的税收优惠。在市场发展的初期,新能源汽车技术尚未成熟,企业和消费者对购买节能汽车的主动性不足。为了改变这一行业现状,国家出台了众多以税收优惠为主题的环境侧工具政策。例如,2012 年发布的《关于节约能源 使用新能源车辆减免车船税的车型目录(第一批)的公告》,明确了使用新能源车辆可以免征车船税。在 2016 年之前,另外两种政策工具使用较少,主要关注点在于技术标准,如《电动汽车用动力蓄电池箱通用要求》和《锂离子电池行业规范公告管理暂行办法》。在鼓励购买新能源汽车方面,环境侧工具发挥着关键作用,有效地降低了新能源汽车的购买价格。而供给侧工具则侧重于制定接受补贴的技术标准。这些政策的共同作用为补贴标准的制定提供了技术参考,共同推动了新能源汽车行业的发展。2015 年,新能源汽车产量达到 340 471 辆,销量达到 331 092 辆,这显示了国内新能源汽车获得的巨大成功(Krupa J S, et al.,2014)。但这波浪潮很大限度上是由补贴所引起的,因此也产生了许多争议。一方面,人们思考国家资金补贴部分企业是否合理,另一方面则是补贴催生出的大量骗补行为问题如何解决。2016 年 9 月,财政部公开曝光 5 家客车企业骗取国家补贴,金额超 10 亿元。骗补的情况愈演愈烈,迫切需要政府的调节。因此,2016 年后,在新能源汽车市场已较为完备的基础上,中央政府作用逐渐转移,从政策驱动模式逐渐转换到市场推动模式。后续的几年间,以税收优惠为主题的环境侧工具继续增加,但核心内容已转为设定新的税收标准,建立行业标准和法规,从重量转至重质。同时以市场补贴为主题的需求侧工具核心内容已转为设定新的补贴标准。2016 年起,供给侧工具核心内容围绕公共服务与技术支持,以期改变一味强调汽车产销量而轻视新能源汽车技术水平升级的局面。2019 年,财政部等发布《关于进一步完善新能源汽车推广应用财政补贴政策的通知》,"双积分"政策逐渐成熟。这一时期,由于要进一步加强对各类免税车型的限制,因此,环境侧政策工具继续增加。

4. 市场推广

市场推广政策的目的是加快新能源汽车的普及和推广。公共部门通过政府示范,在推广新能源汽车方面发挥了先导作用。市场推广相关政策工具的演变如图 2-10 所示。

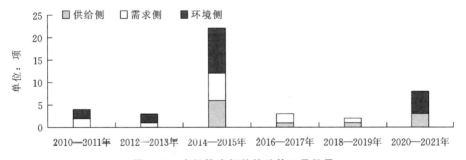

图 2-10 市场推广相关的政策工具数量

2010 年《关于开展私人购买新能源汽车补贴试点的通知》出台,在深圳、上海、合肥、长春和杭州等城市实施对私人购买者的财政补贴,在试点期间,每辆纯电动乘用车的财政补贴最高为 6 万元。需求侧工具,如《关于加强节能与新能源汽车示范推广安全管理工作的函》,指出要加强节能与新能源汽车示范运行安全管理。上述政策的目的是打开政府机关购买者的新能源汽车市场,为后续开拓私人市场奠定基础。第一轮的新能源汽车市场推广工作结束并取得了一定的成效,但与推广目标还有较大差距。在2014年至2015年间,市场推广政策的急剧增加反映了中央政府促进新能源汽车产业发展的决心。根据《节能与新能源汽车产业发展规划(2012—2020年)》,在2015年,新能源汽车的使用达到50万辆。为实现这一目标,政府颁布了许多市场推广政策以促进新能源汽车的推广。2014年前供给侧工具政策缺乏,是因为政策前期更多以各种资金补助的方式推广新能源汽车,但是后期由于充电设施不足的矛盾日渐凸显,因此加紧建设充电桩提上政府日程,要以国家力量推动相关基础设施的建设。由于节能类型的汽车享有更高的补贴,各级政府也有更高的热情购买新能源汽车。公务用车的大量采购也带来一定的问题,当时的新能源汽车几乎是由政府部门采购的,私人的采购比例非常小(姜爱华,生享璐,2017),仅仅依靠大量的市场推广资金,新能源汽车产业的健康发展是不可持续的。因此,有必要减少推广资金,这也直接导致了2016年以来市场推广政策的减少。由于充电设施的短缺,2014年至2021年间,供给侧工具的核心内容是充电基础设施的建设。

5. 工业管理

工业管理的目的是通过标准化和系统化来提高产品质量和效率。如图2-11所示,为了实现这一目标,供给侧工具数量较多,环境侧和需求侧工具交替出现。

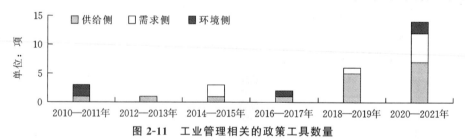

图 2-11 工业管理相关的政策工具数量

在行业早期,新能源汽车充电设施不足,非标准充电接口以及不成熟的充电服务模式是阻碍新能源汽车大规模采用的两大原因(Zhang X and Bai X,2017)。因此,国家采取了设定标准的方式,发布了关于电动汽车充电接口等的国家标准,明确充电接口的技术标准,这对于提倡新能源汽车消费具有明显的促进作用。后续政策工具有所调整,发布供给侧工具政策,以期规范汽车行业的技术条件。这一时期,虽然混合动力汽车还是新能源汽车推广的主要对象,但纯电动汽车因其工作效率高、噪声低、行驶平稳和不依赖石油等诸多优点,成为新能源汽车产业发展的一个重大方向。因此,该时期政策明确规定了纯电动汽车技术条件,从范围、要求、整车性能及试验方法对纯电动汽车进行了规范(Liu Y and Kokko A,2013)。另一方面,随着新能源汽车市场规模的扩大,首批电动汽车的电池已达寿命上限,如何回收电池以及进行电池的更新换代成为关键问题。因此,需求侧工具,如《关于做好新能源汽车动力蓄电池回收利用试点工作的通知》的出台,将电池回收作为示范内容,推动新能源汽车生产等相关的企业落实动力蓄电池回收利用责任,构建回收利用体系和全生命周期监管机制。

6. 节能环保

节能环保的目的是通过设定环境目标来鼓励新能源汽车的使用,从而减少废气的排放量。为了实现节能环保目标,政策工具的演变如图 2-12 所示。显然,环境侧工具起着重要作用,供给侧和需求侧工具的波动较大。

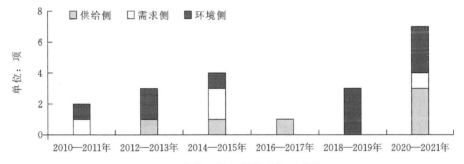

图 2-12 节能环保相关的政策工具数量

政府颁布的空气质量指导意见提出了降低汽车行业污染物排放的具体目标计划,为节能环保工作指明了方向。为辅助节能环保目标的实现,需求侧工具也提上日程。《"十二五"节能减排综合性工作方案》指出要推进交通运输节能减排工作,积极推广节能与新能源汽车。后续政策发生了较大变化,2016 年至 2017 年间仅颁布了供给侧工具,《关于促进绿色消费的指导意见》提出要减少浪费,选择高效、环保的产品和服务,降低消费过程中的资源消耗和污染排放,倡导各行各业形成绿色消费习惯以帮助实现节能减排目标。政策工具的多样性可以归因于多个机构独立发布节能环保政策。比如,生态环境部出台的主要是环保法律法规,这是环境侧工具。相比之下,国务院通过鼓励节能技术创新和推动绿色示范工程来支持节能环保目标,这分别属于供给侧和需求侧工具。2018 年后,对打赢蓝天保卫战、治理道路扬尘、货运汽车转型等方面采取了环境侧和需求侧工具以促进目标的实现。总体而言,在实现节能环保方面,三种工具都有所涉及。环境侧工具最常采用目标计划类政策。相关环境标准的统一是需求侧工具的重点。大多数节能环保政策是独立发布的,这会导致政策工具的不一致。

六、新能源汽车政策工具的动态演变

(一)新能源汽车政策工具分类

在上述讨论的基础上,为了更详细地了解政策工具的运用及其微观层面的动态演变,本部分进一步分析了具体政策工具随时间的演变。三类政策工具——供给侧、需求侧和环境侧工具被进一步细分,以观察政策实施的变化趋势。具体来说,供给侧工具包括人才培养、基础设施建设和技术信息支持等;需求侧工具包括市场补贴、试点示范和价格指导等;环境侧工具包括法规、税收优惠、财政支持等。表2-4列出了政策工具子类型的含义。

表2-4 政策工具子类型含义

政策工具子类型	具体含义
人才培养	培养产业发展所需的人才
基础设施建设	建设充电桩等基础设施,完善配套能源设施
技术信息支持	建立科研创新基地,鼓励学术界和产业界技术创新
市场补贴	政府为消费者提供购置补贴,扩大市场需求,提高产业市场竞争力
试点示范	在部分地区和公共部门开展新能源汽车推广试点工作
价格指导	政府通过制定标准来指导商品价格和收费
法规	政府通过法规和规划等对产业进行引导和调控
税收优惠	政府为产业内企业提供税收减免,通过税收减免减轻企业经营压力,帮助企业发展
财政支持	政府通过投资和入股等方式为新能源汽车产业提供资金支持

计算研究期内各政策工具子类型的应用比例,如图2-13所示。从结果来看,三种政策工具的比例总体平衡。使用最广泛的是环境侧工具,其次是供给侧工具。

(二)新能源汽车政策工具演变的深入分析

考察各政策工具子类型的应用比例及其各时期的占比,以准确、全面地揭示新能源汽车政策工具的动态演变。政策工具子类型占比指属于该子类型的政策数量占该时期政策总数的比例。例如,2010—2011年间有18项新能源汽车政策,而该时期的市场补贴相关政策有3项,因此,市场补贴占比为16.7%。

第二章 中国新能源汽车政策量化演变研究

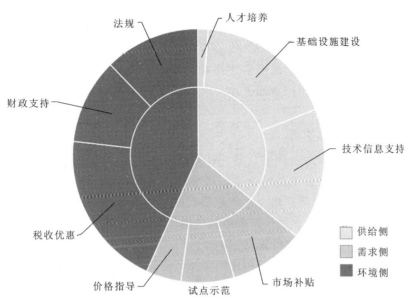

图 2-13 研究期内政策工具子类型应用比例

1. 供给侧子类型工具

供给侧子类型工具的演变趋势如图 2-14 所示。基础设施建设的绝对数量和占比整体呈上升趋势,显示出政府的重视程度不断提高。这体现了政府通过加快充电基础设施建设来缓解消费者里程焦虑的努力。技术信息支持整体保持

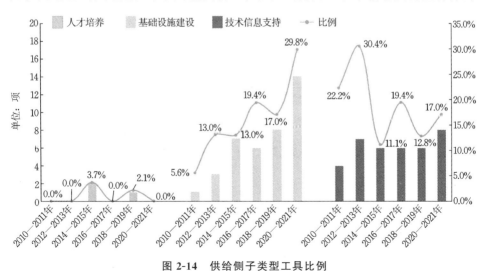

图 2-14 供给侧子类型工具比例

稳定,总体平均占比超过 15%,是政府重点关注的又一领域。另外,观察期内,相应的人才培养政策仅有 3 项,是应用比例最低的工具。一种可能的解释是,新能源汽车产业正在经历快速增长,技术要求较高,而现有的培训体系难以跟上且缺乏标准化,这可能会限制政府实施针对产业需求的人才培养政策的能力。因此,为了满足新能源汽车产业的人才需求,政策制定者应制定更全面的政策和规范来促进人才培养。

2. 需求侧子类型工具

如图 2-13 所示,需求侧工具是三种工具中应用最少的。图 2-15 进一步详细说明了需求侧子类型工具的演变。观察期内市场补贴工具数量保持相对稳定,但占比整体呈现下降趋势。这一趋势反映了补贴通过克服消费者信任不足和缺乏竞争力等障碍来促进早期采用的典型作用。试点示范和价格指导在观察期内维持较低水平,表明这些策略并不是政府促进产业发展的首要政策。其中,试点示范应用出现较大波动,应用比例整体呈现下降趋势。此外,价格指导的实施随着时间的推移表现出相当大的变化,这表明它不是政府的首选,而是有选择性地应用。

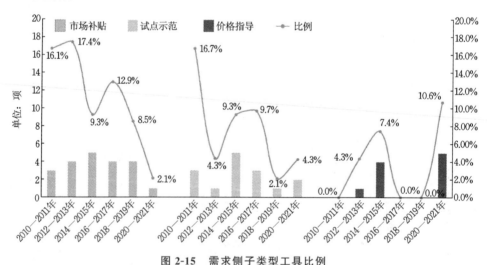

图 2-15 需求侧子类型工具比例

3. 环境侧子类型工具

从图 2-16 可以看出,环境侧工具是政府最青睐的工具。其中,税收优惠是最常用的手段,政府通过减税、改善企业营商环境来刺激产业发展,但随着产业的成熟,最初的税收减免政策需要调整和终止。2018 年至 2019 年税收优惠达到峰值是由于针对企业的补贴控制更加严格,补贴重新聚焦于消费者而不是企业。与税收优惠相比,财政支持工具的数量相对较少,特别是在 2016 年至 2017 年间,这种稀缺可能源于两个关键因素。首先,《关于 2016—2020 年新能源汽车推广应用财政支持政策的通知》等相关政策已在此之前发布,无须进一步补充或修改。其次,国家投资由直接产业支持转向一般财税政策,导致对产业的直接财政支持减少。相关法规的应用比例保持相对平衡,2016 年以来增长相对明显,这表明随着产业的成熟,监管关注度不断提高,规范产业、确保可持续发展的相关法规也随之增多。

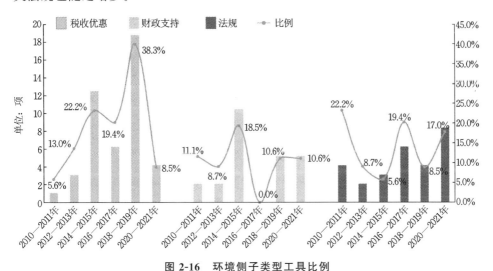

图 2-16 环境侧子类型工具比例

第四节 本章小结

中国作为全球最大的新能源汽车市场,为了推动新能源汽车产业的发展,中国政府制定了一系列政策文件。本章通过运用定量分析方法,对 2010 年至 2021 年间中国政府出台的新能源汽车政策进行了深入的分析、梳理和总结。在宏观微观框架下的政策演变分析中,我们可以清晰地观察到中国新能源汽车政策在这期间的动态变化。通过对六个政策目标和三种政策工具的联合分析,我们揭示了新能源汽车政策演变的具体细节。这些政策目标的规划和政策工具的选择,共同推动了新能源汽车产业的快速发展。宏观微观框架中的元素之间存在着复杂的相互作用,我们将从宏观和微观两个角度回顾这些关系,以便更清晰地理解政策的演变过程。

一、宏观层面

新能源汽车政策目标全面覆盖了新能源汽车产业的各个关键领域,包括生产技术、基础设施建设、财政支持、市场推广、工业管理和节能环保等方面。这些目标旨在促进新能源汽车产业的健康和可持续发展。随着不同时期和背景的变化,政府对这些目标的重视程度也会相应调整。政策目标的这种动态变化,从宏观层面上反映了新能源汽车政策的演变过程。

从政策目标的演变来看,我们可以看到不同政策目标的变化趋势是不同的。在 2010 年至 2013 年间,生产技术的发展成为政府的首要任务,在 2014 年到 2017 年间,重点已转移到基础设施的建设上。在 2018 年至 2019 年间,刺激和促进产业发展的财政支持目标受到更多关注。在 2020 年至 2021 年间,政府将政策重心转移至节能环保和工业管理等监管类目标上。政策目标的演变实际上说明了新能源汽车产业发展的路线图。通过跟踪不同时期的政策目标的变化,可以确定政策目标之间的差异和协作。在初始阶段,对生产技术的研究投资对于新能源汽车产业至关重要。从 2010 年到 2013 年,生产技术成为最重要的政策目标。作为新兴产业,新能源汽车发展的最大障碍是产业基础薄弱,尤其是在核心技术方面。续航时间短、电池寿命短、充电慢等技术问题阻碍了新能源汽车的广泛采用,不利于提升消费者满意度。此外,由于技术还不够成熟,汽车的购买价格普遍偏高,消费者无力承担新能源汽车的高购买价。这些现实问题表明,中央政府在初始阶段的首要任务是对生产技术进行投资。随着新能源汽车产业的发展,从 2014 年到 2017 年,基础设施变得越来越重要。电动汽车是中国新能源汽车市场中占主导地位的汽车类型,充电设施对于电动汽车的充电至关重要。这使得基础设施的建设必不可少。工业和信息化部宣布,2014 年充电站和充电桩数量分别达到了 723 座和 28 000 个。但是,2014 年新能源汽车的总销量超 74 000 辆,这表明充电基础设施的建设远远滞后于新能源汽车销量的增长,新能源汽车与充电设施之间的矛盾日益突出。因此,中国政府高度重视基础设施建设,并在 2014 年至 2017 年间发布了 12 项相关政策。基础设施的使用时间长,在使用期限内无须重复建设,这解释了为何基础设施政策目标的重要性下降。之后阶段,财政支持和市场推广的重要性增强。公共部门的示范可以吸引企业和消费者对新能源汽车采用的关注,而财政激励措施则可以鼓励购买(Zhang X and Bai X,2017)。税收优惠政策和补贴计划极大地影响了新能源汽车的采用。然而,过度补贴加上监管不足,不仅给政府带来了沉重负担,还导致了补贴欺诈等意想不到的后果。依靠大量货币激励来推动新能源汽车产业发展是不可持续的。因此,补贴计划的调整成为 2018 年至 2019 年政府的首要任务。

财政部在维持技术标准和补贴门槛不变的情况下,出台了新能源汽车补贴退坡的多项政策,表明政府工作重点的转变。

2020年至2021年节能环保和工业管理的重要性分别达到第一位和第二位。由于过度的财政补贴已经不适合此阶段的新能源汽车产业,以及财政政策与非财政政策之间存在不平衡(Liu C, et al.,2022),政府工作重心转向了监管政策。加强产业管理,包括提高产品标准和建立生产准入标准,可以带动技术进步,增强产业竞争力(He X, et al.,2020)。此外,加快环境立法和传播有关新能源汽车环境效益的信息促进环境保护,可以提高公众的环境保护意识,并最终有助于新能源汽车的采用(Wang X, et al.,2021)。

新能源汽车政策的动态演变与新能源汽车产业的实际发展紧密相连。对政策目标的持续关注和修订为新能源汽车产业的可持续发展提供了坚实保障。基于对政策目标的深入分析,本章研究勾勒出中国新能源汽车产业发展的路线图,即"生产技术—基础设施—财政支持"。结合政策目标之间的相互关系,可以明显看出,实施层面是新能源汽车产业发展的基石,并且需要通过充分的市场推广来加速新能源汽车的普及。未来的工作重点则需要在监管层面进行加强,以确保产业的长期健康发展。

二、微观层面

中国政府综合使用了供给侧、需求侧和环境侧的手段来实现政策目标。在新能源汽车的整个政策工具演变过程中,环境侧工具使用最多,其次是供给侧工具,政策工具中使用最少的是需求侧工具。

中国政府主要采用环境侧工具,具体而言,税收优惠手段应用最广泛。环境侧工具被广泛使用的原因可以从两个方面来解释。一方面,相关法规指明了发展目标,市场参与者可以根据政策指导制定未来计划。另一方面,税收优惠政策通过补贴刺激公共和私人用户增长,这对新能源汽车产业的发展起重要作用。此外,由于政策漏洞的存在,骗补事件发生,这也促使政府修改财政支持的政策。就数量而言,最稳定的政策工具是供给侧工具。供给侧工具的主要作用是促进技术和基础设施发展,这对于新能源汽车的普及至关重要。供给侧工具的使用表明政府非常重视提高新能源汽车的生产能力。需求侧工具的应用相对较少。需求侧工具的目的是刺激产品的市场需求。除市场补贴和试点示范外,其他的需求侧工具子类型很少使用。市场补贴和试点示范这两类需求侧工具鼓励公共部门采用新能源汽车,这成为前期推广新能源汽车的突破点。但是,公共部门对新能源汽车的需求已经饱和,因此此类政策逐渐减少。

政策工具的使用取决于政策目标,并且政策工具的合理性会影响政策目标的实现。政府可以根据不同的政策目标,进而分配不同的政策工具,这表明政策工具的应用会随着政策目标而变化。宏观政策目标和微观政策工具不是独立的,而是相互关联的。通过分析宏观政策目标和微观政策工具的互动,可以洞悉新能源汽车产业的发展趋势,并为未来的计划做出更好的决策。

三种类型的政策工具的综合使用可以更好地实现政策目标。不同的政策工具在实现政策目标中扮演着不同的角色。三种政策工具的结合意味着多种资源的参与,这决定了实现政策目标的战略空间更加灵活。政策工具的数量和类型的减少可能会阻碍政策目标的实现。对于市场推广目标,政策数量的减少直接导致重要性程度的下降。在政府精力有限的情况下,次要的政策目标所能得到的关注度较少,这将导致目标执行的效果较弱。供给侧工具能更有效地实现政策目标。就政策工具而言,环境侧和需求侧工具的实施效果需要通过消费者和市场情况来体现。相比之下,供给侧工具更为简单,政府可以通过明确管理内容和设定目标来协调各种资源。

通过对政策工具的分析,可以发现当前制定政策工具的策略是灵活的,但缺乏连续性。政策工具的作用因不同的政策目标而有较大的不同。政府对政策工具的设计考虑政策目标,这表明了政策工具的灵活性,政策目标和政策工具的不同组合也显示出灵活性。但是,政策工具的不连续性也存在,这种不连续性可能会限制政策工具对市场参与者提供有益指导。

第三章 中国新能源汽车政策演化

第一节 研究动机

在全球新能源汽车政策研究领域,中国的地位不容忽视。中国不仅是全球新能源汽车市场的重要组成部分,而且在2015年已经跃升为全球最大的新能源汽车市场。这一市场领导地位在2022年得到了进一步巩固,根据国际能源署(IEA)2023年的数据,中国新能源汽车销量约占全球新能源汽车销量的60%,这与中国政府在该领域的积极支持密不可分。新能源汽车产业政策综合复杂,既涉及产业演变的时间维度,也涉及各种政策工具的组合、搭配,还涉及不同层级政策的衔接和配合。政府正确选择和科学设计产业发展政策,是促进新能源汽车产业规划目标顺利实现的基本保证。之前的相关研究主要针对政策本身或是创新分析框架,这些研究无法完全解释现存问题,还缺乏专门针对我国新能源汽车政策的全方位、立体化和系统性的研究。本章将对所收集的2010年至2016年中国国家层面及地方层面各级政府出台的新能源汽车相关政策进行定性研究,尝试刻画出中国新能源汽车政策在国家层面和地方层面的演变路径,以期更为全面地获得对中国新能源汽车政策的全局理解。

第二节 国家层面新能源汽车政策定性演化研究

一、数据来源与分析框架

定性分析的数据来自2010—2016年间发布的126项国家层面新能源汽车政策。为保证政策的权威性、代表性和可靠性,本章研究基于以下原则进行检索和筛选:①所选取的政策与新能源汽车产业密切相关;②所选取的政策类型主要是法律法规、纲要、通知、意见、规划、公告等文件,其他形式不计入。截止至2016年底,在政府官网、中国汽车工业协会网站以及其他研究新能源汽车产业发展的网站上,共收集了126项国家层面的相关政策。

政策分析框架主要从政策工具和政策目标两方面入手。政策工具主要分为三类:①供给侧,表现为政策对新兴产业的推动力,包括人才培养、技术支持、资金投入、基础设施建设、公共服务提供等;②需求侧,通过政府采购、贸易管制、市场补贴、试点示范、价格指导等减少市场的不确定性;③环境侧,通过目标规划、金融支持、税收优惠、法规管制、产权保护等来影响产业发展环境。政策目标主要包括促进产业发展、研发和推广应用。产业发展相关政策主要指管理办法、行为规范、发展规划等管控类政策,研发相关政策主要指支持重大技术攻关的政策,推广应用相关政策主要指刺激新能源汽车、电池、充电设施等产品的生产与销售的政策。

二、分析结果

从 2010—2016 年国家发布的新能源汽车政策来看,中国新能源汽车政策的推进模式如下:①从整个汽车工业、国家节能减排两个大方向进行战略规划;②明确新能源汽车的发展思路,并根据实际国情,选择一部分城市进行试点;③通过财政补贴制度,促使个人消费者购买使用,一旦市场消费规模形成,便加大力度进行充电基础设施建设,同时,采用金融创新手段为新能源汽车产业提供资金支持,加快整个产业的发展。

在新能源汽车产业管理模式上,中国基本形成了以国务院为最高决策层,以工业和信息化部实施产业综合管理,国家发展改革委实施投资审核,科技部、商务部、财政部等部委依各自职能共同参与管理的多元化模式。

2013 年 9 月,中国政府发布了《关于继续开展新能源汽车推广应用工作的通知》。2013 年和 2014 年,财政部、科技部、工业和信息化部和国家发展改革委公布了两组城市为新能源汽车推广应用城市。如图 3-1 所示,2010 年以来,国家相关政策的数量几乎每年都在增加。这展现了中国政府在促进新能源汽车发展方面的决心和信心。

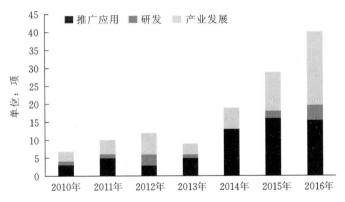

图 3-1 国家层面新能源汽车政策数量

在政策倾斜重点上,历年来的政策多倾向于鼓励应用,辅以管控,但研发是非常明显的短板。在许多的规划类政策中都提到要大力支持研发,但缺乏后续的安排与落实。从长远来看,新能源汽车的质量可能直接影响需求。因此,不应低估加强研发的重要性,应以此作为确保新能源汽车产品质量和安全的手段。

图3-2显示了近年来国家层面新能源汽车政策的关键词,并辅以图谱式的绘制,关键词出现的次数越多,颜色越深。可以看到,国家层面政策的关键词除了宏观的"发展规划""新兴产业""战略"等外,还包括了中微观层面的"生产线建设""安全管理""补贴核查"等,覆盖较为全面,有利于新能源汽车产业全方位发展。同时也可以看到关键词中还有"中国制造""节能""减排""大气污染"等,说明加快发展新能源汽车产业有利于整个中国制造业在全球市场中占据有利地位,更有利于解决当前面临的资源和环境问题。

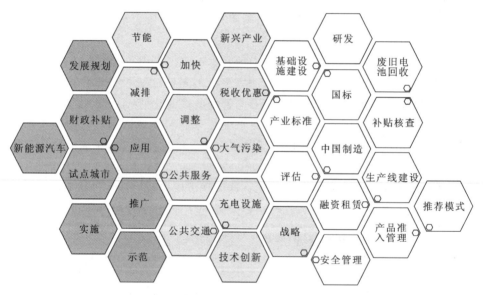

图3-2 中国国家层面新能源汽车政策关键词图谱

如图3-3所示,按照政策目标和政策工具,对国家层面新能源汽车政策侧重点进行了分析。产业发展方面多运用环境侧工具来指导和促进新能源汽车的开发与应用;研发方面多运用供给侧工具来支持新能源汽车及系列产品的研发机构和生产厂商扩大技术与产品的供给;推广应用方面较均衡地运用了多种政策工具,环境侧相对多一些,财政补贴政策的数量最多,这些都说明新能源汽车产业在2016年还处于国家培育的初级阶段(在宏观层面上)。

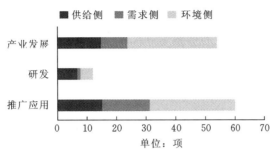

图 3-3 国家层面新能源汽车政策的类型

第三节 地方层面新能源汽车政策分析

本章第二节分析了国家层面新能源汽车政策的演变过程,在本节将对地方层面新能源汽车政策进行分析。对地方层面新能源汽车政策进行分析可以帮助洞察地方对中央致力于发展新能源汽车产业的响应情况,揭示新能源汽车产业发展的地区差异。本节主要运用定性分析的方法对新能源汽车政策的地区差异进行讨论。而关于国家层面政策宣传与地方层面政策宣传之间的协同情况将在第四章进行详细讨论。

一、省级新能源汽车政策分析

中国许多省级行政区响应中央政府的号召,出台了多项地方新能源汽车政策。本章研究收集、分析了 34 个省级行政区发布的 201 项政策,时间跨度为 2010—2016 年。本章研究选择广东省和江苏省以及北京市和上海市作为分析样本,选择这些省级行政区的主要原因在于这些省级行政区的新能源汽车政策与其他省级行政区相比更为广泛。与本章第二节对新能源汽车政策的定性分析框架一致,本节对地方层面的新能源汽车政策的分析仍从政策目标和政策工具入手,其中政策目标分为产业发展、研发和推广应用,政策工具分为需求侧、环境侧及供给侧工具。

如图 3-4 所示,2013 年,各省级政府开始积极出台和实施有利于新能源汽车产业发展的政策。值得注意的是,广东省和上海市率先颁布新能源汽车政策,起到示范带头作用。2013 年,国务院四部委确定了首批新能源汽车推广应用试点城市名单。各省级政府在 2014 年推出了大量主要侧重于推广应用和财政补贴的政策,这些政策的目的是促进新能源汽车的生产和销售。从 2014 年到

2016年,政策侧重于推广应用。与2014年相比,2015年推广应用方面的政策数量有所减少,而产业发展方面的政策数量有所增加。

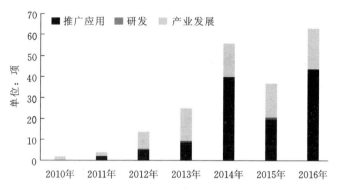

图 3-4　省级新能源汽车政策的数量

省级新能源汽车政策的分类如图 3-5 所示。初始阶段,中国新能源汽车政策侧重于产业的形成和发展,更加注重新能源汽车的接受和使用。中国政府试图培育新能源汽车市场。在这种情况下,研发政策的数量相对较少。可以看出,省级各类政策工具在产业发展和研发方面均匀应用。对于推广应用,供给侧和需求侧政策的数量相对较多,这些政策直接刺激了购买和销售。各省级行政区在国家政策的框架下,结合具体情况,细化和推进国家政策的落实。与国家政策相比,省级研发方面的政策更为罕见,这表明国家政策不够具体,另外在某些方面,各省级行政区缺乏主动性。

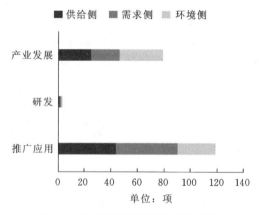

图 3-5　省级新能源汽车政策的类型

图 3-6 和图 3-7 分别是广东省和江苏省实施新能源汽车政策的时序图。广东省是最早发布新能源汽车相关政策的省级行政区之一,2010 年就发布了《广

第三章 中国新能源汽车政策演化

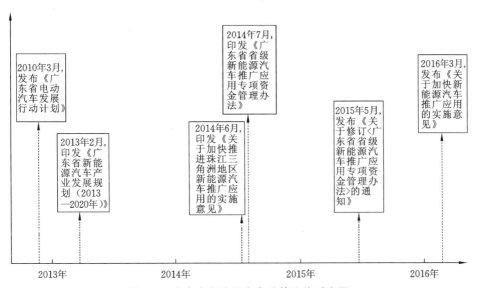

图 3-6 广东省新能源汽车政策实施时序图

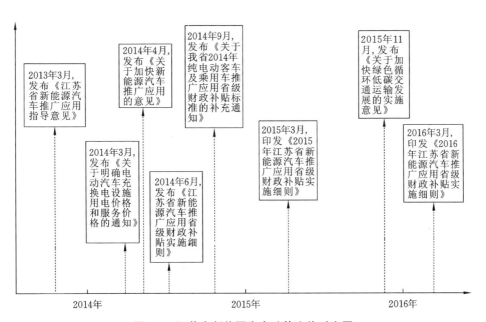

图 3-7 江苏省新能源汽车政策实施时序图

东省电动汽车发展行动计划》,政策作用对象覆盖企业和消费者。广东省发布的一些相关政策旨在促进产业发展和推广应用,而其他政策则以新能源汽车研发为中心。广东省 2014—2016 年每年都出台新能源汽车推广应用政策,早期主要是产业规划以及从供给方的角度实施工程项目,紧接着在市场逐渐形成时加以财政支持,有力增加需求,加快推广应用。

江苏省是中国汽车工业最具发展潜力的地区之一,汇集了大量的新能源整车企业或研究设计机构。2014年,江苏省新能源客车产销量全国第一。与此同时,江苏省的空气质量普遍较差。江苏省运用了多项补贴政策来刺激新能源汽车的推广应用,政策的重点在于促进消费者尤其是首次购买者购买和使用新能源汽车,降低环境污染。

北京市和上海市发布的新能源汽车政策数量如图3-8和图3-9所示。作为首都,北京市人口密度较大、经济较为发达,消费者的购车刚性需求较大。特别是新能源汽车不限号及各种补贴政策的推出,促使新能源汽车逐渐成为刚需用户及家庭第二辆车用户的优选方案。另外,北京公共部门的良好示范和运营,也使得消费者逐渐认可新能源汽车。

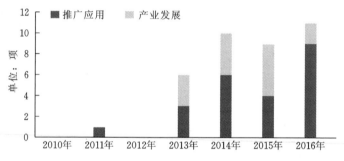

图3-8 北京市新能源汽车政策的数量

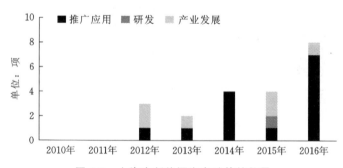

图3-9 上海市新能源汽车政策的数量

上海市积极鼓励个人和单位购买和使用新能源汽车,制定了三年期的推广应用实施方案(2013年至2015年)。上海市对新能源汽车的发展做了细致的规划和管理,推出了较为灵活并具有地方特色的激励政策。通过这些政策措施扩大新能源汽车需求、加强充电设施建设与管理、规范购买和使用流程、促进分时租赁业发展,为产业发展创造良好的环境。2013年,上海市成为新能源汽车推广应用试点城市。之后,上海市政府出台大量政策,主要侧重于推广应用和财政补贴。2014年的政策旨在激励新能源汽车的生产和销售。2015年政策的指向更为多元,与2014年相比,推广应用政策数量有所减少,并且出现了研发政策和产业发展政策。

虽然上述4个省级行政区的政策目标的侧重不同,但都是主要运用需求侧和供给侧工具,以财政补贴为主要形式,刺激新能源汽车的生产与销售。这些政策的出台大多比国家相应政策晚1~2年,但比国家政策更细致,更有针对性。其他省级行政区则跟随这些省级行政区之后出台政策,政策的力度往往也会小一些。

二、地市级新能源汽车政策分析

地市级政府在省级政策和国家级政策指导下,也根据地方实际情况,陆续出台了新能源汽车的相关政策。本节研究收集、分析了86个城市发布的222项相关政策,如图3-10和图3-11所示。

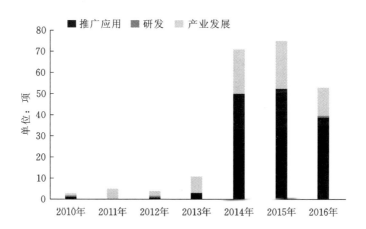

图3-10 地市级新能源汽车政策的数量

地市级新能源汽车政策主要集中于2014年和2015年。从国家级到省级到地市级,政策逐步从宏观规划落实为实施方案。在政策工具的运用方面,地市级政策与省级政策大体相似。

图3-12所示的是深圳市实施新能源汽车政策的时序图。深圳市是发展新能源产业的积极探索者,早在2009年深圳市政府就制定了整个新能源产业的发

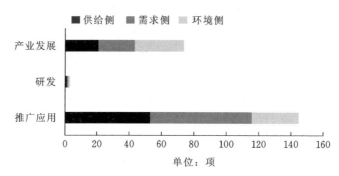

图 3-11 地市级新能源汽车政策的类型

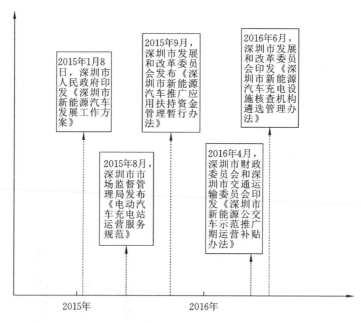

图 3-12 深圳市新能源汽车政策实施时序图

展规划。2015年以前,在深圳市出台的一些新能源产业扶持政策中,新能源汽车常被提及。此后,深圳市政府根据地方实际情况,秉承经济特区的改革创新精神,出台了推广应用新能源汽车的若干政策,实施新能源汽车的推广应用措施。如规范汽车限购政策以鼓励居民购买新能源汽车,对新建住宅项目增加了必须配套充电基础设施的要求。可见,深圳市新能源汽车政策力度较大,覆盖了整个产业的多个方面,营造了良好的产业环境,有利于产业未来的快速发展。

第四节 补贴政策比较

新能源汽车补贴政策是中国推广新能源汽车过程中的一项重要政策,在新能源汽车的推广前期发挥了显著的作用。尽管近几年来新能源汽车补贴政策正在逐步退坡,并于2022年底正式终止新能源汽车购置补贴政策,但不可否认的是,补贴政策仍是中国推广新能源汽车政策中浓墨重彩的一笔。本节将单独讨论2010—2016年中国新能源汽车补贴政策演变过程,并对比不同地区的新能源汽车补贴政策。

一、不同类型新能源汽车补贴政策比较

2015年4月,财政部、科技部、工业和信息化部和国家发展改革委联合发布了《关于2016—2020年新能源汽车推广应用财政支持政策的通知》,通知明确,2017—2018年补助标准在2016年基础上下降20%,2019—2020年补助标准在2016年基础上下降40%。该政策的实施期限是2016—2020年,四部委将根据技术进步、产业发展、推广应用规模、成本变化等因素适时调整补助政策。2016年新能源汽车推广应用补助标准如表3-1和表3-2所示。

表3-1 纯电动、插电式混合动力(含增程式)乘用车推广应用补助标准

单位:万元/辆

车辆类型	纯电动续驶里程 R(工况法、公里)			
	100≤R<150	150≤R<250	R≥250	R≥50
纯电动乘用车	2.5	4.5	5.5	/
插电式混合动力乘用车(含增程式)	/	/	/	3

表3-2 纯电动、插电式混合动力等客车推广应用补助标准　　单位:万元/辆

车辆类型	单位载质量能量消耗量 (E_{kg},Wh/km·kg)	标准车(10 m<车长≤12 m) 纯电动续驶里程 R(等速法、公里)					
		6≤R<20	20≤R<50	50≤R<100	100≤R<150	150≤R<250	R≥250
纯电动客车	E_{kg}<0.25	22	26	30	35	42	50
	0.25≤E_{kg}<0.35	20	24	28	32	38	46
	0.35≤E_{kg}<0.5	18	22	24	28	34	42
	0.5≤E_{kg}<0.6	16	18	20	25	30	36
	0.6≤E_{kg}<0.7	12	14	16	20	24	30

续表

车辆类型	单位载质量能量消耗量 (E_{kg}, Wh/km·kg)	标准车(10 m<车长≤12 m) 纯电动续驶里程 R(等速法、公里)					
		6≤R<20	20≤R<50	50≤R<100	100≤R<150	150≤R<250	R≥250
插电式混合动力客车（含增程式）		/	/	20	23	25	25

注：表 3-2 中的补助标准以 10～12 m 客车为标准车给予补助，其他长度纯电动客车补助标准按照表 3-2 中的单位载质量能量消耗量和纯电动续驶里程划分，插电式混合动力客车（含增程式）补助标准按照表 3-2 中的纯电动续驶里程划分。其中，6 m 及以下客车按照标准车的 0.2 给予补助；6 m<车长≤8 m 客车按照标准车的 0.5 给予补助；8 m<车长≤10 m 客车按照标准车的 0.8 给予补助；12 m 以上、双层客车按照标准车的 1.2 倍给予补助。

纯电动、插电式混合动力（含增程式）等专用车、货车推广应用补助标准：按电池容量每千瓦时补助 1800 元，并将根据产品类别、性能指标等进一步细化补贴标准。

燃料电池汽车推广应用补助标准如表 3-3 所示。

表 3-3　燃料电池汽车推广应用补助标准　　　　　　　　　　单位：万元/辆

车辆类型	补助标准
燃料电池乘用车	20
燃料电池轻型客车、货车	30
燃料电池大中型客车、中重型货车	50

从上述车型的补助标准可以看出中国新能源汽车在乘用车方面，补助额度最高的为燃料电池乘用车。燃料电池汽车技术难度大，作为最理想的新能源汽车之一，政策支持力度也非常大。

纯电动汽车的补助一般高于插电式混合动力汽车，因为插电式混合动力汽车作为新能源汽车与传统汽车的过渡产品，虽然能满足消费者的个性化需求，但是不能代表未来的发展方向。通常，纯电动续驶里程越长，补助额度越大，略有区别的是，乘用车每一级的补助额度级差随着纯电动续驶里程的增加而减少，相反，客车每一级的补助额度级差大多随着纯电动续驶里程的增加而保持不变或增加。

总之，政府对不同类型的新能源汽车补助是有侧重的。首先，燃料电池汽车无论是乘用车还是客车、货车，都给予相应的统一标准的补助，且补助的额度较大。其次，对纯电动汽车和插电式混合动力汽车的补助中，重点支持纯电动续驶里程长的车型，且总体上更支持纯电动汽车的发展。

二、不同地方新能源汽车补贴政策比较

在国家政策的基础上,各地方政府出台了相应的地方补贴标准。2016年是"十三五"规划的开局之年,新能源汽车购车补贴政策已经出台。各地方新能源汽车补贴与国家新能源汽车补贴比值如图3-13所示。

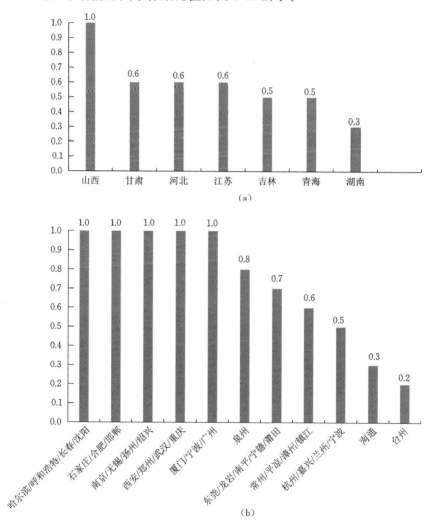

图 3-13　地方新能源汽车补贴与国家新能源汽车补贴的比值

从图3-13中可以看到,新能源汽车补贴政策存在地方差异。补贴比例的不同说明了地方新能源汽车产业的实际发展情况并不一致,可能导致的结果是政策的实施效果存在差异。

第五节 本章小结

中国是全球最大的新能源汽车市场,为了促进新能源汽车产业的发展,中国政府出台了一系列政策文件。为了更全面地了解中国新能源汽车产业政策的构成及演化过程,本章运用定性分析方法对2010—2016年间中国政府出台的一系列新能源汽车政策进行梳理、分析和总结。

本章以政策工具和政策目标为切入点,梳理和分析国家层面新能源汽车政策的演变逻辑、推进思路及未来的发展趋势。本章不仅分析了国家层面的新能源汽车产业政策,还分析了地方层面的新能源汽车产业政策,梳理和总结了不同地方政府为响应中央政策而出台的差异化新能源汽车政策。最后,本章还重点讨论了新能源汽车政策中一项重要的政策——补贴政策,对比了不同类型的新能源汽车补贴政策、不同地区的新能源汽车补贴政策。

通过本章的梳理,得出中国新能源汽车政策的主要演变路径如下。

第一,优先出台新能源汽车产业发展规划政策,明确发展目标和财政支持的范围;

第二,实施新能源汽车推广应用方案;

第三,由财政部门牵头出台新能源汽车具体补贴方案,对补贴对象和补贴额度以及各项申请规范做出明确的解释;

第四,根据各级政府实际情况,发布进一步落实推广新能源汽车的政策或方案;

第五,针对推广过程中产生的问题,完善管理制度和制定行业标准,加强监管,核查补贴落实情况,确保新能源汽车政策实施有效和市场健康发展。

纵观历年政策,可以总结国家新能源汽车的政策思路基本为"规划—试点—推广—补贴—建设"。最初,从整个汽车工业、国家节能减排两个大方向进行战略规划。随后,明确新能源汽车产业的发展思路,树立发展的指导思想,并根据实际国情,选择一部分城市进行试点,在推广的过程中采用"公共服务领域—私人使用领域"的方式,提倡城市公交系统和政府机关采购使用新能源汽车,进而通过财政补贴政策,促使个人消费者购买使用。一旦市场消费规模形成,便加大力度进行充电基础设施建设,同时,采用金融创新手段,为新能源汽车产业提供资金支持,加快整个产业的快速发展。

中国新能源汽车政策可能呈现以下发展趋势。

① 购车补贴退坡的现象显示政府从"政策"驱动转向"政策+市场"双轮驱

动的决心,退坡力度逐步增强。

② 基础设施建设方面政策的缺失、基础设施不完善导致的充电难已成为制约产业发展的重要因素。随着中国快速的城市化进程,基础设施建设为充电设施的发展提供了良好的机会(Fan J L, et al., 2017)。

③ 我国动力电池在电池系统的集成能力、电池管理系统、热管理系统等方面与国外发达国家相比有一定差距。据应急管理部消防救援局通报,仅2022年第一季度就发生了640起新能源汽车起火事件,且在2022年1月至11月公开报道的新能源汽车自燃事件中,绝大多数是非碰撞引发的自燃。所以,中国颁布了要求更严格的安全检查政策。因为关乎生命财产的安全,对该类政策未来也会有所侧重。

④ 我国新能源汽车数量已经达到一定规模,电池回收利用问题成为亟待解决的问题。我国出台新能源汽车废旧电池回收利用的政策,通过补贴鼓励生产企业主动回收电池,这也是未来政策的重点方向。

⑤ 在各试点城市对新能源汽车的推广示范中,更注重公交和出租系统。这样做的理由是该系统车辆集中,数量庞大,容易完成政策目标。但从公共领域到私人领域的影响力度并不如预期高。影响新能源汽车效用的因素主要有购置成本等。

第四章　中央和地方的政策协同

第四章 中央和地方的政策协同

第二章和第三章探讨了中国新能源汽车政策在国家层面的演化过程,从政策目标及政策工具两个方面分析了新能源汽车政策的动态演化;同时还讨论了在地方层面上,不同地方针对各自新能源汽车产业发展的具体情况出台的差异化的新能源汽车政策。通过对国家层面和地方层面新能源汽车政策的讨论,本书总结了中国新能源汽车政策演化的大致过程。本章继续深入分析中央和地方新能源汽车政策协同过程,进一步解析中国新能源汽车政策体系。

第一节 研究动机与研究问题

随着能源危机与环境污染问题的日益凸显,发展新能源汽车已然成为全球工业优化升级的必然趋势。为了抢占未来汽车工业的制高点,寻找中国经济发展的新动能,中国政府制定并出台了一系列关乎新能源汽车发展与推广的政策。中央政府于 2001 年在国家高技术研究发展计划下启动了电动汽车重大科技专项,并于 2007 年在汽车产业转型升级纲领中明确新能源汽车为汽车产业的发展方向。2009 年 1 月,中央政府颁发的《关于开展节能与新能源汽车示范推广试点工作的通知》中,确定了第一批新能源汽车示范推广城市。2009 年 1 月,中国启动"十城千辆"工程,通过提供财政补贴,计划用 3 年左右的时间,每年发展 10 个城市,每个城市推出 1000 辆新能源汽车开展示范运行,我国新能源汽车产业步入正轨(冯相昭,蔡博峰,2012)。2012 年,中央政府发布《关于节约能源 使用新能源车船车船税政策的通知》,开始实施新能源汽车税收减免政策,对新能源汽车减免车船税等。2016 年,中央政府推出了充电桩等基础设施的推广建设奖励机制,明确要求加快充电桩等基础设施的建设,给予基础设施建设一定的财政补贴。中国政府通过加大新能源汽车产业的政策支持力度和资金投入,已在市场推广方面得到了较快的发展,但总体而言,新能源汽车的市场推广难度仍然较大。

新能源汽车的顺利推广,需要政策宣传与倡导工作的积极推进,以激发公众的购买意愿(Zhang X and Bai X,2017)。政务机构的社交媒体账号作为公众动员与宣传的重要在线沟通渠道,被视为政策倡导的重要手段之一(季诚浩,等,2020)。政务微博作为政府政策宣传平台中的佼佼者,因其政策发布的及时性、单向性与交互性已成为政府政策宣传推广的重要平台。因此,从政务微博中探究中国新能源汽车政策的宣传组合与传播机制,对政府制定新能源汽车推广策略具有重要意义。

中央政府高度重视地方政府的能源利用效率和碳排放效率（Wang K and Wei Y M,2014），并倡导地方政府以新能源汽车推广作为提高能源利用效率和碳排放效率的手段之一（吴昊俊，陈伟光，2022），但不同地区的自然资源禀赋、能源消费结构、产业结构和经济增长模式各不相同，因此，不同地方政府的新能源汽车政策推广模式和政策宣传组合可能会有很大差异。在国家层面政策的推动下，各地方政府发布相关政策与规划来促进当地新能源汽车产业的发展，在落实中央基本政策、明确中央基本精神的基础上对新能源汽车推广工作进一步细化，制定出符合自身发展与宣传要求的政策宣传组合。基于政策扩散理论，在中国新能源汽车政策的扩散与传播中，中央政府自上而下的推动式扩散和地方政府间横向的自发式扩散共同发挥着作用。学者周望基于中国国情对政策扩散理论进行了拓展，并指出地方政府自身的先进做法也能够被中央政府自下而上地"吸纳"进政策议程（周望，2012）。为进一步提高新能源汽车产业政策宣传的精准性与实效性，以下问题值得深入研究：两级政府如何通过社交媒体进行新能源汽车政策的传播与推广？两级政府的新能源汽车政策宣传组合有何差异？与传统自上向下的政策传播方式相比，政务微博中不同的新能源汽车政策主题具有哪些新的传播特征？

第二节 数据来源与研究方法

一、研究框架

本章的研究框架如图 4-1 所示。

二、数据收集与数据预处理

（一）数据收集

本章研究的数据来自新浪微博，新浪微博是中国最具影响力的社交媒体平台之一。《2020 年政务微博影响力报告》显示，截至 2020 年 12 月 31 日，经过新浪微博平台认证的政务微博已达到 177 437 个，其中政务机构官方微博达到 140 837 个，公务人员微博达到 36 600 个。基于此，本章研究自行编写爬虫脚本用以爬取属于央地两级政府组织的 33 个政务机构官方微博账号中的所有微博帖子。其中，代表中央政府政务机构账号的有中国政府网、人民日报和新华社，中国政

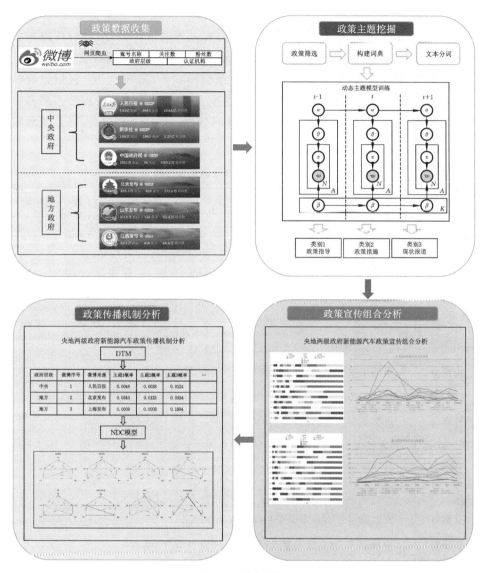

图 4-1 研究框架

府网由国务院办公厅主办,第一时间权威发布国务院重大决策部署和重要政策文件、国务院领导同志重要会议活动等政务信息,而人民日报和新华社作为中国共产党的重要宣传舆论机构,发挥着喉舌、耳目、智库和信息汇总的作用。因此,本章研究选择将这3个政务机构微博账号作为中央层面的政策来源。由于台湾地区、内蒙古自治区、香港特别行政区和澳门特别行政区没有开通政务机构官方微博,本章研究选择了其他30个省级行政区的政务机构官方微博账号,如北京发布、广东发布和山东发布等,所选账号均由省人民政府办公厅、政府新闻办公室或省委宣传部等省级官方机构认证。本章研究共爬取了时间段在2009年11月21日至2022年6月30日的1 630 016条微博帖子,爬取的字段包括微博帖子内容、发帖时间、点赞数、转发数和评论数等,其中332 756条微博帖子来自中央政府账号,1 297 260条微博帖子来自省级政府账号。各政务机构官方微博账号详细信息如表4-1所示,数据更新于2022年6月30日。

表4-1 政务机构官方微博账号详细信息

政府层级	微博账号名称	认证机构/组织	微博帖子数/条	关注数/个	粉丝数/个
中央	中国政府网	国务院办公厅 中国政府网运行中心	33 606	72	1900.3万
中央	人民日报	《人民日报》法人	145 848	3060	1.48亿
中央	新华社	新华社法人	153 302	2989	1.08亿
河北省	河北省人民政府	河北省人民政府办公厅	7463	66	10.2万
山西省	山西发布	山西省人民政府新闻办公室	45 661	1	38.9万
辽宁省	辽宁发布	辽宁省人民政府门户网站	25 887	3	11.7万
吉林省	吉林发布	吉林省人民政府新闻办公室	59 622	669	201.7万
黑龙江省	黑龙江发布	黑龙江省人民政府新闻办公室	11 249	132	197万
江苏省	微博江苏	江苏省人民政府新闻办公室	47 277	513	285万
浙江省	浙江发布	浙江省人民政府新闻办公室	49 196	479	241.9万
安徽省	安徽发布	安徽省互联网信息办公室	57 773	380	138.1万
福建省	福建发布	福建省人民政府新闻办公室	10 969	100	40.6万
江西省	江西发布	江西省人民政府新闻办公室	56 785	432	88.4万
山东省	山东发布	山东省人民政府新闻办公室	45 408	124	312.7万
河南省	精彩河南	河南省人民政府新闻办公室	11 362	317	616.6万
湖北省	湖北发布	湖北省人民政府新闻办公室	41 423	312	205万
湖南省	湖南省政府门户网站	湖南省人民政府门户网站	23 065	15	52.6万

续表

政府层级	微博账号名称	认证机构/组织	微博帖子数/条	关注数/个	粉丝数/个
广东省	广东发布	广东省人民政府新闻办公室	32 928	390	334.9 万
海南省	海南省人民政府网站	海南省人民政府网站运行管理中心	24 017	63	2.1 万
四川省	四川发布	四川省人民政府新闻办公室	89 871	419	656.3 万
贵州省	黔办之声	贵州省人民政府办公厅	19 072	179	64.2 万
云南省	云南发布	中共云南省委宣传部	58 822	234	519.9 万
陕西省	陕西发布	陕西省人民政府门户网站	73 254	320	151.1 万
甘肃省	甘肃发布	甘肃省人民政府新闻办公室	61 008	703	293.5 万
青海省	青海发布	青海省人民政府新闻办公室	19 347	52	89.2 万
广西壮族自治区	中国广西政府网	广西壮族自治区人民政府门户网站	32	316	5.5 万
西藏自治区	西藏发布	西藏发布	278	11 386	5.6 万
宁夏回族自治区	宁夏政务发布	宁夏回族自治区人民政府	5	140	11.6 万
新疆维吾尔自治区	新疆发布	新疆维吾尔自治区人民政府新闻办公室	1051	690	379.4 万
北京市	北京发布	北京市人民政府新闻办公室	629	2287	873 万
上海市	上海发布	上海市人民政府新闻办公室	1675	1093	973.8 万
天津市	天津发布	天津市人民政府新闻办公室	785	1343	267.1 万
重庆市	重庆发布	重庆市人民政府新闻办公室	421	1570	197.3 万

(二) 数据预处理

本章研究的主题聚焦于新能源汽车政策,因此有必要对爬取的微博帖子进行区分,筛选出与新能源汽车有关的政策文本。为此,本章研究使用了"新能源汽车"和"电动汽车"等特定的关键词,以初步分离出相关的政策微博帖子。最后,经过人工复核,本章研究保留了时间段从 2010 年 1 月 1 日至 2022 年 6 月 30 日的 5386 条微博帖子,其中包括 576 条中央政策微博帖子和 4810 条省级政策微博帖子。

分词是后续文本分析与文本挖掘的基础。本章研究使用 Jieba 分词工具对文本进行分词。尽管 Jieba 分词工具提供了一个优秀且易于使用的分词算法,但正确的分词仍然需要专有名词词典的支持。本章研究手动构建了一个新能源汽车的专有名词词典,将诸如"国家发展和改革委员会"等专有名词加入预设的词典中。此外,本章研究还借用多种中文词典,如百度词典、腾讯词典和搜狗词典来帮助文本进行分词。"新能源汽车"和"电动汽车"等词被删除,因为它们几乎出现在所有保留的微博帖子中,中国知网词典中的停用词词典用来删除停用词,并获得最终的文本数据。

三、动态主题模型

在自然语言处理中,主题模型是一种模拟文档生成过程,通过参数估计来发现文档隐含主题的机器学习模型。主题可以看作词语的概率分布,而相同主题的词语往往有较大的概率同时出现。作为静态主题模型的代表,LDA 主题模型假定文档是从同一组主题中交换抽取的,没有考虑到文档的顺序。这种隐含的独立假设是不准确的,因为文档集合,如社交媒体数据集合,反映了随时间不断变化的内容,因此基础主题也会随着时间的推移而变化。

动态主题模型(DTM)是一个生成性的主题模型,它可以捕捉到按顺序排列的文档语料中的主题演变。静态主题模型不能有效识别文档主题随时间变化的情况,DTM 可作为解决这个问题的方法。如图 4-2 所示,与 LDA 主题模型不同,DTM 假定数据是按时间切片划分的,将时间切片 t 中主题 k 的自然参数 $\beta_{t,k}$ 由 LDA 主题模型中的 Dirichlet 分布改为逻辑正态分布,并使用高斯过程进行主题演变建模,具体式子为:

$$\beta_{t,k} | \beta_{t-1,k} \sim N(\beta_{t-1,k}, \sigma^2 I)$$

在 LDA 主题模型中,文档的主题概率分布 θ 是从 Dirichlet 分布中得出的。DTM 使用具有平均值 α 的逻辑正态分布来表示概率分布上的不确定性,模型之间的顺序结构再次被简单的动态模型捕获:

$$\alpha_t | \alpha_{t-1} \sim N(\alpha_{t-1}, \delta^2 I)$$

按顺序排列的文档语料在时间切片 t 中的生成过程可以简化成如下步骤:

① 生成主题分布 $\beta_t | \beta_{t-1,k} \sim N(\beta_{t-1}, \sigma^2 I)$;
② 生成主题分布的时序演变 $\alpha_t | \alpha_{t-1} \sim N(\alpha_{t-1}, \delta^2 I)$;
③ 对每篇文档生成文档-主题分布参数 $\eta \sim N(\alpha_t, a^2 I)$;
④ 对文档中的每个词语生成文档-主题分布 $z \sim \text{Multinomial}(\pi(\eta))$;
⑤ 对文档中的每个词语生成词语-主题分布 $w_{t,d,n} \sim \text{Multinomial}(\pi(\beta_{t,z}))$。

其中，d 为文档，n 为词语，π 将多项式自然参数映射到平均参数，具体表示为：

$$\pi(\beta_{(k,t)})_w = \frac{\exp(\beta_{k,t,w})}{\sum_w \exp(\beta_{k,t,w})}$$

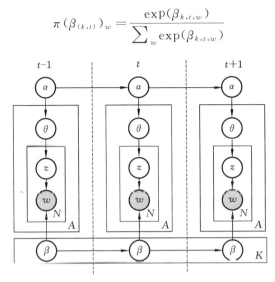

图 4-2　DTM 的概率图模型

通过上述过程，不同时间切片的主题被 DTM 联系在一起，时间切片 $t-1$ 中的主题可以演变为时间切片 t 中的主题。本章的政策微博数据时间跨度达到 12.5 年，在新能源汽车政策宣传过程中各级政府所使用的具体措辞会随着时间的变化而变化，因此本章研究使用 DTM 来精确挖掘和刻画各级政府在新能源汽车政策宣传方面的主题组合及特征。

四、向量自回归模型和净向连接度模型

向量自回归模型（vector autoregression model，VAR 模型）是一种用于描述多个变量之间随时间变化的动态依赖关系的模型，它最早应用于计量经济学中。VAR 模型不以严格的经济理论为依据，提倡让数据关系说明一切，并通过系统中变量之间的内生相互作用来解决内生性问题，具体而言，VAR 模型通过把系统中每一个内生变量作为系统中所有内生变量的滞后值的函数来构建模型，从而回避了早期结构化模型需要事先区分变量的外生性和内生性的问题。VAR 模型的基本数学表达式如下：

$$\boldsymbol{x}_t = \boldsymbol{\alpha}_1 \boldsymbol{x}_{t-1} + \boldsymbol{\alpha}_2 \boldsymbol{x}_{t-2} + \cdots + \boldsymbol{\alpha}_n \boldsymbol{x}_{t-n} + \boldsymbol{\beta} \boldsymbol{y}_t + \boldsymbol{\rho}_t \quad t=1,2,\cdots,T$$

其中，$\boldsymbol{x}_t$ 表示 k 维内生变量的列向量，$\boldsymbol{y}_t$ 表示 d 维外生变量的列向量，n 表示滞后阶数，T 表示样本个数。$k \times k$ 维矩阵 $\boldsymbol{\alpha}_1, \boldsymbol{\alpha}_2, \cdots, \boldsymbol{\alpha}_n$ 和 $k \times d$ 维矩阵 $\boldsymbol{\beta}$ 是

待估系数矩阵，$\boldsymbol{\rho}_t$ 是 k 维随机扰动向量。

VAR 模型的预测误差方差分解（forecasting error variance decomposition，FEVD）用来描述一个变量预测误差方差的百分比有多少可以由变量自身和 VAR 模型中的所有其他变量解释（Ji Q，et al.，2018）。换句话说，FEVD 可以从模型预测的角度量化一个变量对另一个变量变化的贡献。然而，FEVD 依赖于 VAR 模型的 cholesky 分解，因此方差分解的结果受变量排序影响。此外，FEVD 只涉及总溢出，而不具有方向性（Diebold F X and Yilmaz K，2014）。

为了解决上述缺陷，Diebold F X 和 Yilmaz K 提出了一种基于方差分解的方法，即净向连接度（net directional connectedness measure，NDC）模型，该模型对 cholesky 分解的变量排序具有鲁棒性（Diebold F X and Yilmaz K，2014）。若用 d_{ij}^H 表示对变量 j 施加脉冲后变量 i 的 H 步预测误差方差的分量，NDC 模型的具体计算公式如下：

$$C_{ij}^H = d_{ji}^H - d_{ij}^H$$

如果 $C_{ij}^H > 0$，则表示变量 i 对变量 j 的信息流出量大于变量 i 从变量 j 获得的信息流入量，也可以说变量 i 有着对变量 j 的净贡献。由于可以为 VAR 模型中的所有变量对计算净向连接度，NDC 模型也可以用来指示模型内的信息流大小以及方向（Ji Q，et al.，2018），甚至可能发现潜在因果结构（Diebold F X and Yilmaz K，2014）。此外，总净向连接度还能提供有关每个变量对其他变量波动性的净贡献汇总信息，具体计算公式为：

$$C_i^H = \sum_{j \neq i} C_{ij}^H$$

在 VAR 模型中变量的排序对于遵循总连接性的动态行为其实并不重要（Diebold F X and Yilmaz K，2014），因此，本章研究使用 NDC 模型来探究央地两级政府新能源汽车政策的传播机制。

五、集成模型

将 DTM 和 NDC 模型集成可以为本章研究的研究问题提供一种全新方法：作为 DTM 的产物，θ^d 是微博帖子 d 的主题概率分布，主题 k 在 θ^d 中的占比可以用 $\theta^{d,k}$ 表示，本章研究将 $\theta^{d,k}$ 从文档层面汇总到政策层面 $\theta_g^{g,k}$，其中 g 代表某一个政务微博账号，对于每个中央或地方政府的政务微博账号，将其在某一时期 t 内的所有帖子的 $\theta^{d,k}$ 进行平均以描述该时期政府对主题 k 的宣传强度，因为政府宣传强度的变化是理解各级政府在线互动效果的关键，所以对计算结果进行一阶差分。所有这些步骤完成后，DTM 的输出被转换为时间序列，以适用于 NDC 模型的测量。

在本章研究中,每个主题 k 估计为一个滞后阶数为 1 的 VAR 模型,即 VAR(1)作为后续 NDC 分析的基础模型:

$$X_t^k = AX_{t-1}^k + b + \varepsilon_t$$

其中,内生变量为 $X_t^k = [\Delta\theta_t^{g,k}]_{g \in G}$,$G$ 是所选政务微博账号的集合。

第三节 基于 DTM 的新能源汽车政策主题挖掘

为了避免给 DTM 增加不必要的数据噪声,所有在微博帖子集合中出现少于 10 次的词语都被删除,这是因为极少使用的词语可能与任何主题都不相关。如前所述,DTM 的输入是按时间切片划分的,为了保证各时间切片中的数据量充足,时间切片的长度也不能太短。考虑到中国政府通常以 5 年为一个周期来规划国民经济和工业发展的路线(称为五年规划),而且政府政策宣传中所使用的具体措辞也会随着计划的变化而发生变化,一个合理的选择是将时间切片的长度设定为 5 年。同时,为了减少政策制定和政府议题宣传之间的潜在滞后性,本章研究将时间切片的长度减半为 2.5 年,最终得到 5 个时间切片。

在开始训练 DTM 之前,首先需要确定主题的数量。主题一致性是选择主题数量最常用的准则之一,因为一致性指标是衡量主题语义有效性的标准。DTM 所输出的主题必须在语义上有效,也就是说,每个主题都必须可以通过该主题的关键词被识别出其明确和连贯的含义(Krippendorff K,2018)。c_v 作为表现最好的一致性指标之一(Röder M,et al.,2015)用作本章研究的主题一致性指标,DTM 由 gensim 进行训练,c_v 用于计算每个时间切片的输出主题集的可解释性。因为最初的 c_v 仅用于静态主题模型,本章研究对 5 个时间切片的 c_v 进行平均以适用于 DTM。通过评估 2~30 个不同主题数量的平均 c_v 值,本章研究最后选择了"17"作为主题数,因为它的 c_v 值最大,如图 4-3 所示。

因此,本章研究使用 DTM 将 5386 个相关政策微博帖子聚类到 17 个主题中,并从各主题出现次数最多的 30 个词语中选择部分常见关键词(见表 4-2)进行总结与解释。基于定性分析和其他现有研究(Dong F and Liu Y,2020),6 个关键词相似的主题通过成对组合,形成 3 个新的主题,具体包括产业支持政策(主题 2:14.7%)、招商引资(主题 6:10.5%)及基础设施建设(主题 8:17.6%)。此外,新冠疫情的信息通知和回应政策(主题 14:0.6%)从后续分析中删除,因为它与新能源汽车政策无关。本章研究共保留了 13 个主题,并根据主题属性将其分为三大类:政策指导(类别 1:23.7%)、政策措施(类别 2:57.2%)及现状报道

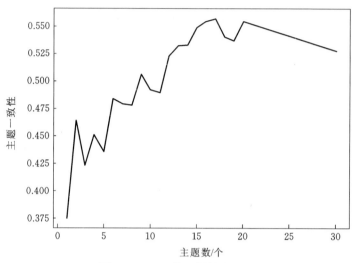

图 4-3　DTM 模型最佳主题数

(类别 3:18.5%)。

政策指导类指上级机关或有关主管部门用来阐述和说明开展某项工作的基本思路、原则和要求，对工作进行原则性指导的政策。政策指导类主要提供参考作用，相关执行单位有权根据自身实际情况对政策进行修改和补充，并报上级机关或主管部门备案。政策指导类涵盖了两级政府围绕新能源汽车产业发展在环境保护政策(主题 1:6.3%)、产业支持政策(主题 2:14.7%)和国际合作(主题 3:2.7%)三个方面的基本思路和基本目标。

政策措施类包括中央和地方政府为促进新能源汽车产业在需求侧和供给侧两方面发展的具体政策。政策措施类包括对消费者购买新能源汽车的补贴政策(主题 4:6.8%)、对消费者购买新能源汽车的免购置税政策(主题 5:4.9%)、对新能源汽车产业的招商引资政策(主题 6:10.5%)、对新能源汽车研发的支持政策(主题 7:9.0%)、对新能源汽车配套基础设施和服务的完善政策(主题 8:17.6%)、公共交通的绿色化政策(主题 9:6.8%)和对新能源汽车的路权优先政策(主题 10:1.6%)。

除了宣传政策精神和政策内涵外，宣传和报道现状也是各级政府机构在社交媒体平台上建立账号的目的之一。在现状报道类中，政府通过报道新能源汽车标杆企业和自主核心技术(主题 11:7.4%)以及新能源汽车产业驱动经济的增长(主题 13:4.3%)来宣传新能源汽车产业。作为新能源汽车的重要动力来源之一，可再生能源的生产和消费(主题 12:6.8%)也是一个重要的现状宣传主题。

表 4-2　政策微博帖子的主题、关键词和各主题占比

主题（主题号）	关键词	各主题占比
类别1：政策指导		23.7%
环境保护政策(1)	发展、建设、绿色、加速、生态、能源、会议、低碳、环境、目标	6.3%
产业支持政策(2)	产业、发展、创新、企业、国家部门、制造、支持、培育、新材料、产业链	14.7%
国际合作(3)	中国、合作、经济、全球、国际、开放、一带一路、气候变化、贸易、投资	2.7%
类别2：政策措施		57.2%
补贴(4)	补贴、消费、政策、购买、给予、消费者、奖励、促进、支持、发放、专用资金	6.8%
免购置税(5)	购置税、减免、车辆类型、车船税、公告、折扣、工业和信息化部、生产、财政部、减免50%	4.9%
招商引资(6)	项目、投资、签约、合作、开工、商家、有限公司、新区、工业园、结算	10.5%
研发(7)	创新、技术、企业、人才、创业、知识产权、智能、展示、新材料、成果	9.0%
基础设施建设(8)	充电桩、充电站、充电基础设施、城市、电价、公共设施、高速、换电、停车场、服务区	17.6%
绿色公共交通(9)	公共交通、运输、绿色、机动车、纯电动、操作、出租车、旅行、污染、城市、排放	6.8%
路权优先(10)	限行、办理、尾号、通行、机动车、时间、措施、号牌、业务、通告	1.6%
类别3：现状报道		18.5%
标杆企业宣传(11)	有限公司、生产、电池、企业、自主研发、北汽、江淮、比亚迪、记者、品牌	7.4%
新能源生产消费情况(12)	指标、光伏、发电、能源、万千瓦、电力、电网、风力、装机、清洁能源	6.8%

续表

主题（主题号）	关键词	各主题占比
经济增长宣传(13)	增长、同比、工业、增加值、企业、零售额、百分比、汽车生产量、投资、第一季度	4.3%
不相关的主题		0.6%
新冠疫情的信息通知和回应政策(14)	社区、地区、疫情、病例、防控、确诊、高风险、本土、口罩、疫苗接种	0.6%

第四节 央地两级政府新能源汽车政策宣传组合

图 4-4 和图 4-5 分别显示了中央和地方政府关于新能源汽车政策的微博帖子的主题流行率变化，由于在 2010 年与 2011 年中两级政府的微博帖子数量仅

图 4-4 中央政府政策组合变化

为个位数而不具有统计意义,因此,这两年的微博帖子没有加入本章研究的分析中。每行条形指的是当年的主题流行率,对于所有的 13 个主题,一年内的总主题流行率被归一化,并按从左到右升序排序。如图 4-4 和图 4-5 所示,中央和地方政府的政策宣传存在着不同的主题倾向,地方政府的新能源汽车政策微博帖子主要集中在政策措施上(类别 2),而中央政府的新能源汽车政策微博帖子则更多地集中在政策指导(类别 1)和现状报道(类别 3)上。

图 4-5　地方政府政策组合变化

为了进一步探究两级政府在研究时间段中各主题的政策宣传力度变化,本章研究将微博发帖数量与主题流行率结合,并进行可视化,如图 4-6 和图 4-7 所示。可以发现中央与地方政府的各主题政策宣传力度存在差异,中央政府更侧重于对产业支持政策(主题 2)、国际合作(主题 3)、基础设施建设(主题 8)与免购置税(主题 5)的宣传,而地方政府更侧重于对产业支持政策(主题 2)、基础设施建设(主题 8)与招商引资(主题 6)的宣传。此外,两级政府在各主题政策宣传力度变化方面也存在着显著的差异。

中央政府与地方政府都有着自己内部的政策宣传主题变化动力,但除了中央政府与地方政府的内在属性外,政策宣传主题变化还可能是由两级政府的互动或信息交流引起的。考虑到中央政府对地方政府的权力控制带来的拉动效应,或由于地方政府的先进做法起到示范作用进而对中央政府产生了推动效应,研究中央与地方两级政府的新能源汽车政策传播机制,观察两级政府是否会在社交媒体中就新能源汽车政策宣传进行互动,以及在哪些具体主题上进行互动是很有意义的。

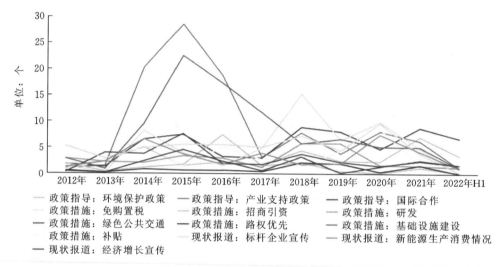

图 4-6　中央政府政策宣传力度变化

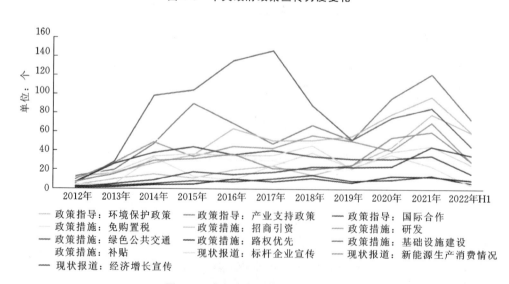

图 4-7　地方政府政策宣传力度变化

第五节　央地两级政府新能源汽车政策传播机制

为了进一步探究央地两级政府新能源汽车政策的传播机制,本章研究基于 DTM 和 NDC 的集成模型构建了央地两级政府微博账号之间不同政策宣传主题的信息溢出网络。在保证省级政府层面数据量充足的前提下,结合各省级行政区的地理与经济因素,选择 4 个政府作为省级政府的代表,包括:中华人民共和国首都,直辖市,国家中心城市,超大城市,全国政治中心、文化中心、国际交往中心、科技创新中心——北京市;中华人民共和国省级行政区、直辖市、国家中心城市、超大城市,以及中国的经济中心、金融中心——上海市;中华人民共和国省级行政区、直辖市、国家中心城市、超大城市、长江上游地区经济中心——重庆市;中华人民共和国省级行政区、中国经济大省——广东省。同时,考虑到各政府之间政策响应的滞后性以及社交媒体的快速传播性,在本章研究中各数据点的时间跨度设置为一个月。

最终得到各政府的成对净向连接度 d_{ij}^H 矩阵,如表 4-3 至表 4-15 所示,其中,总流入为政府 i 的信息流入总量,总流出为政府 j 的信息流出总量,总净向连接度用来判别政府 j 的总信息流动方向与大小,表示为:

$$总净向连接度 = 总净流出 - 总净流入$$

表 4-3　环境保护政策主题净向连接度矩阵

i	j					
	中央政府	上海市政府	北京市政府	广东省政府	重庆市政府	总流入
中央政府	93.99%	4.77%	0.26%	0.10%	0.88%	6.01%
上海市政府	1.43%	98.34%	0.20%	0.01%	0.02%	1.66%
北京市政府	1.61%	4.38%	87.55%	5.47%	0.99%	12.45%
广东省政府	3.07%	2.34%	1.66%	92.93%	0.00%	7.07%
重庆市政府	0.40%	2.28%	1.22%	6.43%	89.67%	10.33%
总流出	6.51%	13.77%	3.34%	12.01%	1.89%	$T=7.50\%$
总净向连接度	0.50%	12.11%	−9.10%	4.94%	−8.44%	

矩阵中的对角元素为各政府的自我贡献,表示每个变量因自身变化而产生

的变化量。T 为非对角元素在总变化量中的占比,表示系统中由于不同政府互动导致的变化总量。

就环境保护政策主题而言,如表 4-3 所示,信息溢出网络中总共有 7.50% 的宣传强度变化是由于不同政府之间的信息互动导致的,剩下的 92.50% 是由于各政府的自我信息贡献导致的。上海市政府有着最高的自解释能力(98.34%),其次是中央政府(93.99%),重庆市政府和北京市政府的自解释能力相对较低,分别为 89.67% 和 87.55%。中央政府、上海市政府和广东省政府是信息溢出网络中的三个净信息贡献者,其中上海市政府和广东省政府有着较高的总流出,分别为 13.77% 和 12.01%,而北京市政府和重庆市政府都是网络中的净信息接收者,分别有着 12.45% 和 10.33% 的总流入。

就产业支持政策主题而言,如表 4-4 所示,信息溢出网络中总共有 5.49% 的宣传强度变化是由于不同政府之间的信息互动导致的,剩下的 94.51% 是由于各政府的自我信息贡献导致的。广东省政府有着最高的自解释能力(98.51%),其次是中央政府(97.91%),上海市政府、重庆市政府和北京市政府的自解释能力相对较低,分别为 93.60%、91.36% 和 91.17%。中央政府和广东省政府是信息溢出网络中的两个净信息贡献者,其中中央政府有着较高的总流出(12.43%),而北京市政府、重庆市政府和上海市政府都是网络中的净信息接收者,分别有着 8.83%、8.64% 和 6.40% 的总流入。

表 4-4 产业支持政策主题净向连接度矩阵

i	j					
	中央政府	上海市政府	北京市政府	广东省政府	重庆市政府	总流入
中央政府	97.91%	0.68%	0.51%	0.84%	0.06%	2.09%
上海市政府	5.86%	93.60%	0.36%	0.02%	0.16%	6.40%
北京市政府	4.77%	3.09%	91.17%	0.09%	0.88%	8.83%
广东省政府	0.93%	0.08%	0.41%	98.51%	0.07%	1.49%
重庆市政府	0.87%	0.04%	1.43%	6.30%	91.36%	8.64%
总流出	12.43%	3.89%	2.71%	7.25%	1.17%	$T=5.49\%$
总净向连接度	10.34%	−2.51%	−6.12%	5.76%	−7.47%	

就国际合作主题而言,如表 4-5 所示,信息溢出网络中总共有 6.03% 的宣传强度变化是由于不同政府之间的信息互动导致的,剩下的 93.97% 是由于各政府

的自我信息贡献导致的。中央政府有着最高的自解释能力（97.03%），重庆市政府的自解释能力相对较低，为89.53%。中央政府和上海市政府是信息溢出网络中的两个净信息贡献者，其中中央政府有着较高的总流出（12.10%），而重庆市政府、广东省政府和北京市政府都是网络中的净信息接收者，分别有着10.47%、6.32%和5.23%的总流入。

表 4-5　国际合作主题净向连接度矩阵

i	j					
	中央政府	上海市政府	北京市政府	广东省政府	重庆市政府	总流入
中央政府	97.03%	0.04%	0.00%	2.93%	0.00%	2.97%
上海市政府	0.39%	94.82%	3.57%	1.22%	0.00%	5.18%
北京市政府	1.78%	1.66%	94.77%	0.31%	1.48%	5.23%
广东省政府	0.10%	5.46%	0.74%	93.68%	0.02%	6.32%
重庆市政府	9.83%	0.40%	0.16%	0.08%	89.53%	10.47%
总流出	12.10%	7.56%	4.47%	4.54%	1.50%	$T=6.03\%$
总净向连接度	9.13%	2.38%	−0.76%	−1.78%	−8.97%	

就补贴主题而言，如表4-6所示，信息溢出网络中总共有2.27%的宣传强度变化是由于不同政府之间的信息互动导致的，剩下的97.73%是由于各政府的自我信息贡献导致的。各政府的自解释能力都较高，中央政府、上海市政府和北京市政府是信息溢出网络中的三个净信息贡献者，而广东省政府和重庆市政府都是网络中的净信息接收者。

表 4-6　补贴主题净向连接度矩阵

i	j					
	中央政府	上海市政府	北京市政府	广东省政府	重庆市政府	总流入
中央政府	98.17%	0.00%	1.48%	0.07%	0.28%	1.83%
上海市政府	0.70%	98.50%	0.22%	0.48%	0.10%	1.50%
北京市政府	0.35%	0.03%	99.43%	0.14%	0.05%	0.57%
广东省政府	0.02%	1.89%	1.35%	96.72%	0.02%	3.28%
重庆市政府	3.39%	0.11%	0.10%	0.58%	95.82%	4.18%

续表

i	j					
	中央政府	上海市政府	北京市政府	广东省政府	重庆市政府	总流入
总流出	4.46%	2.03%	3.15%	1.27%	0.45%	$T=2.27\%$
总净向连接度	2.63%	0.53%	2.58%	-2.01%	-3.73%	

就免购置税主题而言,如表 4-7 所示,信息溢出网络中总共有 3.97% 的宣传强度变化是由于不同政府之间的信息互动导致的,剩下的 96.03% 是由于各政府的自我信息贡献导致的。重庆市政府有着最高的自解释能力(98.57%)。北京市政府是信息溢出网络中唯一一个净信息贡献者,其总流出为 3.60%,而中央政府、广东省政府、上海市政府和重庆市政府都是网络中的净信息接收者,分别有着 6.42%、6.16%、3.94% 和 1.43% 的总流入。

表 4-7 免购置税主题净向连接度矩阵

i	j					
	中央政府	上海市政府	北京市政府	广东省政府	重庆市政府	总流入
中央政府	93.58%	0.57%	1.63%	3.67%	0.55%	6.42%
上海市政府	2.06%	96.06%	1.81%	0.07%	0.00%	3.94%
北京市政府	0.21%	0.27%	98.12%	1.16%	0.24%	1.88%
广东省政府	3.67%	2.19%	0.08%	93.84%	0.22%	6.16%
重庆市政府	0.23%	0.26%	0.08%	0.86%	98.57%	1.43%
总流出	6.17%	3.29%	3.60%	5.76%	1.01%	$T=3.97\%$
总净向连接度	-0.25%	-0.65%	1.72%	-0.40%	-0.42%	

就招商引资主题而言,如表 4-8 所示,信息溢出网络中总共有 4.56% 的宣传强度变化是由于不同政府之间的信息互动导致的,剩下的 95.44% 是由于各政府的自我信息贡献导致的。上海市政府有着最高的自解释能力(99.71%),其次是北京市政府(97.37%),重庆市政府和广东省政府的自解释能力相对较低,分别为 91.82% 和 91.07%。中央政府和上海市政府是信息溢出网络中的两个净信息贡献者,其中上海市政府有着较高的总流出,为 12.67%,而广东省政府、重庆市政府和北京市政府都是网络中的净信息接收者,分别有着 8.93%、8.18% 和 2.63% 的总流入。

表 4-8 招商引资主题净向连接度矩阵

i	j					
	中央政府	上海市政府	北京市政府	广东省政府	重庆市政府	总流入
中央政府	97.23%	0.06%	1.65%	0.10%	0.96%	2.77%
上海市政府	0.10%	99.71%	0.01%	0.15%	0.03%	0.29%
北京市政府	0.97%	1.43%	97.37%	0.08%	0.15%	2.63%
广东省政府	1.63%	7.22%	0.03%	91.07%	0.05%	8.93%
重庆市政府	1.72%	3.96%	0.65%	1.85%	91.82%	8.18%
总流出	4.42%	12.67%	2.34%	2.18%	1.19%	$T=4.56\%$
总净向连接度	1.65%	12.38%	−0.29%	−6.75%	−6.99%	

就研发主题而言，如表 4-9 所示，信息溢出网络中总共有 4.08% 的宣传强度变化是由于不同政府之间的信息互动导致的，剩下的 95.92% 是由于各政府的自我信息贡献导致的。上海市政府有着最高的自解释能力（99.44%），其次是中央政府（98.30%），重庆市政府的自解释能力相对较低，为 88.56%。中央政府、上海市政府、北京市政府和广东省政府是信息溢出网络中的四个净信息贡献者，而重庆市政府是网络中的净信息接收者，有着 11.44% 的总流入。

表 4-9 研发主题净向连接度矩阵

i	j					
	中央政府	上海市政府	北京市政府	广东省政府	重庆市政府	总流入
中央政府	98.30%	0.43%	0.59%	0.07%	0.61%	1.70%
上海市政府	0.47%	99.44%	0.02%	0.07%	0.00%	0.56%
北京市政府	3.39%	0.51%	96.03%	0.00%	0.07%	3.97%
广东省政府	0.04%	2.24%	0.35%	97.28%	0.09%	2.72%
重庆市政府	0.19%	1.15%	6.93%	3.17%	88.56%	11.44%
总流出	4.09%	4.33%	7.89%	3.31%	0.77%	$T=4.08\%$
总净向连接度	2.39%	3.77%	3.92%	0.59%	−10.67%	

就基础设施建设主题而言，如表 4-10 所示，信息溢出网络中总共有 3.61%

的宣传强度变化是由于不同政府之间的信息互动导致的,剩下的96.39%是由于各政府的自我信息贡献导致的。中央政府有着最高的自解释能力(99.01%)。中央政府和上海市政府是信息溢出网络中的两个净信息贡献者,其中中央政府有着较高的总流出,为10.62%,而广东省政府、重庆市政府和北京市政府都是网络中的净信息接收者,分别有着7.61%、4.14%和3.84%的总流入。

表4-10 基础设施建设主题净向连接度矩阵

i	j					
	中央政府	上海市政府	北京市政府	广东省政府	重庆市政府	总流入
中央政府	99.01%	0.49%	0.23%	0.11%	0.16%	0.99%
上海市政府	0.96%	98.52%	0.04%	0.13%	0.35%	1.48%
北京市政府	3.31%	0.49%	96.16%	0.00%	0.04%	3.84%
广东省政府	5.62%	1.62%	0.36%	92.39%	0.01%	7.61%
重庆市政府	0.73%	1.06%	1.85%	0.50%	95.86%	4.14%
总流出	10.62%	3.66%	2.48%	0.74%	0.56%	$T=3.61\%$
总净向连接度	9.63%	2.18%	−1.36%	−6.87%	−3.58%	

就绿色公共交通主题而言,如表4-11所示,信息溢出网络中总共有5.39%的宣传强度变化是由于不同政府之间的信息互动导致的,剩下的94.61%是由于各政府的自我信息贡献导致的。广东省政府有着最高的自解释能力(99.20%),其次是中央政府(98.98%),重庆市政府的自解释能力相对较低,为87.87%。中央政府、上海市政府和广东省政府是信息溢出网络中的三个净信息贡献者,其中上海市政府有着较高的总流出,为10.39%,而重庆市政府和北京市政府都是网络中的净信息接收者,分别有着12.13%和7.68%的总流入。

表4-11 绿色公共交通主题净向连接度矩阵

i	j					
	中央政府	上海市政府	北京市政府	广东省政府	重庆市政府	总流入
中央政府	98.98%	0.29%	0.44%	0.23%	0.06%	1.02%
上海市政府	2.50%	94.71%	0.37%	0.82%	1.60%	5.29%
北京市政府	2.33%	3.69%	92.32%	0.27%	1.39%	7.68%

续表

i	j					总流入
	中央政府	上海市政府	北京市政府	广东省政府	重庆市政府	
广东省政府	0.16%	0.03%	0.23%	99.20%	0.38%	0.80%
重庆市政府	0.37%	6.38%	0.51%	4.87%	87.87%	12.13%
总流出	5.36%	10.39%	1.55%	6.19%	3.43%	$T=5.39\%$
总净向连接度	4.34%	5.10%	−6.13%	5.39%	−8.70%	

就路权优先主题而言，如表4-12所示，信息溢出网络中总共有2.54%的宣传强度变化是由于不同政府之间的信息互动导致的，剩下的97.46%是由于各政府的自我信息贡献导致的。上海市政府有着最高的自解释能力（99.84%），其次是广东省政府（98.50%）。中央政府和上海市政府是信息溢出网络中的两个净信息贡献者，而北京市政府、重庆市政府和广东省政府都是网络中的净信息接收者。

表4-12 路权优先主题净向连接度矩阵

i	j					总流入
	中央政府	上海市政府	北京市政府	广东省政府	重庆市政府	
中央政府	97.58%	1.50%	0.04%	0.78%	0.10%	2.42%
上海市政府	0.07%	99.84%	0.00%	0.05%	0.04%	0.16%
北京市政府	3.20%	1.80%	93.92%	0.00%	1.08%	6.08%
广东省政府	0.16%	0.79%	0.05%	98.50%	0.50%	1.50%
重庆市政府	0.71%	0.41%	1.04%	0.37%	97.47%	2.53%
总流出	4.14%	4.50%	1.13%	1.20%	1.72%	$T=2.54\%$
总净向连接度	1.72%	4.34%	−4.95%	−0.30%	−0.81%	

就标杆企业宣传主题而言，如表4-13所示，信息溢出网络中总共有4.41%的宣传强度变化是由于不同政府之间的信息互动导致的，剩下的95.59%是由于各政府的自我信息贡献导致的。中央政府有着最高的自解释能力（98.40%）。中央政府、上海市政府和北京市政府是信息溢出网络中的三个净信息贡献者，而广东省政府和重庆市政府都是网络中的净信息接收者。

表 4-13　标杆企业宣传主题净向连接度矩阵

i	j					
	中央政府	上海市政府	北京市政府	广东省政府	重庆市政府	总流入
中央政府	98.40%	0.34%	1.11%	0.10%	0.05%	1.60%
上海市政府	5.73%	93.20%	0.75%	0.31%	0.01%	6.80%
北京市政府	0.46%	1.96%	95.67%	0.39%	1.52%	4.33%
广东省政府	0.30%	3.01%	1.04%	95.64%	0.01%	4.36%
重庆市政府	0.40%	2.61%	1.90%	0.04%	95.05%	4.95%
总流出	6.89%	7.92%	4.80%	0.84%	1.59%	$T=4.41\%$
总净向连接度	5.29%	1.12%	0.47%	−3.52%	−3.36%	

就新能源生产消费情况主题而言,如表 4-14 所示,信息溢出网络中总共有 6.01% 的宣传强度变化是由于不同政府之间的信息互动导致的,剩下的 93.99% 是由于各政府的自我信息贡献导致的。上海市政府有着最高的自解释能力 (99.31%),其次是广东省政府(97.47%),中央政府、重庆市政府和北京市政府的自解释能力相对较低,分别为 92.08%、91.79% 和 89.32%。中央政府、广东省政府和上海市政府是信息溢出网络中的三个净信息贡献者,其中中央政府有着较高的总流出,为 12.57%,而北京市政府和重庆市政府都是网络中的净信息接收者,分别有着 10.68% 和 8.21% 的总流入。

表 4-14　新能源生产消费情况主题净向连接度矩阵

i	j					
	中央政府	上海市政府	北京市政府	广东省政府	重庆市政府	总流入
中央政府	92.08%	0.72%	1.05%	0.04%	6.11%	7.92%
上海市政府	0.28%	99.31%	0.02%	0.36%	0.03%	0.69%
北京市政府	6.62%	0.78%	89.32%	2.82%	0.46%	10.68%
广东省政府	0.29%	0.33%	1.50%	97.47%	0.41%	2.53%
重庆市政府	5.38%	0.14%	0.17%	2.52%	91.79%	8.21%
总流出	12.57%	1.97%	2.74%	5.74%	7.01%	$T=6.01\%$
总净向连接度	4.65%	1.28%	−7.94%	3.21%	−1.20%	

就经济增长宣传主题而言,如表 4-15 所示,信息溢出网络中总共有 3.98%的宣传强度变化是由于不同政府之间的信息互动导致的,剩下的 96.02%是由于各政府的自我信息贡献导致的。上海市政府有着最高的自解释能力(99.60%),其次是北京市政府(99.21%),重庆市政府的自解释能力相对较低,为 87.86%。中央政府和上海市政府是信息溢出网络中的两个净信息贡献者,其中中央政府有着较高的总流出,为 17.51%,而重庆市政府、广东省政府和北京市政府都是网络中的净信息接收者,分别有着 12.14%、5.74%和 0.79%的总流入。

表 4-15 经济增长宣传主题净向连接度矩阵

i	j					
	中央政府	上海市政府	北京市政府	广东省政府	重庆市政府	总流入
中央政府	99.14%	0.42%	0.07%	0.23%	0.14%	0.86%
上海市政府	0.24%	99.60%	0.01%	0.00%	0.15%	0.40%
北京市政府	0.15%	0.05%	99.21%	0.57%	0.02%	0.79%
广东省政府	5.25%	0.20%	0.29%	94.26%	0.00%	5.74%
重庆市政府	11.87%	0.13%	0.05%	0.09%	87.86%	12.14%
总流出	17.51%	0.80%	0.42%	0.89%	0.31%	$T=3.98\%$
总净向连接度	16.65%	0.40%	−0.37%	−4.85%	−11.83%	

第六节 结果讨论与政策启示

一、分析结果与讨论

社交媒体为各级政府提供了一个快速有效的政策宣传渠道,研究微博平台上各级政府的新能源汽车政策宣传组合与政策传播机制有助于加快新能源汽车的推广,以促进新能源汽车产业的发展。基于研究结果,本节详细讨论两级政府新能源汽车政策宣传组合的特点以及与传统自上向下的政策传播方式相比,政务微博中不同的新能源汽车政策主题具有哪些新的传播特征。

就政务微博的新能源汽车政策主题挖掘结果来看,在社交媒体中,政府主要从政策指导、政策措施及现状报道三方面对新能源汽车产业进行宣传,其中,政策措施类主要包括中央和地方政府为促进新能源汽车产业在需求侧和供给侧两方面的发展而出台的具体政策,供给侧政策主要面向各汽车制造商,具体包括以下主题:招商引资、研发和基础设施建设。招商引资主题,即政府通过成立开发区或工业园吸引非当地新能源汽车制造商在当地进行投资、建厂和生产,以加快当地新能源汽车产业生产建设的发展;研发主题,即政府通过鼓励汽车制造商加大在产品技术研发方面的投入,以加快新能源汽车在充电速度、续航里程等方面的技术进步,进而激励潜在消费者采用新能源汽车(卢超,等,2014);基础设施建设主题,即政府通过激励汽车制造商完善新能源汽车产业充电桩、充电站和配套设施的建设,以推动新能源汽车产业快速过渡至商业化阶段。需求侧政策主要面向公众,多侧重于倡导和鼓励消费者认识、了解并购买新能源汽车,具体包括以下主题:补贴、免购置税、绿色公共交通和路权优先。对新能源汽车的购置补贴及购置税减免能够直接提高消费者的购买意愿,而绿色公共交通意味着公共交通新能源化,其实现的重点在于对新能源汽车的强制性政府采购,从而使得新能源汽车市场销量增加。另外,随着汽车保有量的激增,汽车上牌、限行成本日益增加,政府针对新能源汽车的路权优先政策也能提高消费者的购买意愿。

政策指导类包括各级政府用来阐述和说明新能源汽车产业发展在环境保护政策、产业支持政策和国际合作三个主题中的基本思路和基本目标。环境保护政策主题强调了发展新能源汽车产业对于生态环境保护的重要意义,产业支持政策主题描述了国家对新能源汽车产业发展的宏观目标及支持决心,国际合作主题描述了中国与其他国家在新能源汽车领域进行的投资合作。

现状报道类包括以下主题:标杆企业宣传、新能源生产消费情况和经济增长宣传。国家对比亚迪等中国先进新能源汽车制造企业进行标杆宣传,以激励中国新能源汽车企业不断改进而获得竞争优势。此外,对新能源生产消费情况和经济增长的正面报道,使得公众了解并认识到可再生能源的充足和新能源汽车产量的不断增长,这在一定程度上能够使公众对新能源汽车产生好感。

就央地两级政府新能源汽车政策宣传组合的特点而言,中央政府的新能源汽车政策宣传主要集中在政策指导类,而地方政府的新能源汽车政策宣传则更多地集中在政策措施类,这可能是因为中央政府作为宏观政策的制定者,承担指导新能源汽车产业发展大方向的重任,而地方政府依据指导性政策,负责制定具体的政策措施并落实。央地两级政府在产业支持政策主题与基础设施建设主题上都有着较高的主题流行率,这表明了两级政府对新能源汽车产业都给予了大量的支持,同时,对新能源汽车基础设施建设的投入与推动也被两级政府看作有效促进新能源汽车产业快速发展的重点。在免购置税主题和国际合作主题上,中央政府有着更高的主题流行率,而在招商引资主题上,地方政府有着更高的主题流行率。新能源汽车免购置税政策由财政部、税务总局、工业和信息化部等中央部委直接发布,与此同时,伴随着国家对新能源汽车产品技术要求的更新及新能源汽车制造商的新车发布,2014年8月起,相关部委按批发布《免征车辆购置税的新能源汽车车型目录》,截至2022年12月已发布61批免征车辆购置税的新能源汽车车型目录,因此中央政府在免购置税主题中会有更高的主题流行率。招商引资是地方政府吸引新能源汽车产业投资者或新能源汽车制造商的特有政策,而国际合作在某种意义上可以看作国家层面的招商引资,因此央地两级政府会在国际合作主题与招商引资主题中呈现相反的主题流行率。

就央地两级政府新能源汽车政策传播机制来看,中央政府始终是政策指导类中最重要的信息传播者,这符合中央政府通常扮演的规划和指导区域发展的角色,而地方政府需要在政策宣传和其他方面紧跟中央政府计划,特别是在新能源汽车产业支持政策方面,宣传强度变化的信息流多从中央政府流向地方政府。不同政务微博账号之间会有很强的关联性,比如中央政府在环境保护政策主题中同时扮演了信息接收者与信息贡献者,这表明政府对政策内容的宣传力度很容易受到其他政府的影响,可能是因为不同的地方政府对环境保护有不同的理解,从而促进了央地两级政府或地方与地方政府之间的信息交流。在政策措施类的基础设施建设主题中,中央政府作为一个净信息贡献者向外施加影响使地方政府的政策宣传力度产生变化,相反的是,在免购置税主题中,中央政府作为一个净信息接收者而受到地方政府的影响。此外,在政策措施类的其他主题中,不同政府之间存在着信息交流,央地两级政府均同时扮演着信息接收者与信息贡献者的角色。可以发现,中央政府向地方政府传递促进新能源汽车政策宣传的信号,而地方政府也能够自下向上地影响中央政府的新能源汽车政策宣传。最后,现状报道类的宣传主题是基于不同地区自身供应和需求所产生的,由于缺乏逻辑和现实依据来证明不同级别和不同地区的政府在其现状报道中的信息联系,在此不讨论现状报道类的结果。

二、结论及政策启示

政务微博为各级政府提供了一种直接面向公众的新能源汽车产业政策宣传渠道,为了提高政策宣传的精准性与实效性,对新能源汽车政策宣传组合与传播机制进行研究具有重要意义。基于政务微博大数据挖掘,本章得出以下结论。

政务微博中各级政府对新能源汽车产业政策的宣传主要包括三类:政策指导类、政策措施类和现状报道类。政策指导类包括三个主题,环境保护政策、产业支持政策和国际合作;政策措施类包括七个主题,补贴、免购置税、招商引资、研发、基础设施建设、绿色公共交通和路权优先;现状报道类包括三个主题,标杆企业宣传、新能源生产消费情况和经济增长宣传。中央政府的政策宣传主要集中在政策指导类,地方政府的政策宣传主要集中在政策措施类;央地两级政府在产业支持政策主题与基础设施建设主题上均有着较高的主题流行率;在免购置税主题和国际合作主题上,中央政府有着更高的主题流行率,而在招商引资主题上,地方政府有着更高的主题流行率;中央政府向地方政府传递促进新能源汽车政策宣传的信号,而地方政府除了能互相影响外,也能够自下向上地影响中央政府的新能源汽车政策宣传。

基于上述结论,本章研究提出了以下政策建议。

两级政府应结合各地区特点,制定新能源汽车产业政策宣传组合,通过政务微博实现对新能源汽车政策的积极宣传;针对各地区的独特经济、文化和产业特点,建议央地两级政府在新能源汽车政策宣传中制定更具地方特色的组合。通过深入挖掘本地区的新能源汽车产业潜力和市场需求,政府可以精准地传递有关补贴、免购置税等具体政策信息。同时,政务微博可以采用更富有创意和亲和力的宣传方式,以提高公众对新能源汽车政策的认知和接受度。这种差异化的政策宣传组合有助于更好地满足地方层面的需求,推动新能源汽车在不同地区的普及。

两级政府应加强新能源汽车政策宣传中的信息沟通与传播,发挥各自优势从而克服央地之间的制度性沟通障碍。通过建立定期的政府间工作会议和信息交流平台,中央政府可以及时向地方政府传递有关新能源汽车政策的最新动态,以确保地方政府在宣传中能够紧跟中央政府的政策指导。同时,地方政府也可以反馈本地实际情况和政策执行效果,为中央政府提供更丰富的政策调整和优化建议。这种双向信息沟通机制有助于形成央地两级政府共同推动新能源汽车产业发展的合力。

政务微博应加强内容建设,政务微博应以丰富多彩的政策宣传内容和及时快速的政策内容更新吸引广大公众。政务微博丰富多彩的政策宣传内容可以包括实际案例、科普知识、用户体验等,以吸引广大公众的关注和参与。及时更新政策信息,发布新能源汽车领域的最新发展和科技进展,有助于激发公众对新能源汽车的兴趣。此外,政务微博还可以采用生动活泼的语言形式,借助图文并茂的方式,提升信息传达的吸引力,使政策信息更易于理解和接受。这样的内容建设有助于提高政务微博的影响力和增强传播效果,进一步推动新能源汽车政策深入人心。

第七节 本章小结

培育和发展新能源汽车产业需要相应的政策支持,为了加快全国各地新能源汽车市场的推广步伐,各级政府应当应用科学有效的政策组合与政策宣传模式。本章研究从政府视角出发,基于各级政府政务微博发布的新能源汽车产业政策,采用动态主题模型挖掘央地两级政府新能源汽车政策主题内涵、政策组合特点及差异;基于动态主题模型生成的主题概率分布,结合净向连接度等计量经济学模型探究央地两级政府新能源汽车政策的传播机制,有利于推动新能源汽车政策宣传在社交媒体中的发展。以2010年至2022年间政务微博中的相关政策微博帖子为研究对象,发现政务微博中各级政府对新能源汽车产业政策的宣传主要包括三类,中央政府的政策宣传主要集中在政策指导类,地方政府的政策宣传主要集中在政策措施类。央地两级政府在各政策主题的主题流行率上存在差异。中央政府向地方政府传递促进新能源汽车政策宣传的信号,而地方政府除了能互相影响外,也能够自下向上地影响中央政府的新能源汽车政策宣传。

第五章　新能源汽车政策竞合机制研究

第五章 新能源汽车政策竞合机制研究

第二章和第三章分别从定量研究与定性分析的角度详细讨论了中国新能源汽车政策演变的过程,介绍了国家层面新能源汽车政策目标以及政策工具的动态变化,同时也介绍了地方层面新能源汽车政策的演化过程。进一步地,第四章探讨了国家层面新能源汽车政策宣传与地方层面新能源汽车政策宣传之间的关系,重点探讨了中央和地方两级政府新能源汽车政策传播的协同机制。本章则从竞争与合作的视角出发,以中国长三角、珠三角及京津冀三大地区为例,探讨不同政策目标之间的竞争和合作关系及其对新能源汽车产业带来的影响。本章致力于深入研究政策间的竞争与合作机制,旨在明确地区内部政策目标的相互关系,识别三大地区在新能源汽车产业发展中的异同。通过这一分析,我们可以制定出合理的资源配置策略,以支持各地区新能源汽车产业的发展。

第一节 三大地区新能源汽车产业发展概况

中国的电动汽车产业在全球范围内处于领先地位。国际能源署发布的《全球电动汽车展望 2023》显示,中国已成为电动汽车市场的领导者。中国新能源汽车产业之所以能够取得如此巨大的成就,政府政策的大力支持功不可没。中央和地方政府实施了一系列政策措施,旨在推动新能源汽车在科技创新、产业建设等方面实现突破。这些政策覆盖了技术支持、财政补贴、基础设施建设和市场推广等多个关键领域,共同促进了中国新能源汽车产业的全面进步。

汽车产业作为资金密集型、技术密集型的现代产业,具有较强的地区集聚效应,因此形成了较为明显的地区差异(郝玉凯,秦远建,2012)。新能源汽车的生产涵盖上游的零部件生产、电机及电控系统设计,中游的整车制造以及下游的充电站建设和销售等众多环节。综合地区的资源禀赋、掌握的关键技术以及地理位置辐射等多项因素,中国新能源汽车产业已形成三大核心集群,分别是长三角集群、珠三角集群和京津冀集群(徐晨曦,2018)。三大核心集群普遍具有经济实力强、工业基础完备以及科研水平高等发展优势,是新能源汽车产业中的佼佼者。此外,国家"十四五"规划指出,要在新时期促进京津冀、长三角、珠三角,以及长江中游和成渝城市群的发展。在新兴战略产业领域,按照区域发展格局来看,长三角、珠三角以及京津冀地区拥有较强的产业创造力,在打造具有国际竞争力的产业集群方面持续发力。表 5-1 显示了长三角、珠三角及京津冀三大地区的发展特点。

表 5-1　长三角、珠三角及京津冀三大地区新能源汽车产业发展特点

地区	新能源汽车产业发展概况
长三角	以上海为中心,在 30 个城市中有超过 14 个城市规划新能源汽车项目,累计投资超过 1000 亿元,拥有上汽、吉利、东风等数千家大型车企
珠三角	以广州、深圳为中心,拥有整车生产、零部件制造、三电(电池、电机、电控)等产业链基础,新能源汽车推广和充电桩建设全国领先(陈凡,2019)
京津冀	以北京、天津为中心,传统造车企业实力雄厚,引进理想汽车和小米汽车等互联网车企,在新能源汽车智能化研究方面领先(徐晨曦,2018)

在中国三大地区的新能源汽车产业中,我们可以看到各地区产业的特点和状况存在明显差异。在争夺有限市场的过程中,竞争与合作成为不可避免的现象。目前,新能源汽车产业的竞争与合作已经在实践中得到了充分体现,而这一切的背后,实际上是政策层面的竞争与合作。在发展新能源汽车产业时,地方政府会选择差异化的竞争性政策来支持当地产业的发展。例如,深圳市政府为本地生产商比亚迪公司提供补贴以进行支持。其他地区则通过地方采购规则来巩固本地受青睐的生产商的市场地位,如北京公交集团在 2008 年底与北汽集团签约,购置了 800 辆新能源客车,有效地减少了其他竞争者的市场进入。为了实现新能源汽车产业的高质量发展,地方政府也出台了许多合作型政策,尤其在充电基础设施建设和技术研发方面更为突出。例如,广东省政府出台了《关于加快新能源汽车产业创新发展的意见》,指出要促进充电设施互联互通,建设合作信息平台,提高充电服务智能化水平。2018 年,科技部与北京市政府合作,打造国家新能源汽车技术创新中心,旨在推进新能源汽车产业研发、制造、技术等关键问题,打造创新高地。此外,政企合作模式的运用也十分广泛。例如,2016 年政府出台《关于深化改革推进出租汽车行业健康发展的指导意见》和《网络预约出租汽车经营服务管理暂行办法》,倡导新能源汽车与共享汽车的跨界合作。为完善充电服务,政府创新融资模式,吸引社会资本,共建充电桩。随着互联网、无人驾驶技术的发展,各大造车企业也都纷纷开展合作,如 2017 年广汽集团与科大讯飞公司合作,2016 年百度公司和奇瑞汽车公司合作,这无疑给新能源汽车产业带来新的发展动力。从上述现实情形中不难发现,政府政策导向会对地区新能源汽车产业内部的竞争与合作产生显著影响。因此,必须先明确地区内部政策之间的竞争与合作关系,以及这些关系对新能源汽车产业的影响,才能有效地激发地方政府的积极性,推动产业的健康发展。

政策是指导产业发展的风向标,政策差异是形成产业竞争与合作关系的重

要因素之一(任保平,豆渊博,2021)。政策制定者在出台政策时,往往需要考虑众多因素。正如本书第二章对中国新能源汽车政策的量化演变研究所指出的,在国家层面,政府主要聚焦于六个核心政策目标:生产技术、基础设施、财政支持、市场推广、工业管理和节能环保。地方政府在制定政策时也需要围绕这六个目标进行考量。然而,中国国家层面的政策制定往往较为宏观,概述了广泛的目标和原则,这意味着地方政府在执行这些政策时会进行一定程度的调整,并在现有政策框架内寻找最有利于本地发展的空间。因此,地方政府在出台政策时,需要综合考虑国家政策指导,并结合本地资源条件布局相应的政策。不同地区的新能源汽车产业因政策导向不同,在产业具体布局上也会产生差异。例如,珠三角地区作为先行示范区,拥有资金和政策的有力支持,因此在新能源汽车的推广使用方面领先;而京津冀地区则凭借其雄厚的传统汽车制造业实力,在新能源汽车技术攻关方面投入了更多资源。在政策制定时,加大对优势产业的政策资源投入可能会对其他目标的政策资源产生挤占效应,即政策之间会产生竞争。同时,政策之间并非各自独立,产业的良性发展需要多层面的支持,因此政策之间也会产生合作。这种竞争与合作的关系对地区新能源汽车产业的发展具有重要影响。

以往研究对产业之间的竞争与合作关系关注较多,但是对于政策之间的竞争与合作关系还少有研究。地区新能源汽车产业的良性发展,需要六个政策目标的支持,但资源的有限性往往使六个政策目标之间发生相互竞争和抑制。它们之间的竞争类似于生态学中的一种种群竞争,即种间竞争。当多个不同物种的个体共享同一地区有限的资源时,种间竞争就会发生。竞争能力强的物种会在资源利用上表现出优势,并通过更有效地利用有限的资源而战胜另一个竞争对手。因此,较弱的竞争者会随着时间推移而逐渐被取代。这种种间竞争关系已在 Lotka-Volterra 模型中得到有效量化。考虑到六个政策目标之间的竞争关系,本章研究引入 Lotka-Volterra 模型以研究地区内部政策之间的竞争与合作关系。

第二节 研究方法与数据收集

一、Lotka-Volterra 模型

(一) Lotka-Volterra 模型原理

在新能源汽车产业发展过程中,为实现既定目标,地区内部随时随地发生着资源的循环流动,构成了一种竞争与合作并存的生态系统。为此,本章研究使用

Lotka-Volterra 模型对这种竞合关系进行量化。Lotka-Volterra 模型的原理如下(Mao S,et al.,2020)。

假设存在一个系统的原始数据的序列 $\boldsymbol{X}^{(0)} = \{x^{(0)}(1), x^{(0)}(2), \cdots, x^{(0)}(n)\}$,$\boldsymbol{Y}^{(0)} = \{y^{(0)}(1), y^{(0)}(2), \cdots, y^{(0)}(n)\}$,根据种群1的种群变化率 $\mathrm{d}x(t)/\mathrm{d}t$、种群2的种群变化率 $\mathrm{d}y(t)/\mathrm{d}t$、每个种群的自我阻断效应、种群间的竞争与合作,可以建立经典的 Lotka-Volterra 模型:

$$\frac{\mathrm{d}x(t)}{\mathrm{d}t} = a_1 x(t) - b_1 [x(t)]^2 - c_1 x(t) y(t)$$

$$\frac{\mathrm{d}y(t)}{\mathrm{d}t} = a_2 y(t) - b_2 [y(t)]^2 - c_2 y(t) y(t)$$

其中,$x(t)$ 和 $y(t)$ 分别代表种群1和种群2的数量,a_1 和 a_2 分别为种群1和种群2的几何增长参数,b_1 和 b_2 分别是种群1和种群2的增长能力限制参数,c_1 表示种群2对种群1的影响程度,c_2 表示种群1对种群2的影响程度。在不同的参数下,两个种群之间的竞争与合作类型如表5-2所示。

表 5-2 竞争与合作关系表

c_1	c_2	种间关系
>0	>0	竞争
>0	=0	偏害
>0	<0	捕食关系1:种群2捕食种群1
<0	<0	共生
<0	=0	偏利
<0	>0	捕食关系2:种群1捕食种群2

(二) Lotka-Volterra 模型实现

为量化地区内部政策的竞争与合作关系,采取的具体研究步骤如下。

① 数据收集:收集2010年到2021年间长三角、珠三角、京津冀三大地区的新能源汽车政策。

② 政策目标计算:参考国家层面政策的六大政策目标重要性计算方法,使用LDA模型识别地区内部政策的六大目标,并计算出不同时期政策目标的重要性。

③ LV模型计算:将政策目标的重要性作为 Lotka-Volterra 模型的输入,计算出地区内部政策目标的竞争与合作系数。

④ 结果可视化：对比竞合系数表，根据 Lotka-Volterra 模型的结果，绘制出地区竞争与合作的结果示意图。

二、地区新能源汽车产业政策数据

本章研究收集了 2010 年至 2021 年 586 项与新能源汽车有关的地区政策，涵盖财政支持、汽车研发、充电站设施建设等各个方面。不同地区各年发布的政策数量如表 5-3 所示。从总数上看，长三角地区的政策数量最多。长三角地区由于汽车工业基础雄厚，新能源汽车发展较为迅速。从政策发布时间上看，在 2013 年之前，各个地区发布的政策数量都较少，仅为个位数，这可能是因为在产业发展前期，新能源汽车产业尚处于摸索阶段，同时缺乏国家层面政策的指导，地方政府对待新能源汽车产业较为谨慎，因此相关政策数量偏少。而在 2013 年之后，各地区颁布的政策数量增加，此时国家层面政策也存在相同的趋势。经过前期的铺垫，新能源汽车得到了市场认可，同时政府率先承担起了试点推广的职责，随之进一步推广到个人消费者。这一时期，相关配套设施的完善、技术的改进、服务的优化等都需要政策的引导，因此政策数量急剧增加。

表 5-3　不同地区发布的政策数量　　　　　　　　　　单位：项

时间	长三角地区	珠三角地区	京津冀地区
2010 年	1	3	1
2011 年	1	5	3
2012 年	6	1	1
2013 年	13	3	11
2014 年	31	14	14
2015 年	22	33	20
2016 年	47	18	20
2017 年	34	34	9
2018 年	43	28	15
2019 年	21	14	12
2020 年	14	27	8
2021 年	29	19	11

第三节　地区内部政策目标竞争与合作机制研究结果

一、地区内部政策目标竞争与合作量化过程

根据 Lotka-Volterra 模型,本章研究绘制出了图 5-1 所示的地区内部政策目标竞争与合作关系图,箭头指向力量较强的一方,双箭头指向的目标力量强于单箭头。图 5-1 分别显示了长三角、珠三角和京津冀地区新能源汽车政策的竞争与合作情况。在 Lotka-Volterra 模型原理中,合作关系指两种生物共居对双方都有一定程度的好处;当两个或更多的个体共享有限的资源时,竞争关系就会

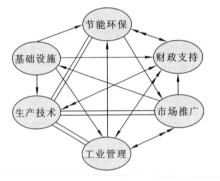
(a) 长三角地区相关政策目标竞争与合作关系图

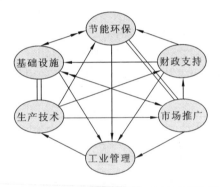
(b) 珠三角地区相关政策目标竞争与合作关系图

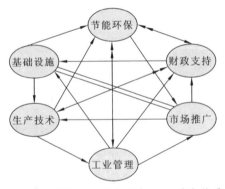
(c) 京津冀地区相关政策目标竞争与合作关系图

图 5-1　地区内部政策目标竞争与合作关系图

产生;捕食关系指一种生物以另一种生物为食的过程。政策目标之间的促进和抑制关系是本章研究重点关注的部分。通过三个地区的竞争与合作图可以发现,就共性而言,三个地区的市场推广和财政支持呈现一样的关系,而差异则体现在每个地区利用政策发展新能源汽车侧重点不一样。

二、地区内部政策目标竞争与合作机制的深入分析

对地区内部政策目标竞争与合作关系进行深入分析可以发现地区内部政策目标之间存在以下特点。

(一)市场推广目标对财政支持目标产生正向作用

对长三角、珠三角和京津冀地区而言,财政支持目标和市场推广目标之间呈现捕食关系,这说明市场推广目标和财政支持目标之间存在掠夺性关系,即财政支持目标对市场推广目标有抑制作用,而市场推广目标对财政支持目标具有正向影响。

市场推广需要政府鼓励公共部门和私营部门使用新能源汽车。从企业的角度出发,作为一个新兴产业,新能源汽车技术还不够完善,成本价格高,一方面,研发等项目需要持续、大量的投资,从采购到量产的环节也非常多,而财政支持政策有助于企业控制成本,为购买者提供更合适的价格,从而促进新能源汽车的推广。因此,财政支持对新能源汽车的推广至关重要。从消费者的角度出发,新能源汽车和传统燃油汽车相比,存在充电难、续航短等问题,在同等条件下,消费者选择传统燃油汽车的可能性更大。大部分学者也认为高价格是抑制消费者购买新能源汽车意愿的因素之一(Browne D,et al.,2012)。有研究表明,消费者购买传统燃油汽车或新能源汽车的决定会影响市场推广(Li W,et al.,2016c)。为了体现新能源汽车的优势,促进新能源汽车的推广应用,国家应给予适当的财政补助,多重优惠政策有利于推广应用。加大财政投入是保障新能源汽车推广应用顺利进行的措施之一(Zhang X and Bai X,2017)。为加快新能源汽车的推广,我国政府不仅积极引导消费者购买新能源汽车,还增加财政和税收支持,如免征新能源汽车购置税和提供新能源汽车购买补贴。因此,当政府发布了以市场推广为目标的新能源汽车政策后,为充分发挥财政资金补助的引导作用,财政部门等也会相应出台新能源汽车推广应用扶持政策,从购买、使用、充电等环节给予财政补贴,加大新能源汽车在私人购车领域的推广力度。这体现市场推广目标对财政支持目标的正向影响。当财政资源发挥其引导作用后,企业和消费者对新能源汽车的需求被激发,新能源汽车在市场上形成一定的规模,城市公交、出租、环卫、物流等领域中新能源汽车应用比例不断扩大,此时,市场推广目

标对财政支持的依赖性逐渐降低,这体现了财政支持目标和市场推广目标之间的捕食关系。

(二) 市场推广目标对基础设施目标产生正向作用

在长三角地区,市场推广目标和基础设施目标存在捕食关系;在珠三角地区,市场推广目标和基础设施目标存在竞争关系;在京津冀地区,基础设施目标和市场推广目标是相互促进的,两者存在合作关系。三个地区的市场推广目标和基础设施目标之间呈现出不同的竞合关系,不难发现,基础设施目标的力量都强于市场推广目标,也就是说,市场推广目标有助于基础设施目标的发展。

在长三角和珠三角地区,充电基础设施是新能源汽车推广应用的重要基础之一(黎雨敏,等,2021)。当市场中没有足够的充电设施时,消费者使用新能源汽车出行将面临充电难、续航里程差等问题,尤其在冬季,电动汽车受到更大限制。冬天气温低,电池即便充满也很难达到理想的工况,容易造成中途停驶的风险,而在公用充电基础设施存在不足的情况下,电动汽车电池不能得到能量补给,导致企业和消费者的购买意愿不强。有研究指出,更准确的续航里程和充电时间信息会增加消费者对电动汽车的信心(Musti S and Kockelman K M,2011)。充电设备越容易接近,消费者的接受意愿就越强(Yuan M,et al.,2020)。作为消费者,他们首先考虑的是车的性能以及续航里程,其次是充电网点的普及,这一系列问题都影响着新能源汽车产业的推广和普及。要想完成市场推广计划,需要将充电基础设施进行更广范围的普及,新能源汽车才能得到更多消费者的认可。因此,市场推广目标对基础设施目标有正向作用。只有运营车辆的充电使用得到保障,才能有利于新能源汽车的推广应用。如江苏省政府发布了《关于加快新能源汽车推广应用的意见》,南京市住建委为贯彻落实江苏省政府发布的《关于加快新能源汽车推广应用的意见》和南京市政府发布的《关于进一步支持新能源汽车推广应用的若干意见》等文件要求,进一步明确新能源汽车充换电配套设施建设任务,从而制定了《2015年南京市新能源汽车充换电配套设施建设计划》。

在京津冀地区,基础设施目标和市场推广目标是相互促进的,两者存在合作关系,这可能是因为京津冀地区注重一体化发展。协同发展需要在京津冀交通一体化、生态环境保护等重点领域取得突破(李一涵,等,2021)。区域内部各城市的合作可以实现共赢发展和有效对接,有利于资源在各地的共享和流动性配置。此外,北京与河北联合申办2022年冬奥会成功,京津冀协同发展战略部署获得更多人关注。在京津冀协同发展的战略背景下,加大新能源汽车的推广和普及,以适度超前、合理布局为原则推进基础设施建设,有效保障2022年冬奥会期间的绿色出行。京津冀地区充电基础设施持续增长,车桩比下降,加之充电桩互联网地图的出现,使得地区内部充电环境持续优化。基础设施环境的改善,能够让政府有更多精力投入新能源汽车推广实施上。《2020年河北省新能源汽车发展和推广应用工作要点》提出推广牵引产业、产业助力推广,显示了市场推广工作与基础设施建设的合作共赢。京津冀地区基础设施和市场推广的这种合作关系,也表明了市场推广目标对基础设施目标有正向作用。同时,由于基础设施目标与市场推广目标之间是合作关系,因此,当以基础设施为目标的政策数量增加,以市场推广为目标的政策数量也增加。完成新能源汽车推广应用任务,需要营造良好的推广应用政策环境。政府需要在新能源汽车车辆购置、公共车辆运营、基础设施建设等方面出台一系列支持政策,建立完善的配套政策体系,为新能源汽车推广应用提供政策支持。基础设施建设作为新能源汽车推广应用的保障措施,为新能源汽车的推广保驾护航。一旦消费市场形成,就必须加强充电基础设施的建设,并利用创新的金融工具来推广新能源汽车产业,以加速该产业的快速发展。

(三)工业管理目标和节能环保目标呈现不同的竞争合作态势

在长三角地区,工业管理和节能环保呈现捕食关系,具体而言,工业管理发展促进节能环保发展,节能环保发展抑制工业管理发展;在珠三角地区,工业管理和节能环保呈现捕食关系,具体而言,节能环保发展促进工业管理发展,工业管理发展抑制节能环保发展;在京津冀地区,工业管理和节能环保呈现竞争关系,具体而言,工业管理发展抑制节能环保发展,节能环保发展抑制工业管理发展。

长三角地区的竞争与合作系数如表5-4所示,在长三角地区,节能环保政策数量的增长对工业管理政策数量的增长有抑制作用,而工业管理政策有助于节能环保政策的增加,说明工业管理目标与节能环保目标之间存在掠夺性关系。这可能是因为在长三角地区发布的新能源汽车工业管理相关政策中,多强调绿色埋念,推动绿色发展;随后,新能源汽车的技术标准和管理法规相关政策相继出台以支持完成节能减排的任务。在建立新能源汽车产品或企业相关管理制度时,通常以环保、绿色的标准来规范,而为了使企业所生产或销售的新能源汽车产品符合所发布政策的标准,政府会更多地以绿色环保、节能减排为目的来制定政策,促进节能环保政策的增加。如《绍兴市"十三五"节能降耗工作方案》提到,该方案以协调、绿色为宗旨,完善节能管理体制,构建清洁、可持续的能源消费体系。在工业管理政策的引导下,逐渐形成绿色管理体系和规范管理标准,在制定节能环保政策时将会减少或不再提到绿色规范管理体系,从而抑制工业管理政策的增加。

表 5-4　长三角地区内部政策目标的竞争与合作系数

	G1	G2	G3	G4	G5	G6
G1	—	0.442 09	−0.011 29	0.041 15	0.950 20	−0.370 40
G2	0.013 54	—	−0.883 61	2.131 34	−2.072 48	0.716 98
G3	0.310 81	0.448 29	—	0.699 38	0.009 47	−0.222 60
G4	0.128 53	−0.229 16	−0.013 365	—	−0.895 74	0.518 15
G5	0.253 73	−0.005 61	−0.699 34	−0.233 85	—	−0.087 87
G6	0.706 45	0.649 76	1.245 34	−0.612 08	−0.474 22	—

注:G1 代表财政支持目标,G2 代表工业管理目标,G3 代表基础设施目标,G4 代表节能环保目标,G5 代表生产技术目标,G6 代表市场推广目标。

从表 5-5 所示的竞合系数中可知,在珠三角地区,节能环保政策有助于工业管理政策的增加,而工业管理政策的增加阻碍了节能环保政策的增加,这表明在珠三角地区工业管理与节能环保存在捕食关系。珠三角地区是我国经济活跃、人口密集、工业化水平较高的地区。在经济快速发展的过程中,珠三角地区不可避免地遭遇了空气污染等问题(Wang R,et al.,2020b)。为减少污染,推进经济与环境协调发展,需严格执法,构建全民参与的治污格局,提高公众的节能环保意识,确保各项治污工作平稳顺利进行。新能源汽车以非常规的车用燃料作为动力来源,有效缓解燃油汽车带来的大气污染(Wang R,et al.,2020b)。在新能源汽车相关政策中,为保护环境,增强公众和社会对大气污染以及新能源汽车环保特性的认识,政府制定严格的新能源汽车规范体系,加快建立节能减排标准体系,这在一定程度上促进了工业管理政策的增加。随着环境保护工作力度加大,节能环保理念逐渐深入人心,公众对新能源汽车节能减排的优势更加了解,为有效利用资源,在制定规范体系标准时会减少对提高环保意识的强调,而更多着重于对基础设施建设等的规范,如拓展蓄电池回收网络、建立回收再利用流程体系,这在一定程度上抑制了节能环保相关政策的增加。

表 5-5　珠三角地区内部政策目标的竞争与合作系数

	G1	G2	G3	G4	G5	G6
G1	—	0.588 32	0.529 64	1.088 52	−1.023 18	−0.265 61

续表

	G1	G2	G3	G4	G5	G6
G2	−1.008 70	—	−0.781 03	−2.683 82	1.314 03	−1.032 53
G3	−0.611 94	0.771 31		0.702 04	−0.341 54	0.015 16
G4	−0.052 28	0.130 44	0.104 95	—	−0.449 95	−0.056 73
G5	0.965 09	−1.171 6	−0.302 37	3.626 89		0.979 28
G6	1.518 14	0.484 17	0.454 56	−0.053 22	−0.787 88	

注：G1代表财政支持目标，G2代表工业管理目标，G3代表基础设施目标，G4代表节能环保目标，G5代表生产技术目标，G6代表市场推广目标。

从表5-6所示的竞合系数中可以知道，在京津冀地区，工业管理目标与节能环保目标是相互限制的，这两者之间存在着竞争关系。这主要是因为京津冀地区的空气污染情况较为严重，减少污染气体排放和优化生活环境更为紧迫（Guo X, et al., 2016）。工业管理政策与节能环保政策的共同发展为新能源汽车市场的培育提供了政策环境，因此，以促进能源节约以及减少污染气体排放为主要目的的节能环保目标与工业管理目标之间形成了明显的竞争关系。京津冀地区的空气污染情况较严重，如何推进节能减排工作和改善空气质量是京津冀地区较为迫切的问题。京津冀地区不仅是中国经济发展的核心地区，同时也是受大气污染影响较大的地区。京津冀及周边地区高度聚集重化工产业，在生产过程中产生大量二氧化硫等污染物。在这样的背景下，政府将较多的资源放在节能环保目标上，从而减少了对工业管理目标的关注。

表5-6 京津冀地区内部政策目标的竞争与合作系数

	G1	G2	G3	G4	G5	G6
G1	—	1.574 95	1.059 06	0.472 76	0.088 17	−0.683 34
G2	−0.181 16		0.673 53	0.269 03	−0.661 49	0.787 76
G3	−0.304 72	−2.885 97	—	1.018 70	1.079 26	−0.179 79
G4	0.184 89	0.035 41	−0.531 34		−1.257 96	0.815 88
G5	0.401 27	2.149 86	−0.850 41	0.383 89		−0.951 36
G6	0.116 81	−2.955 63	−0.003 28	−0.932 65	1.128 68	—

注：G1代表财政支持目标，G2代表工业管理目标，G3代表基础设施目标，G4代表节能环保目标，G5代表生产技术目标，G6代表市场推广目标。

第四节 讨论与总结

一、地区内部政策目标竞争与合作机制的讨论

在本章中,我们可以清晰地观察到长三角、珠三角和京津冀地区如何根据自身的资源禀赋进行合理的资源配置。这些地区的新能源汽车政策目标之间存在着相互竞争和合作的关系。它们之间的动态竞争关系类似于生态学中的种间竞争现象,即不同物种的个体在同一个生态系统中为了争夺有限的资源而展开竞争与合作。

Lotka-Volterra 模型结果表明了地区新能源汽车产业发展的特征。首先,地区内部政策之间竞争性强于合作性。新能源汽车产业链复杂,车企通过深耕产业链的某一环节获得自身的竞争优势,因此产业链之间竞争激烈。此外,长三角、珠三角、京津冀地区作为新能源汽车产业的先进集群,各方面发展较为均衡,并拥有强大的市场和资金支持,地区之间容易出现同质化竞争,这也解释了为何地区竞争会强于地区合作。

其次,从共性的角度来看,本章研究发现在长三角、珠三角和京津冀三个地区,发展新能源汽车产业都需要财政支持。面对我国频繁出现的雾霾天气,新能源汽车可以降低对传统化石能源的依赖,有效缓解环境危机和能源危机,因此,政府出台了一系列政策,其中财政支持政策对产业发展的效果是最为显著的。得益于财政支持政策,我国新能源汽车产业发展出现了"政策红利"。为赢得新能源汽车产业发展的优势,除国家补贴外,各地也出台了许多额外财政支持政策。在巨大的投资之下,新能源汽车产业发展取得良好成效。此外,财政支持政策也在其他环节发挥作用。一方面,在新能源汽车市场的导入期,由于公众对新能源汽车的认知不足,较少人购买,但前期市场宣传需要投入的成本巨大,汽车厂商难以在宣传上投入巨大的成本,只能由政府投入资金,依靠口碑使得新能源汽车得到更好的推行。另一方面,新能源汽车在研发初期成本高,消费者购买能力不足。电动汽车在整车技术上较为复杂,对电池的要求比较高。比如,锂是新能源汽车锂电池的关键原材料,但我国锂资源出现供不应求的问题,导致我国对海外锂资源有着颇高的依赖度,高达 80% 的锂原料依赖进口,且电池系统占据整车成本近 40% 的比重,导致昂贵的购买价格,这使消费者购买意愿不强(Hao H,et al.,2017),而财政支持政策较好地推进了问题的解决,有效地促进了地区

新能源汽车产销量的增长。

再次，政策目标的不同组合，显示了地区促进新能源汽车产业发展的不同策略。从政策目标之间的关系可以发现，工业管理与节能环保形成的监管层面为新能源汽车的实施层面（基础设施、生产技术）和扩张层面（财政支持、市场推广）的顺利推进提供保障。这种监管层面的投入，为刺激新能源汽车需求增长发挥了重要作用。从 LV 模型中可以看出，长三角、珠三角和京津冀地区的工业管理目标与节能环保目标的关系存在差异。在长三角地区，工业管理政策数量增加有助于节能环保政策数量的增加，呈现出一种管理支持型策略。而在珠三角地区，主要是节能环保目标促进工业管理目标，所以珠三角地区采用的是环境支持型策略，京津冀地区则是采用工业管理和节能环保的双目标来推动发展，是一种管理-环境支持型策略。

在长三角地区，关联产业多、配套环节多、产业链长、技术及资本密集，在产业基础、科技创新和高端人才方面有着得天独厚的优势。这些优势是长三角地区能够吸引众多新能源汽车企业的原因之一，因此，长三角成为新能源汽车的集结地，特斯拉、蔚来、威马等新能源汽车企业纷纷落户长三角地区。面对源源不断的新入局者，如何管理这些新能源企业成为政府的关注重点。政府需要建立起有效的新能源汽车企业和产品相关管理制度，形成完备的管理规范体系，以引领新能源汽车的发展，这些内容都在工业管理中有所体现。但充电基础设施之间的独立性减弱了长三角地区的竞争优势。不同地区之间的充电桩标准差异较大，这阻碍了基础设施之间的互联互通。政府需要建立统一的标准体系，以促进产业链的融合。因此，为保障新能源汽车产业的发展，营造良好的政策环境，长三角地区更注重工业管理，实行管理支持型策略，通过对相关环节的各项管理工作进行有效的约束和规范，促进产业的持续健康发展。

珠三角地区是中国经济实力最强的地区之一，如何平衡经济发展与环境保护的关系，是实现绿色发展战略的重点。绿色发展不是单纯的政治宣传，作为一种行动纲领，它有效地增强了公众的环保意识（Wang R，et al.，2020b）。珠三角内城市的绿色发展水平存在显著差异，城市间绿色发展不平衡，推进绿色产业是进一步推动一体化发展的新思路，也是珠三角地区未来可持续发展的必然路径（Wang M X，et al.，2018a）。在近年推行的改善大气环境的措施下，珠三角大气环境质量得到一定改善，优于京津冀、长三角地区（古小东，夏斌，2019）。提倡环境友好、绿色交通理念，加强节能减排和环境保护，利于形成适合新能源汽车产业发展的社会环境。因此，珠三角地区重视环保理念，在推广新能源汽车时更加注重新能源汽车在环境改善、能源节约等方面的作用，以刺激公众的需求。珠三角地区政府结合实际，通过推行环境支持型策略，加大宣传新能源汽车的环保特性来刺激公众对新能源汽车的需求。

在京津冀地区,工业管理目标与节能环保目标是相互限制的,这两者之间存在着竞争关系。在京津冀地区的新能源汽车政策中,多次提到政策标准体系尚不健全、基础设施互联互通水平较低。天津市政府明确表示,充电接口新国标虽已发布,但车桩同步升级仍需进一步明确,跨运营商之间的支付互联互通和信息互联互通也处于起步阶段,充电基础设施与相关城市建设规划的衔接机制仍有待建立。因此,京津冀地区在工业管理方面存在一定的短板。此外,京津冀地区的居民正遭受着严重的空气污染(Guo X,et al.,2016)。如果政策制定者在制定环保政策时支持绿色项目的发展,将有助于多方面改善环境(Costa C M,et al.,2021)。因此,如何推进节能减排工作和改善空气质量是京津冀地区较为迫切的问题。当公众意识到新能源汽车推广应用在环境改善、能源节约等方面的显著效果时,将会对新能源汽车的购买持积极态度。研究也已表明,环保意识在公众的购车选择中发挥着重要作用,宣传新能源汽车的环保效益将有助于刺激新能源汽车的销售(Guo X,et al.,2016)。因此在前期,政府从节能减排政策出发,同时强调新能源汽车的采用在改善空气质量方面所发挥的作用,提高公众对新能源汽车的认识程度和环保意识,从而达到新能源汽车推广应用的目标。由此可知,在京津冀地区,工业管理政策和节能环保政策在培育新能源汽车市场的过程中共同发挥着作用,政府从规范经营管理,形成与新能源汽车发展相适应的标准体系,以及提高公众的节能环保意识两方面来共同刺激公众对新能源汽车的需求。

综上所述,地区不同发展策略的形成,与地区资源基础有较大关系。长三角地区推行管理支持型策略,主要是因为长三角地区拥有传统汽车制造业优势,同时又吸收了许多新能源汽车产商,而新能源汽车产业发展尚不成熟,在生产准入、零部件规格、汽车价格、充电接口设置等方面存在地域障碍。因此,需要统一相关标准,实现新能源汽车产业发展的标准化、规范化,方便政府管理。珠三角地区实行环境支持型策略,这是因为珠三角地区持续强调绿水青山就是金山银山的绿色环保理念,注重发挥生态环境优势,通过宣传推广新能源汽车的绿色友好特征以实现产业发展。京津冀地区推行管理-环境支持型策略,这是因为公共基础设施标准不一阻碍了新能源汽车的快速发展,此外,严峻的环境问题使得政府不得不大力宣传新能源汽车的环保特性,这解释了为何京津冀地区政府采用双目标驱动以推动新能源汽车的发展。

二、地区内部政策目标竞争与合作机制的总结

作为缓解环境污染和加速能源转型的重要措施,新能源汽车产业的发展在

中国受到了广泛的关注。政策是推动新能源汽车产业发展的主要动力。在政府重点关注的六个政策目标(生产技术、基础设施、财政支持、市场推广、工业管理、节能环保)之上，本章研究了地区内部政策目标之间的竞合关系。整体来看，各个地区政府以培育新能源汽车市场为目的出台了许多政策，不同地区会结合自身优势制定不同侧重点的政策来支持新能源汽车产业的发展。本章选择了三个典型代表地区，分别是长三角、珠三角和京津冀地区，对新能源汽车产业发展的情况进行了研究，探索不同地区的资源分配策略和产业发展方式。运用 Lotka-Volterra 模型来揭示地区内部新能源汽车政策目标之间的竞争与合作关系。关于地区政策的特点，本章研究发现地区内产业呈现更多的竞争态势而非合作态势，财政支持在各地区产业发展中都起到了重要的作用。长三角、珠三角和京津冀地区在刺激需求时的政策导向是不一样的，所使用的资源配置策略也不尽相同。长三角地区实行管理支持型策略，珠三角推行环境支持型策略，京津冀地区使用管理-环境支持型策略。结果表明，不同地区新能源汽车产业的发展模式是不一样的，各地应根据自身优势，因地制宜地制定有针对性的政策以促进产业发展。

第六章 基于社交媒体的消费者态度研究

作为新能源汽车的使用主体和主要利益相关者，消费者对新能源汽车的需求、使用态度与使用意愿影响其对新能源汽车的采用，了解新能源汽车的消费者需求有利于加快新能源汽车的普及。中国互联网络信息中心（CNNIC）发布的第51次《中国互联网络发展状况统计报告》中指出，截至2022年12月，中国网民规模为10.67亿人，互联网普及率达75.6%。伴随着我国互联网的蓬勃发展，消费者在网络社交媒体中生成的海量信息或非结构化数据带来了新的研究方向，大数据驱动的新能源汽车产业消费者需求分析应运而生。消费者对新能源汽车产业的真实评论文本通过社交媒体跨越了时间和空间限制，为政府和新能源汽车制造商提供了更多了解消费者对新能源汽车需求、情感和意见的机会。因此，如何使用社交媒体大数据分析和文本挖掘方法对消费者生成数据进行精准挖掘，是政府和新能源汽车制造商面临的挑战。本章通过文本挖掘的方法，对社交平台中消费者对新能源汽车的讨论信息进行分析，以期窥见文本信息背后消费者对新能源汽车持有的情感态度，以便更好地了解中国的新能源汽车市场。

第一节 研究动机与研究问题

为了推广新能源汽车，中国政府出台了大量的新能源汽车政策，这些政策一方面鼓励汽车制造商生产新能源汽车（如"双积分"政策），另一方面为消费者购买和使用新能源汽车创造便利的条件（如免费绿牌申请）。对于中国政府来说，出台和实施新能源汽车政策的最终目的在于推动新能源汽车市场的发展和新能源汽车的消费，减少燃油汽车的使用，推动实现交通可持续性，最终实现"双碳"目标。判断中国新能源汽车政策是否有效发挥其促进新能源汽车消费的作用，需要重点考察新能源汽车市场中消费者的反应。这些反应既包括消费者对新能源汽车的关注度，也包括消费者对新能源汽车的情感偏好。消费者对新能源汽车产生行为意向需要经历以下过程：关注新能源汽车并了解其特点，对新能源汽车产生情感偏好，对新能源汽车产生行为意向（Liu X and Hu W，2019）。新能源汽车政策的推行和热议能够引导消费者认识并了解新能源汽车，获取与新能源汽车相关的知识，从而使消费者产生对新能源汽车的基本判断和情感偏好，最后决定是否采用新能源汽车。按照这一逻辑，研究消费者对新能源汽车的关注度和情感偏好能够从侧面反映出新能源汽车政策在消费者层面的扩散效果。

为了确定消费者是否决定采用新能源汽车，有必要研究消费者对新能源汽车的关注度和情感偏好，以及促使不同消费者产生不同情感的各种因素。本章特别关注消费者对新能源汽车情感偏好的性别差异,这是因为一些研究发现,性别变量对技术接受度有很大影响。男性的行为意向更有可能受到感知有用性的影响,而女性的行为意向更有可能受到感知易用性的影响,两种性别的消费者对新能源汽车所持有的情感可能存在差异。本章希望通过探索不同性别消费者对新能源汽车的关注度和情感偏好以帮助政府和制造商在未来为不同的消费者制定更有针对性的政策和促销策略。

常用于获取消费者意见或情感的方法包括问卷调查法(Huang Y and Qian L,2018)和访谈法(Valeri E and Danielis R,2015)。然而,由于方法存在一定的限制,传统的问卷调查法和访谈法不能完全准确地反映消费者的情感(Wang L,et al.,2020a)。特别是在面对国家问题时,抽样问卷调查只能提供很小的贡献,外部压力或隐私问题也可能会影响访谈结果的准确性(Sun Y,et al.,2020)。此外,实验设计者根据理论支撑设计问题,并提供不同层次的选项,同样可能会因为遗漏其他不同的问题和选项而错过有用的信息(Büschken J and Allenby G M,2016)。相反,消费者在社交媒体中产生的文本数据是主动的、有互动的,消费者可以在社交媒体中充分表达其真实感受(Sun Y,et al.,2020),因此,社交媒体为研究提供了一个很有前景的数据来源。事实上,利用社交媒体的大数据可以避免传统调查方法带来的缺陷,更好地反映人们在互联网上的行为(Herzenstein M,et al.,2011)。社交媒体中的用户活动产生了海量的真实文本数据,这些数据在一定程度上可以准确反映消费者对新能源汽车的关注度、情感和意见。

本章运用文本挖掘的方法,基于社交平台大数据探索消费者对新能源汽车的关注度和情感偏好,以便更好地了解影响消费者采用新能源汽车的因素,帮助政府制定出更好的针对消费者采用的新能源汽车政策,推动新能源汽车市场持续健康发展。

第二节 基于微博的新能源汽车公众关注度与情感分析

新浪微博是中国最大的社交媒体平台之一,拥有超过 4.62 亿的月度活跃用户。对新浪微博的大数据分析和在线文本挖掘可以为政府提供更多了解消费者意见的机会(Chen H C,et al.,2012)。本节研究使用爬虫技术从新浪微博爬取微博帖子,以获得相对真实的信息,并按照图 6-1 所示的框架开展研究。

第六章 基于社交媒体的消费者态度研究

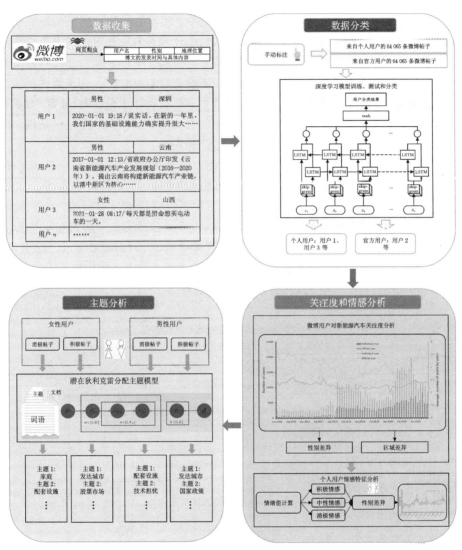

图 6-1 研究框架

一、研究框架

（一）数据收集

新浪微博是中国最具影响力的社交媒体平台之一，拥有数以亿计的用户，每天都会产生大量的用户数据。相对来说，新浪微博的文本数据可以更为准确地反映消费者对新能源汽车的关注度和情感。根据《新能源汽车生产企业及产品准入管理规定》,新能源汽车指采用新型动力系统,完全或者主要依靠新型能源驱动的汽车,包括插电式混合动力(含增程式)汽车、纯电动汽车和燃料电池汽车等。电动汽车拥有最大的新能源汽车市场份额(Zhang L and Qin Q D,2018)。同时,社交媒体平台及日常生活中存在着很大一部分消费者使用"电动汽车"一词来指代新能源汽车,而不是直接使用"新能源汽车"。因此,本节研究使用了包括"新能源汽车"和"电动汽车"在内的关键词来爬取新浪微博中的文本数据。爬取的字段包括用户的地理位置、性别、昵称以及他们发布微博的时间和内容。

为了缓解服务器访问压力,新浪微博拥有一套严格的反爬虫机制,其中包括 IP 限制,即同一 IP 地址的用户在单位时间内的访问次数是有限的。考虑到 IP 限制和微博网页端的网页布局格式,本节研究设置了一个虚拟 IP 池和一个虚拟用户代理池供爬虫脚本运行时随机调用。requests 框架和 selenium 框架被用来建立一个基于网页链接的两阶段爬虫策略,如图 6-2 所示。综上,本节研究通过网络爬虫技术,共爬取了从 2016 年 1 月 1 日至 2021 年 6 月 30 日的 1 785 176 条微博帖子,并将数据存入本地数据库 MySQL。

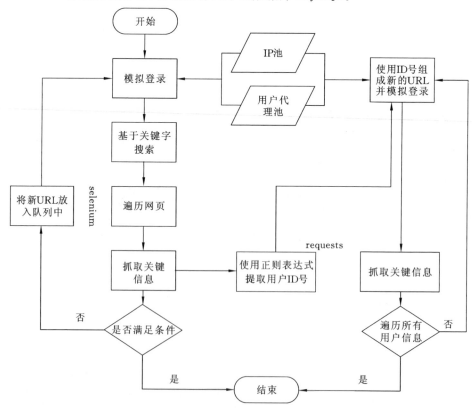

图 6-2　微博爬虫脚本流程图

(二)数据分类

经过初步的数据处理,剔除包括重复、不相关和异常的微博帖子后,剩下了 1 149 243 条来自新浪微博账号的微博帖子。新浪微博账号主要包括个人账号和官方账号。个人账号由私人或个人持有,而官方账号由企业、媒体或政府等持有。个人用户往往只发表自己的个人意见、看法或转发个人支持、赞同的帖子,而官方用户则代表企业、品牌或政府部门发言。此外,虽然有很多微博账号的昵称显示为个人用户,但也可能是广告公司和公关公司的广告账号或"水军"账号。因为本节研究的研究对象是个人用户,所以有必要对用户进行区分,只分析与主题相关的数据信息。这个过程的主要目的是将所有与研究主题不相关的微博帖子从后续分析中分离。为了达到这个目的,本节研究使用人工手动注释对微博帖子进行标注分类,构建了一个标准的微博帖子数据集,其中包括64 065条来自个人用户的微博帖子和64 065条由官方用户撰写的微博帖子。管理科学与工程类专业的两名硕士研究生和一名本科生参与了这项工作,为了确保手动标注的准确性和科学严谨性,新闻传播学专业的两名硕士研究生被邀请使用双盲方法对从已标注数据集中随机抽样的10 000条微博帖子进行分类。具体而言,被邀请的两名硕士研究生分别对10 000条微博帖子进行分类,并将两组分类结果与已标注数据集进行比较。经计算,两组分类结果与已标注数据集的一致性分别为95.3%和94.9%。由于两个值都在90%以上,因此手动标注结果是可靠的。用于用户分类的深度学习模型主要采取以下几种方法。

1. 文本分词与特征工程

分词是中文文本分析的基本步骤之一,也是中文自然语言处理的基础模块。不同于英文句法,中文句子中没有词的界限,在进行中文自然语言处理时,需要进行文本分词,这一步的目的是分割原始文本以得到具有分析意义的最小信息单位,且分词的效果将直接影响后续文本挖掘的效果。为此,本节研究使用了Jieba分词工具。尽管Jieba分词工具提供了一个优秀、易于使用的分词算法,但正确的分词仍然需要专有名词词典的支持。例如,工业和信息化部作为中国一个重要的行政部门,发布了大量关于新能源汽车的政策,一个错误的分词会把它分割成"工业""信息化"和"部"三个词,这显然不能满足研究的需要。一个改进的方法是将"工业和信息化部"作为一个专有名词加入预设的词典中。因此,本节研究手动构建了一个新能源汽车的专有名词词典,并使用了互联网上流行的词典,如百度词典和腾讯词典来帮助进行文本分词。最后,使用中国知网词典中的停用词词典来删除包括虚词、助词等无意义的停用词,得到最终的文本数据。

文本特征工程是整个用户分类过程中的关键所在。它指的是通过一系列的工程步骤最大限度地从微博文本中提取更好的数据特征，以供算法和模型使用。本节研究使用 word2vec 模型（Mikolov T，et al.，2013）将分词后的微博文本数据向量化，也就是将微博文本信息数值化。word2vec 模型是由 Google 的 Tomas Mikolov 团队于 2013 年开源的一款用于生成词向量的工具，其一经发布便引起了工业界和学术界的轰动。作为一个双层浅层神经网络模型，word2vec 模型的训练结果——词向量，可以较为精准地度量词与词之间的相似性。同时，作为一个无监督的深度学习模型，word2vec 模型可以在百万量级的语料和上亿量级的数据集上进行高效的训练。为了保证训练结果的精准和有效，word2vec 模型需要对大量与后续研究领域相关或相似的语料库数据进行训练。因此，本节研究使用经过预处理的 1 149 243 条微博帖子进行训练。

word2vec 模型主要包含两个神经网络模型：CBOW（continuous bag of words）模型和 skip-gram 模型。CBOW 模型将上下文作为输入来预测中心词，相反，skip-gram 模型将一个中心词作为输入预测其上下文。有文献指出当训练语料库较大时，使用 skip-gram 模型的效果更好，而当训练语料库较小时，CBOW 模型的效果更好（Mikolov T，et al.，2013）。在本节研究中，所用于训练的微博语料超过一百万条，因此使用 skip-gram 模型是一个更加合适的选择。skip-gram 模型结构如图 6-3 所示，该模型由输入层、投影层和输出层组成。假设一段微博帖子是"我们支持新能源汽车的发展与普及"，经过分词后，文本序列是"我们""支持""新能源汽车""发展""普及"。以"新能源汽车"作为中心词，设上下文滑动窗口步长为 2，skip-gram 模型所关心的是，给定中心词"新能源汽车"，生成与它距离不超过 2 个词的上下文"我们""支持""发展""普及"的条件概率，即：

$$P(\text{"我们"},\text{"支持"},\text{"发展"},\text{"普及"}|\text{"新能源汽车"})$$

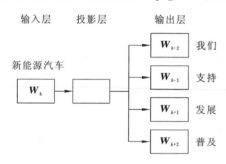

图 6-3　skip-gram 模型结构图

在给定中心词的情况下，假设上下文不同词语的生成是相互独立的，那么其条件概率表达式可以改写成：

$$P(\text{"我们"}|\text{"新能源汽车"}) \cdot P(\text{"支持"}|\text{"新能源汽车"})$$
$$\cdot P(\text{"发展"}|\text{"新能源汽车"}) \cdot P(\text{"普及"}|\text{"新能源汽车"})$$

为了计算条件概率，在 skip-gram 模型中，每个词被表示成两个 d 维向量。假设 i 为这个词在词典中的索引，当该词为中心词时向量表示为 $v_i \in \mathbb{R}^d$，而为上下文词语时向量表示为 $\boldsymbol{u}_i \in \mathbb{R}^d$。假设 c 为词典中中心词 w_c 的索引，o 为词典中上下文词语 w_o 的索引，运用 softmax 函数对向量进行内积运算可以得到在给定中心词条件下的上下文词语生成概率：

$$P(w_o \mid w_c) = \frac{\exp(\boldsymbol{u}_o^\mathrm{T} \boldsymbol{v}_c)}{\sum_{i \in V} \exp(\boldsymbol{u}_i^\mathrm{T} \boldsymbol{v}_c)}$$

其中，词典索引集 $V = \{0, 1, \cdots, |V|-1\}$。假设给定一个文本序列，该序列的长度为 T，设时间步 t 的词为 $w^{(t)}$。在给定中心词的条件下，假设上下文词语的生成相互独立，当上下文滑动窗口步长为 m 时，skip-gram 模型的似然函数，即给定任一中心词生成所有上下文词语的概率为：

$$\prod_{t=1}^{T} \prod_{-m \leqslant j \leqslant m, j \neq 0} P(w^{(t+j)} \mid w^{(t)})$$

这里小于 1 或大于 T 的时间步长可以被忽略。

2. 深度学习模型

深度学习模型，如卷积神经网络（convolutional neural networks，CNN）模型、循环神经网络（recurrent neural networks，RNN）模型和长短期记忆（long short term memory，LSTM）模型都已在句子和文档建模方面取得了显著的成绩。为了有效提取文本特征，提高识别精度，本节研究采用双向 LSTM 模型结合注意力机制（BiLSTM+ATT）对新浪微博帖子进行语义分析训练。BiLSTM+ATT 模型结构如图 6-4 所示。通过词嵌入层的 word2vec 模型，将预处理后的微博帖子训练成词向量形式，作为 BiLSTM 层的输入，提取全局特征。然后，关注文本中的语义信息，利用注意力机制，通过隐藏层对微博帖子进行分类，以区分用户。

1）长短期记忆模型

LSTM 模型引入了输出门、输入门和遗忘门结构，以及与隐藏状态结构相同的记忆细胞，从而储存额外的信息以实现对长距离信息的有效利用，并解决了传统 RNN 模型在训练过程中的梯度消失或爆炸问题。LSTM 模型由于其设计特点，非常适合用于对时序数据的建模，文本数据中词语的先后顺序同样可以看作一种时间序列，LSTM 模型的提出很好地解决了 RNN 模型在面对上下文过长时效果较差的问题。LSTM 模型结构如图 6-5 所示，LSTM 模型中门结构的输入均由上一时间步隐藏状态 $\boldsymbol{H}_{t-1}$ 与当前时间步输入 $\boldsymbol{X}_t$ 决定，而输出由 sigmoid 函数作为激活函数的全连接层运算得到。因此，输出门、输入门和遗忘门元素的值域均为 $[0,1]$。

假设 h 为隐藏单元个数，n 为样本数，则 $\boldsymbol{H}_{t-1} \in \mathbb{R}^{n \times h}$ 为上一时间步隐藏状

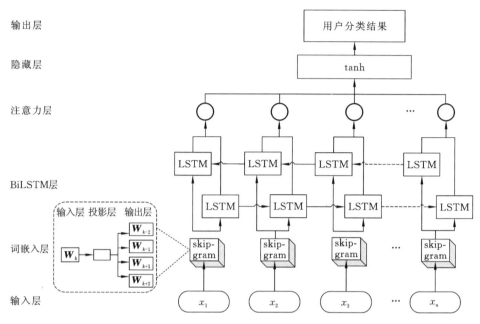

图 6-4　BiLSTM+ATT 模型结构图

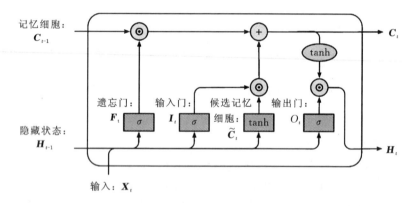

图 6-5　LSTM 模型结构

态，$X_t \in \mathbb{R}^{n \times d}$ 为时间步 t 的小批量输入（输入个数为 d）。输入门 $I_t \in \mathbb{R}^{n \times h}$、遗忘门 $F_t \in \mathbb{R}^{n \times h}$ 和输出门 $O_t \in \mathbb{R}^{n \times h}$ 在时间步 t 的计算分别如下：

$$I_t = \sigma(X_t W_{xi} + H_{t-1} W_{hi} + b_i)$$

$$F_t = \sigma(X_t W_{xf} + H_{t-1} W_{hf} + b_f)$$

$$O_t = \sigma(X_t W_{xo} + H_{t-1} W_{ho} + b_o)$$

其中,权重参数为 $W_{xi}, W_{xf}, W_{xo} \in \mathbb{R}^{d \times h}$ 和 $W_{hi}, W_{hf}, W_{ho} \in \mathbb{R}^{h \times h}$,偏差参数为 $b_i, b_f, b_o \in \mathbb{R}^{1 \times h}$。候选记忆细胞 $\widetilde{C}_t$ 在三个门结构计算完之后也需要进行计算。与三个门结构在计算中使用的激活函数不同,为了使 $\widetilde{C}_t \in [-1,1]$,tanh 函数被用作候选记忆细胞计算中的激活函数,候选记忆细胞 $\widetilde{C}_t \in \mathbb{R}^{n \times h}$ 在时间步 t 的取值为:

$$\widetilde{C}_t = \tanh(X_t W_{xc} + H_{t-1} W_{hc} + b_c)$$

其中,权重参数为 $W_{xc} \in \mathbb{R}^{d \times h}$ 和 $W_{hc} \in \mathbb{R}^{h \times h}$,偏差参数为 $b_c \in \mathbb{R}^{1 \times h}$。LSTM 模型可以通过元素值域在 $[0,1]$ 内的 I_t、F_t 和 O_t 来控制隐藏状态中信息的流动。记忆细胞在上一时间步的信息和候选记忆细胞在当前时间步的信息共同影响了记忆细胞 $C_t \in \mathbb{R}^{n \times h}$ 在当前时间步的取值,基于元素乘法(符号为 $\odot$),遗忘门控制了 C_{t-1} 的信息流动,而输入门控制了 $\widetilde{C}_t$ 的信息流动:

$$C_t = F_t \odot C_{t-1} + I_t \odot \widetilde{C}_t$$

遗忘门用来判断当前时间步是否接收上一时间步的记忆细胞 C_{t-1} 中的信息,而输入门则用来判断 C_t 是否接受从 $\widetilde{C}_t$ 流入的输入 X_t。如果输入门的值一直接近 0 且遗忘门的值一直接近 1,当前时间步将接收一直通过时间保存的过去记忆细胞。激活 C_t 后,LSTM 模型还可以通过输出门来控制从 C_t 到隐藏状态 $H_t \in \mathbb{R}^{n \times h}$ 的信息流动:

$$H_t = O_t \odot \tanh(C_t)$$

其中,tanh 函数被用于约束 $H_t \in [-1,1]$。当输出门的值接近 0 时,记忆细胞信息仅自己保留;当输出门的值接近 1 时,记忆细胞信息将传递到隐藏状态供输出层使用。

2)双向长短期记忆模型

LSTM 模型中的状态转移是单向的,这意味着单向的 LSTM 模型在文本训练中往往只能学习上文信息而忽略了下文信息。为了更好地完成微博用户分类任务,本节研究采用 BiLSTM 模型来完全利用微博帖子上下文信息进行训练。BiLSTM 模型是一个前向 LSTM 模型和一个后向 LSTM 模型的组合,当一个词向量被输入输入层时,BiLSTM 模型从前后两个方向学习,两个 LSTM 模型在同一时刻的状态共同决定了输出。LSTM 模型从前向后的更新公式如下:

$$\overrightarrow{h}_n = H(W_{x\overrightarrow{h}} x_n + W_{\overrightarrow{h}\overrightarrow{h}} \overrightarrow{h}_{n-1} + b_{\overrightarrow{h}})$$

LSTM 模型从后到前的更新公式表示如下:

$$\overleftarrow{h}_n = H(W_{x\overleftarrow{h}} x_n + W_{\overleftarrow{h}\overleftarrow{h}} \overleftarrow{h}_{n+1} + b_{\overleftarrow{h}})$$

叠加两层 LSTM 模型后，输出层表示如下：

$$y_n = W_{\overrightarrow{h}y_n}\overrightarrow{h}_n + W_{\overleftarrow{h}y_n}\overleftarrow{h}_n + b_{y_n}$$

两个 LSTM 模型的输出向量 $\overrightarrow{h}$ 和 $\overleftarrow{h}$ 是 BiLSTM 模型在时刻 n 上的输出 y_n；x_n 是词嵌入后在时刻 n 上的向量表示；W 是权重；b 是偏差；H 是隐藏单元的数量。

3）注意力机制

在新浪微博语料库中，并非所有的词都对微博帖子的语义表达有影响。注意力机制的主要功能是将更多的注意力分配给关键词，而减少对其他部分的关注。因此，本节研究引入注意力机制来关注微博文本中的重点局部特征，同时选择性地忽略其他特征。在实际过程中，赋予重要的局部文本序列较高的权重，这样就可以起到注意关键词的作用。注意力机制的具体计算公式如下：

$$u_t = \tanh(W_w h_t + b_w)$$

$$\varphi_t = \frac{\exp(u_t^T u_w)}{\sum_t \exp(u_t^T u_w)}$$

$$V = \sum_t \varphi_t h_t$$

其中，W_w 和 b_w 分别是注意力机制模型的权重和偏差；h_t 是 BiLSTM 模型层的输出；u 也是权重值；φ_t 计算结果代表文本中每个词的重要性信息；V 是注意力模型计算的输出向量。

（三）分类模型评估

本节研究同时评估了多个机器学习和深度学习模型，如支持向量机（support vector machine，SVM）模型、CNN 模型、BiLSTM 模型和 CNN＋LSTM 模型，以验证 BiLSTM＋ATT 模型的稳定性。标注的语料库按 80% 和 20% 的比例分成两个子样本，分别作为训练集和测试集。以下指标用来评估深度学习模型的性能：精度（precision）、召回率（recall）和 F_1（即精度和召回率的调和平均值）。相关定义式如下：

$$P = \frac{TP}{TP+FP}$$

$$R = \frac{TP}{TP+FN}$$

$$F_1 = \frac{2PR}{P+R}$$

其中，P 和 R 分别为精度和召回率，TP（true positive）表示将正样本预测为正例的数目,FP(false positive)表示将负样本预测为正例的数目,FN(false negative)表示将正样本预测为负例的数目。如表 6-1 所示,BiLSTM+ATT 模型的整体性能优于其他所有模型。因此,本节研究选择 BiLSTM+ATT 模型进行用户分类。

表 6-1 训练文本的人工标注数和模型性能比较

用户类别	标注数/条	分类模型	模型评估		
			精度	召回率	F_1 分数
官方用户	64 065	SVM	0.92	0.27	0.42
		CNN	0.86	0.81	0.83
		BiLSTM	0.84	0.85	0.85
		CNN+LSTM	0.85	0.87	0.86
		BiLSTM+ATT	0.86	0.88	0.87
个人用户	64 065	SVM	0.57	0.98	0.72
		CNN	0.82	0.86	0.84
		BiLSTM	0.85	0.84	0.85
		CNN+LSTM	0.86	0.85	0.86
		BiLSTM+ATT	0.88	0.85	0.86

(四)数据描述

在进行了基于深度学习的自动文本分类后,本节研究分离出属于官方用户的 914 716 条微博帖子和来自 129 225 名个人用户的 234 527 条微博帖子,用以进行后续的研究分析。平均而言,从 2016 年 1 月 1 日至 2021 年 6 月 30 日,新浪微博平台上平均一天约有 572 条关于新能源汽车的讨论帖子。总的来说,除去没有性别数据的个人用户,本节研究共收集了 172 279 条来自男性个人用户的微博帖子和 61 518 条由女性个人用户撰写的微博帖子。

(五)情感分析

情感分析是对包含情感信息的主观非结构化数据进行分析、处理、归纳和推理的过程。情感分析既是一种常见的自然语言处理方法,也是一种利用一些情感指标来量化定性数据的方法。根据处理文本的粒度不同,情感分析可以大致分为:单词级、句子级和章节级。在本节研究中,情感分析的目的是估算每条微博帖子的情感值。大多数基于机器学习算法的情感分析都采用有监督学习方法,有监督学习方法需要大量的标注数据通过连续的训练和迭代建立模型,然而,对海量数据进行人工标注和分类是一项非常困难和耗时的工作,因此,本节研究选择了一种基于情感词典的无监督学习方法。情感值的计算过程如图6-6所示。

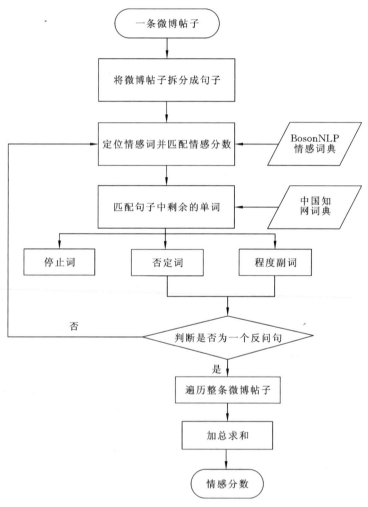

图6-6 情感值的计算过程

计算情感值的步骤如下:

① 对大于句子粒度的微博文本进行分句操作,并将句子作为最小的分析单位。

② 对句子中的词语进行分析,并与情感词典进行匹配。值得一提的是,本

节研究采用了 BosonNLP 情感词典,BosonNLP 情感词典是一个由以数百万计的情感标注数据自动构建的情感极性词典。由于标注数据的范围包括新浪微博数据,BosonNLP 情感词典包括了一些互联网术语和非正式缩写,对非标准文本的覆盖率很高。因此,使用 BosonNLP 情感词典来探究微博帖子中个人用户的情感倾向。

③ 根据知网词典匹配句子中的停用词、否定词和程度副词,处理句子的过渡和修辞逻辑。

④ 根据情感词、极性、情感程度和修辞逻辑等因素的不同进行加权求和,得到整个句子的情感值。情感值的具体计算规则如表 6-2 所示(Sun Y, et al.,2020)。

⑤ 对微博帖子中的每一个单句进行遍历计算,加权求和后输出该条微博帖子的情感值与情感倾向。

表 6-2 情感值的具体计算规则

句子格式	计算公式
S	$V = \sum_{i}^{n} S_i$
$D + S$	$V = D_i \times \sum_{j}^{n} S_j$
$P + S$	$V = (-1)^N \times \sum_{i}^{n} S_i$
$R + S$	$V = (-1) \times \sum_{i}^{n} S_i$
$P + D + S$	$V = (-1)^N \times D_i \times \sum_{j}^{n} S_j$
$R + P + D + S$	$V = (-1)^{N+1} \times D_i \times \sum_{j}^{n} S_j$

注:S——情感词;D——程度副词;P——否定词;R——反问词;V——情感值。

(六) 主题挖掘

latent Dirichlet allocation(LDA)主题模型是 Blei D M 等人提出的一种概率语言模型。近年来,随着文本分析任务的不断涌现,使用 LDA 主题模型的研究越来越多(Huang H, et al.,2022)。LDA 主题模型在文本分析范畴的应用旨在通过无监督学习从文本中发现隐含的语义维度。作为一个文档生成模型,LDA 主题模型的假设是一个文档包含多个主题,每个主题对应不同的词语。生成文档的过程是先以一定的概率选择某个主题,然后在该主题下以一定的概率选择某个词语,重复这个过程,直到整篇文章生成。LDA 主题模型的概率图模型如图 6-7 所示,其中,M 是文档的数量;K 是主题的数量;N_m 是第 m 篇文档中的总词数；α 是每个文档的主题分布的先验 Dirichlet 分布的参数；β 是每个主题下的词分布的先验 Dirichlet 分布的参数；$z_{m,n}$ 是第 m 篇文档中第 n 个词的主题；$w_{m,n}$ 是第 m 篇文档中的第 n 个词；隐含变量 θ_m 和 φ_k 分别表示第 m 篇文档下的主题分布和第 k 个主题下的词语分布。LDA 主题模型的生成过程可以简化成如下步骤。

①对主题采样 $\varphi_k \sim \mathrm{Dir}(\beta), k \in [1, K]$。

②对语料中的第 m 篇文档，$m \in [1, M]$：采样概率分布 $\theta_m \sim \mathrm{Dir}(\alpha)$；采样文档长度 $N_m \sim \mathrm{Poisson}(\xi)$。

③对第 m 篇文档中的第 n 个词，$n \in [1, N_m]$：选择隐含主题 $z_{m,n} \sim \mathrm{Multinomial}(\theta_m)$；生成一个单词 $w_{m,n} \sim \mathrm{Multinomial}(\varphi_{z_{m,n}})$。

LDA 主题模型中的一个关键问题是需要预先设定主题个数 K，一些研究建议使用困惑度(perplexity)来评估主题模型。困惑度是一种衡量自然语言处理中语言模型好坏的指标，困惑度在测试数据的可能性中单调递减，并且在代数上等于每个词几何平均数的可能性的倒数，具体公式为：

$$\mathrm{preplexity}(D_{\mathrm{test}}) = \exp\left\{-\frac{\sum_{m=1}^{M} \log p(w_m)}{\sum_{m=1}^{M} N_m}\right\}$$

其中，w_m 表示文本文档 m；N_m 表示文档 m 中的单词数。此外，较低的困惑度分数表示更好的模型聚类效果。本节研究将基于 LDA 主题模型，对情感分析后的微博帖子进行深度挖掘，以揭示不同性别的用户对新能源汽车不同情感的驱动因素。

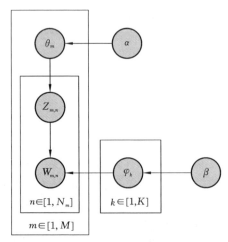

图 6-7　LDA 主题模型的概率图模型

二、公众关注度分析

(一) 微博用户对新能源汽车的关注度

本节通过深度学习模型将新浪微博用户根据其微博帖子的文本内容分类为个人用户和官方用户,其中官方用户的占比要远大于个人用户。本节研究根据用户在一定时期内发布有关新能源汽车的帖子数量来衡量用户对新能源汽车的关注度。图 6-8 显示了从 2016 年 1 月到 2021 年 6 月新浪微博用户对新能源汽车关注度的变化趋势。就新浪微博用户而言,可以发现个人用户和官方用户对新能源汽车的关注度都有着比较稳定的增长。然而,从用户的月均发博量来看,官方用户的发博量要大于个人用户。尽管越来越多的个人用户开始关注新能源汽车,但个人用户的月平均发博量始终只保持在 1.5 条左右,这表明大多数个人用户对新能源汽车的关注仅停留在表面。

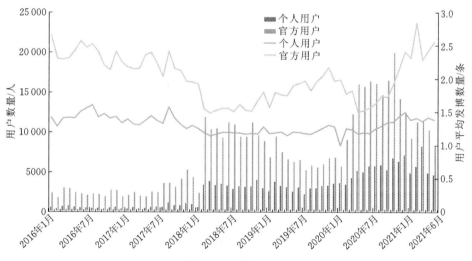

图 6-8 用户数量与用户月均发博数量变化

(二) 个人用户对新能源汽车关注度的变化趋势

将个人用户作为研究对象,对于探究消费者对新能源汽车的关注度和情感,以及评估他们对新能源汽车政策的态度具有重要意义。这是因为与官方用户不同,来自不同地区的个人用户可以在社交媒体上无障碍地表达他们的个人观点,这使得他们更能代表公众或潜在私人消费者。不同性别的个人用户对新能源汽车的关注度如图 6-9 所示,虽然男性用户和女性用户对新能源汽车关注度的变化趋势有着一定的相似性,但在关注度大小和关注度增长率方面有着显著的性别差异,男性用户有着更高的关注度和更高的关注度增长率。在整个研究期间,男性用户发博数量都要远高于女性用户。

如图 6-9 所示,2018 年 2 月至 2018 年 3 月期间,个人用户对新能源汽车的关注度急剧上升。表 6-3 和表 6-4 分别列出了 2018 年 2 月和 2018 年 3 月所有相关微博帖子的出现次数较多的词语分析结果。除了用于爬虫检索的关键词,如"新能源汽车""电动汽车"等,"补贴"和"政策"两个词语的出现次数占比在 2018 年 3 月有了较大幅度的增加,也就是说伴随着有关于"补贴"和"政策"的微博帖子数量增加,个人用户对新能源汽车的关注度也有了显著的提高。下面列举几个出现在 2018 年 3 月中具有代表性的微博帖子:①"我觉得新能源汽车的发展不能长期依赖政府的政策补贴,关键还是要通过技术创新实现快速降低成本的目标,使新能源汽车具有相应的成本竞争力,与燃油汽车竞争";②"受新能源汽车补贴下降的影响,电动公交车的盈利能力明显下降"。2018 年 2 月 12 日,财政部、科技部、工业和信息化部、国家发展改革委联合发布了《关于调整完善新能源汽车推广应用财政补贴政策的通知》,这项政策明确规定,2018 年新能源客车和新能源专用车的补贴标准降低,在 2018 年 2 月 12 日至 2018 年 6 月 11 日的政策过渡期内,新能源汽车将按照上一年对应补贴标准的 0.4~0.7 进行补贴(燃料电池汽车补贴标准不变)。随着政府对新能源汽车的补贴退坡,个人用户对新能源汽车的关注度明显提高。

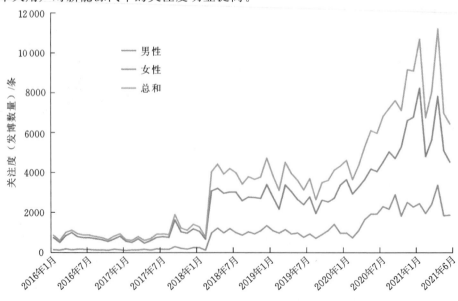

图 6-9 用户关注度变化

表 6-3　2018 年 2 月词表

词语	出现次数占比
新能源汽车	0.927
电动汽车	0.809
电池	0.192
充电	0.165
中国	0.141
科技	0.116
智能	0.094
补贴	0.078
动力	0.044

表 6-4　2018 年 3 月词表

词语	出现次数占比
新能源汽车	0.942
电动汽车	0.811
补贴	0.191
能源	0.128
电池	0.099
燃油	0.063
政策	0.050
过渡期	0.045
动力	0.043

（三）个人用户对新能源汽车关注度的区域差异

中国拥有世界上最大的新能源汽车市场，但新能源汽车在不同省级行政区的受关注程度不尽相同。不同省级行政区对新能源汽车的关注度会受到常住人口数量、地方政策和当地基础设施建设的影响，鉴于这种情况，为了从更细致的角度探索各省级行政区居民对新能源汽车关注度的差异和变化趋势，本节研究对微博帖子地理位置信息进行了统计分析，大约 99.67% 的微博帖子中显示地理位置信息。尽管一些微博帖子的地理位置信息显示位于海外，但数量在整个样本中只占很小的比例。因此，本节研究的样本在一定程度上代表了全国范围内的消费者。

图 6-10 展示了 2016 年至 2021 年对新能源汽车关注度最高的 6 个省级行政区，可以发现个人用户对新能源汽车的关注度存在地区差异。广东省、上海市和北京市作为中国发达的省级行政区和政策实施的试点示范区，自 2016 年一直保持着前三位的关注度。其余关注度较高的省级行政区主要位于东部沿海地区。可以预见的是，微博帖子数量与人口密度高度相关。此外，在这样广阔的地理区域的背景下，新能源汽车续航不足的问题可能会被放大，使人们更容易选择燃油汽车而不是新能源汽车。

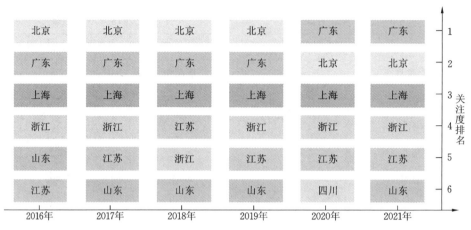

图 6-10　关注度变化趋势与区域差异

三、新能源汽车情感产生机制研究

（一）新能源汽车情感的异质性分析

新能源汽车情感异质性分析的数据来源于新浪微博平台。通过计算个人用户微博帖子的情感值可以发现，对新能源汽车持有积极、消极和中性情感的个人用户比例分别为 90.11%、9.13% 和 0.76%。如表 6-5 所示，男性用户发表的微博帖子中，情感消极的比例略低于女性，说明女性用户对新能源汽车的态度相对来说比男性更负面。2016 年 1 月 1 日到 2021 年 6 月 30 日的个人用户情感变化趋势如图 6-11 所示，情感变化趋势呈现出一条波动的曲线。结果表明，女性用户的情感值相比男性用户波动较大，女性用户和男性用户对新能源汽车的情感平均值都大于 0，分别为 24.42 和 25.94，这说明个人用户对新能源汽车总体表现出积极的情感与态度。

表 6-5　对新能源汽车的消极、中性和积极情感的性别差异

性别	情感		
	消极	中性	积极
男性	8.58%	0.68%	90.74%
女性	10.68%	0.98%	88.34%

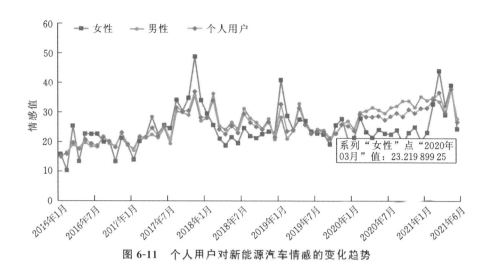

图 6-11　个人用户对新能源汽车情感的变化趋势

（二）对新能源汽车情感的产生机制分析

对于微博平台爬取的文本，本节研究使用 LDA 主题模型对不同性别用户的消极和积极情感进行识别和分类，以便进一步探究其形成机制。在进行主题分析之前，有必要确定最优主题聚类的主题数量，本节研究选用困惑度指标来初步评估主题建模，将主题数量设置为 2～50 个，以获得困惑度随着主题数量变化而变化的曲线，如图 6-12 所示。为了更加精确评估主题建模，本节研究还使用 PyLDAvis 包对聚类结果进行可视化以评估聚类效果。PyLDAvis 包将主题分布到两个维度，如图 6-13 所示，每个气泡代表了一个主题，气泡之间的距离表示主题之间的接近程度。根据可视化结果，本节研究手动调整了最优主题数量。

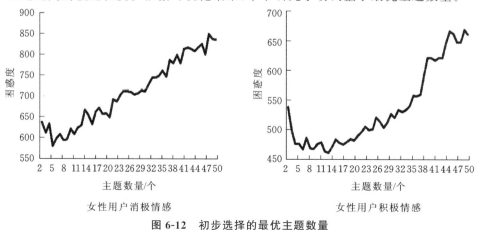

图 6-12　初步选择的最优主题数量

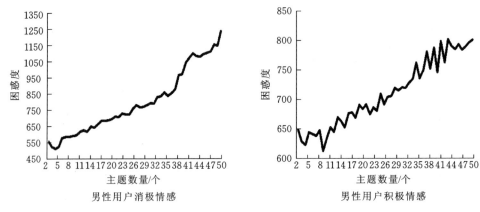

男性用户消极情感 男性用户积极情感

续图 6-12

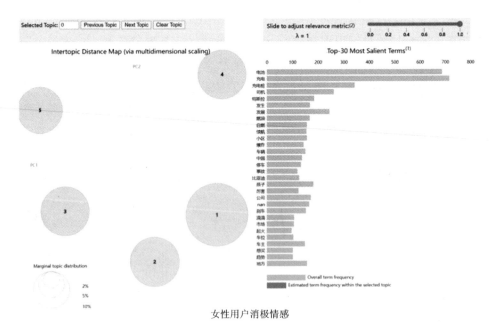

女性用户消极情感

图 6-13 LDA 聚类结果分布

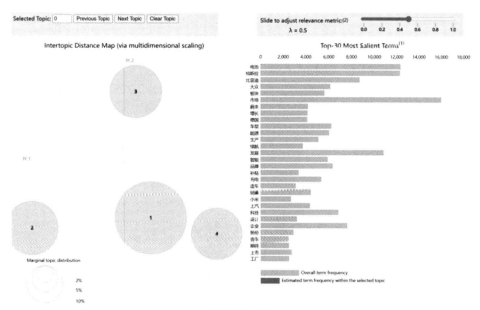

女性用户积极情感

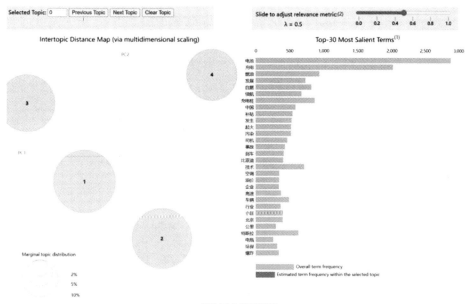

男性用户消极情感

续图 6-13

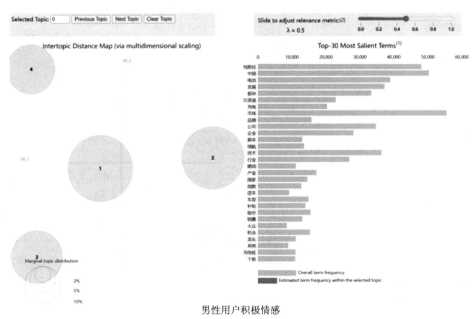

男性用户积极情感

续图 6-13

表 6-6 显示了女性用户对新能源汽车消极情感的主要来源,根据关键词的分布,主要确定了 5 个主题:家庭、配套设施、技术担忧、交通问题和人身安全。根据各个主题的关键词可知,新能源汽车在家庭日常通勤体验方面引起了女性用户的消极情感,配套设施的不足也导致了其消极情感。此外,对新兴技术、人身安全和交通问题的担忧也是导致女性消极情感的因素。

表 6-6 女性消极情感主题和关键词分布

主题	主题号	关键词及其出现次数占比
家庭	主题1	孩子(0.0153)、回家(0.0117)、通勤(0.0106)、母亲(0.0088)、晕车(0.0088)、父亲(0.0053)、儿子(0.0047)、女儿(0.0023)
配套设施	主题2	充电(0.0871)、充电桩(0.0465)、小区(0.0212)、停车(0.0181)、停车场(0.0141)、物业公司(0.0114)、政策(0.0092)、安装(0.0072)
技术担忧	主题3	电池(0.0950)、特斯拉(0.0255)、刹车(0.0180)、电池报废(0.0104)、自动驾驶(0.0058)、环境污染(0.0055)、电池寿命(0.0046)、电池回收(0.0030)

续表

主题	主题号	关键词及其出现次数占比
交通问题	主题4	交通规则(0.0115)、超车(0.0065)、交通堵塞(0.0064)、变道(0.0056)
人身安全	主题5	自燃(0.0240)、爆炸(0.0221)、驾驶事故(0.0184)、着火(0.0148)、故障(0.0059)、电流短路(0.0058)、车祸(0.0052)、死亡(0.0028)

如表6-7所示，表达女性用户积极情感的4个主要主题为生活在发达城市、国外品牌和技术、国内品牌和政策支持，以及股票市场。生活在规划良好的发达城市的女性，往往对新能源汽车有积极的情感。国外先进技术和国家对国内品牌的政策支持也是导致女性积极情感的重要因素。此外，女性对新能源汽车产业股票市场的看好也导致了其积极情感。

表6-7 女性积极情感主题和关键词分布

主题	主题号	关键词及其出现次数占比
生活在发达城市	主题1	未来(0.0134)、智能(0.0133)、环境友好型(0.0080)、生活(0.0065)、创新(0.0059)、城市(0.0059)、绿色出行(0.0053)、北京(0.0052)、上海(0.0039)、深圳(0.0025)、广州(0.0018)、基础设施(0.0017)
国外品牌和技术	主题2	特斯拉(0.0504)、大众(0.0252)、丰田(0.0068)、奥迪(0.0066)、马斯克(0.0064)、新车型(0.0063)、锂电池(0.0027)、概念车(0.0025)
国内品牌和政策支持	主题3	比亚迪(0.0373)、蔚来(0.0179)、销售增长(0.0148)、补贴(0.0144)、造车(0.0133)、小米(0.0115)、上市(0.0112)、政策优势(0.0038)
股票市场	主题4	板块(0.0249)、资金(0.0109)、指数(0.0092)、个股(0.0078)、产业链(0.0070)、能源行业(0.0057)、涨停(0.0055)、炒作(0.0027)

为了确定男性用户消极情感的产生机制，本节研究对其消极微博帖子进行了主题挖掘。如表6-8所示，研究确定了男性对新能源汽车消极情感的产生主要来自以下主题：配套设施、技术担忧、人身安全和补贴政策。导致男性消极情感的因素包括对新兴技术和人身安全的担忧，配套设施的不完善，以及国家对新能源汽车的过度补贴和汽车制造企业对补贴政策的滥用。

表 6-8 男性消极情感主题和关键词分布

主题	主题号	关键词及其出现次数占比
配套设施	主题 1	充电(0.0669)、充电桩(0.0290)、小区(0.0133)、停车场(0.0102)、物业(0.0080)、停车(0.0078)、安装(0.0052)、充电站(0.0046)
技术担忧	主题 2	电池(0.1037)、污染(0.0188)、电池报废(0.0065)、自动驾驶(0.0057)、电池寿命(0.0051)、电池回收(0.0051)、浪费(0.0044)
人身安全	主题 3	自燃(0.0330)、着火(0.0210)、事故(0.0175)、爆炸(0.0129)、危险(0.0052)、刹车失效(0.0048)、追尾碰撞(0.0041)、死亡(0.0027)
补贴政策	主题 4	补贴(0.0270)、人人造车(0.0116)、炒作(0.0098)、国家政策(0.0094)、疯话(0.0053)、失败(0.0046)、骗补(0.0045)、夸大(0.0020)

在对男性用户积极情感的主题分析中,分别从生活在发达城市、国家政策、股票市场和品牌竞争等角度确定了男性积极情感的产生机制,如表 6-9 所示。生活在规划良好的发达城市的男性用户和女性用户都对新能源汽车有积极情感。国家政策对新能源汽车发展的积极影响,也导致了男性用户的积极情感。男性用户在股票市场方面对新能源汽车产业持乐观态度,各汽车制造企业之间的良性竞争也促进了男性的积极情感。

表 6-9 男性积极情感主题和关键词分布

主题	主题号	关键词及其出现次数占比
生活在发达城市	主题 1	充电桩(0.0117)、智能(0.0087)、出行成本(0.0077)、城市生活(0.0063)、北京(0.0050)、共享(0.0047)、深圳(0.0028)、公共交通(0.0023)
国家政策	主题 2	中国(0.0381)、补贴(0.0106)、经济增长(0.0072)、战略规划(0.0044)、政府支持(0.0039)、产业链升级(0.0038)、工业转型和升级(0.0036)、配套基础设施(0.0023)、中国制造 2025(0.0018)、工业和信息化部(0.0015)、"双积分"政策(0.0015)、补贴退坡(0.0014)
股票市场	主题 3	板块(0.0285)、资金(0.0127)、股份(0.0125)、指数(0.0109)、龙头股(0.0095)、交易额(0.0029)

续表

主题	主题号	关键词及其出现次数占比
品牌竞争	主题4	特斯拉(0.0658)、蔚来(0.0179)、消费者(0.0045)、合作(0.0041)、降价(0.0029)、竞争(0.0020)、新闻发布会(0.0019)、新生态(0.0013)

四、结果分析与讨论

探讨个人用户对新能源汽车的关注度和情感可以为政府和汽车制造商提供有用的信息，以促进新能源汽车产业的发展。基于研究结果，本节研究详细讨论了个人用户对新能源汽车的关注度和情感的特点。就新浪微博用户对新能源汽车的关注度而言，研究表明，微博用户对新能源汽车的关注度持续增加。

从个人用户对新能源汽车关注度的变化趋势来看，男性对新能源汽车表现出比女性更多的关注，这可能主要是因为中国司机大部分是男性。根据中国公安部的数据，2020年全国机动车驾驶人数量为4.56亿人，其中男性驾驶人数量为3.08亿人，也就是说，男性驾驶人数量是女性驾驶人的两倍多。新能源汽车政策的实施和调整，无疑增加了人们的讨论，研究发现，个人用户对新能源汽车的讨论和关注随着政策的变化而增加。这可能是由于新能源汽车补贴政策影响了新能源汽车的价格，从而改变了人们的购买意愿和计划(Li W, et al.,2018)。

本节研究还发现个人用户对新能源汽车的关注度存在地区差异，这可能是由于不同的人口密度、政策宣传和配套设施水平导致的。可以看出的是新浪微博各地区用户的活跃度与人口密度高度相关。此外，新能源汽车政策的推广效果受地区人口密度的影响，虽然新能源汽车在全国范围内得到了推广，但不同地区的推广程度存在很大的差异。具体而言，在人口密度不同的地区，新能源汽车推广政策的传播速度不同(Chen C F, et al.,2020)，这就导致了人们对新能源汽车的关注度不同。中国西部和东北地区地域辽阔，人口密度相对较小，放大了新能源汽车电池续航不足的问题，所以充电基础设施的缺乏也影响了用户对新能源汽车的关注度。作为中国大陆新能源汽车销量最大的三个省级行政区(Ma S, et al.,2017)，广东省、上海市和北京市用户在整个研究时间段里对新能源汽车的关注度都很高。

在整个研究时间段中，个人用户对新能源汽车的情感总体是积极的。然而，男性和女性在情感波动和情感比例方面存在细微差异。鉴于这些细微差异对研究的影响可能并不显著，本节研究并没有对这些差异进行具体分析。总体而言，在对国家节能减排政策的响应方面，新能源汽车具有独特的优势能够被消费者接受和认可。虽然个人用户对新能源汽车的平均情感值正在提高,但仍需要给予消费者更多的过渡时间。

　　就女性对新能源汽车消极情感的产生机制而言,研究发现,家庭是导致女性消极情感的一个重要因素。与传统燃油车相比,新能源汽车的电机和制动能量回收系统使其具有更大的加速度,这导致了家庭成员在日常通勤中经常会出现晕车现象,这些不好的感受导致了消极情感。因此,为了改变女性对新能源汽车的消极情感,汽车制造商应该提高乘坐舒适度。配套设施也导致了女性的消极情感,这是因为中国在大规模应用充电桩方面还存在欠缺,而新能源汽车对充电桩的需求相对较高。国务院2015年发布的《关于加快电动汽车充电基础设施建设的指导意见》中指出,力争到2020年基本建成适度超前、车桩相随、智能高效的充电基础设施体系,满足超过500万辆电动汽车的充电需求。截至2021年9月底,全国新能源汽车保有量为678万辆,全国充电设施累计为210.5万个,新能源汽车与充电桩的比例约为3∶1。除了公共充电桩不足外,新能源汽车车主还面临着私人充电桩安装困难的问题。尽管有相关政策的支持,但私人充电桩的安装往往被小区物业公司所禁止。因此,为了缓解女性对新能源汽车的消极情感,政府应该增加全国路网中的充电桩数量,并监督政策的落实。虽然新能源汽车因其零污染排放而被广泛推广,但其电池的使用寿命一般为5年至8年,如果没有成熟的电池回收技术,报废电池将给环境带来灾难性的污染。此外,即使是世界公认的新能源汽车领导品牌,也曾发生过几起因自动驾驶而导致的交通事故。因此,加快技术进步,消除技术担忧是减轻女性消极情感的重要途径。关于新能源汽车自燃事故的频繁报道也对新能源汽车的推广存在负面作用,与燃油汽车相比,新能源汽车的话题性更强,新闻媒体更倾向于报道新能源汽车的自燃事故以增加其流量。然而,根据新能源汽车国家监测与管理平台公布的数据,燃油汽车起火的概率高于新能源汽车。为了减少女性对新能源汽车的消极情感,政府和汽车制造商应该加大对新能源汽车安全性的宣传。女性对新能源汽车产生消极情感的原因还涉及交通问题,为了减少女性对新能源汽车的消极情感,交通管理部门应该加强对非法交通行为的监督。

　　就女性对新能源汽车积极情感的产生机制而言,本节研究表明,生活在发达城市是导致其积极情感的一个重要因素。基础设施的完善在普及新能源汽车方面起着至关重要的作用(Wang Z, et al.,2017c)。北京、上海、广州和深圳等一线城市由于在发展新能源汽车方面起步较早,基础设施相对完善,同时,由于这些城市是政策实施的中心或先行示范区,其居民可以享受到早期各种政策推广所带来的政策红利(Zhang L and Qin Q D,2018),因此,生活在发达城市的女性对绿色出行等环境友好型生活方式的接受程度更高,这一结论与前文提到的个人用户对新能源汽车关注度的区域差异是一致的。近几年中国自主汽车品牌快速发展，国内外新能源汽车的技术差距已经明显缩小。然而，外国汽车品牌在电池和电机等核心技术方面仍有优势。因此，国外品牌和技术通过给予消费者更多选择使女性对新能源汽车持积极情感。国内品牌和政策支持对新能源汽车的推广也有积极作用，这也导致了女性的积极情感。得益于强有力的补贴政策，无论是比亚迪等传统车企，还是蔚来等新兴车企，都通过准确的市场分析和大力的创新，在新能源汽车市场上占据重要位置，消费者也可以用较低的价格购买新能源汽车（Chen C，et al.，2019a）。最后，女性对新能源汽车产生积极情感的原因还涉及股票市场，表明女性对新能源汽车相关股票持乐观态度。

从男性对新能源汽车消极情感的产生机制来看，配套设施、技术担忧和人身安全是重要因素，而家庭和交通问题并不会引起男性的消极情感。与女性相反，补贴政策导致了男性的消极情感，这是因为在中国新能源汽车的早期发展阶段，一些企业通过政策漏洞骗取补贴，导致了国内新能源汽车产业发展停滞不前。国有财产的损失引发了男性的消极情感，为了保证新能源汽车的良性可持续发展，政府应建立完善的补贴政策内容和监管体系。

从男性对新能源汽车积极情感的产生机制来看，与女性类似，生活在发达城市和股票市场是重要因素。此外，国家政策对新能源汽车的发展有积极作用，这也导致了男性的积极情感。国务院发布的《中国制造2025》提出，要继续支持电动汽车和燃料电池汽车的发展，掌握汽车低碳化、信息化、智能化核心技术。从新能源汽车补贴政策的演变来看，从最初的补贴政策到补贴退坡政策，最后到新能源汽车"双积分"政策，国务院和各部委主导的政策加速了国内新能源汽车的产业化进程，从而引发了男性的积极情感。品牌竞争也是导致男性对新能源汽车产生积极情感的一个重要因素，国内外新能源汽车品牌之间的竞争，不仅使消费者享受到更高性价比的产品，也促进了中国汽车企业的发展，加大了各车企的创新力度。因此，品牌竞争导致了男性的积极情感。

第三节 基于知乎社区话题的情感分析

一、数据收集与处理

（一）数据来源

上一节内容展示了对中国最大的社交媒体平台之一——新浪微博的用户生

成的新能源汽车相关话题的情感分析。为了进一步丰富研究内容,扩大研究对象,尤其是年轻人群体,本章第二个研究的数据来自中文互联网高质量的问答社区、高质量创作者聚集的原创内容平台——知乎。经过十几年的发展,截至2023年第二季度,知乎平均月活跃用户已达1.094亿人,已成为国内互联网最大的知识社交平台之一。知乎社区以问答业务为基础,用户以受教育程度较高的年轻群体为主,其提问的形式能够有效地展示用户对新能源汽车这一新兴事物的关注点,其回答的形式则能够有效地反映用户对该话题及事物的认知与态度。

(二)数据采集

本节研究以"新能源汽车"为关键词,在知乎平台上检索了相关讨论。经观察,知乎话题下的帖子可分为两类,一类是提问回答式,另一类是传统的文章式,如图6-14和图6-15所示。提问问答式,由用户提出感兴趣的问题,再由其他具有相关经验或知识的用户进行分享和解答;文章式内容类似于其他社区的推文,主要由利益相关用户来进行发布,比如推广广告等。考虑到文章式帖子的数量相对较少,且大多数内容为搬运文章,用户讨论的活跃度较低,缺乏情感分析所需要的真实用户生成内容,因此,本节研究将文本采集范围限定在提问回答式帖子类型上,并使用后羿采集器对新能源汽车话题下的所有提问和回答进行了全面爬取。

图6-14 提问帖示例

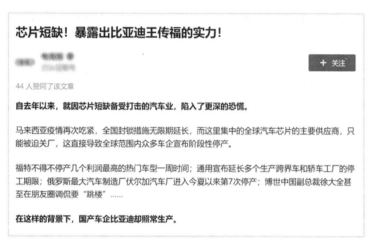

图 6-15 文章帖示例

爬取内容按照提问和回答分为两个大类,与提问相关的文本信息包括帖子 ID、帖子日志 ID、标题、问题描述、问题提出时间,与回答相关的文本信息包括对应帖子 ID、对应标题、评论全文、回答最后编辑时间。文本爬取时间为 2021 年 10 月 26 日至 2021 年 11 月 1 日,爬取了发布时间为 2019 年 1 月 1 日至 2021 年 10 月 26 日的所有相关帖子,共爬取到 541 个问题及 11 884 个回答。接下来对收集到的文本进行筛选和处理,首先通过关键词搜索将含有"购买""买车""会买""想买"等与购买意愿相关的文本筛选出来,然后人工识别相关主帖,且排除问题回答数为 0 个的帖子。在此基础上对文本进行去重,并人工审查删除无效项,最终得到 69 个提问主帖及该提问下的 2236 条回答文本(共计 1 279 652 字),构成本节研究的文本数据库。

(三)数据预处理

1. 中文分词

文本挖掘中最重要的一个环节是分词,该环节的目的是将初始文本拆分为具有分析意义的最小信息单位。目前使用较为广泛的分词方法包括三种类型:①基于字符串匹配的分词;②基于理解的分词;③基于统计的分词。基于字符串匹配的分词是通过一定的策略,将待分析的文字串与一个大型词典中的词条进行匹配,如果在词典中能够找到某个字符串,则表示匹配成功;基于理解的分词是通过让计算机模拟人,对句子进行理解,从而达到识别的效果,但是,由于中文语言系统较为复杂,目前难以将各种信息转化为计算机可以直接读取的形式,因此该方法仍处于试验阶段;基于统计的分词是在给定的、已经分词的文本的基础上,通过统计机器学习模型,学习词语切分的规律,从而实现对未知文本的分词。

本节研究利用 Python 中的 Jieba 模块进行分词,Jieba 分词工具属于概率语言模型分词工具。概率语言模型分词工具的任务是在全切分所得的所有结果中求某个切分方案 S,使得 $P(S)$ 最大。Jieba 分词工具支持三种主要的分词模式。①精确模式。将句子最精确地切分,保证分词结果的准确性。它试图找到所有可能的词语组合,以达到最精确的切分效果,适用于需要对文本进行深入的语义分析,要求高精度的场景。②全模式。将句子中所有可能成词的词语都扫描出来,无视语境,但可能会产生一些歧义。全模式的目标是涵盖文本中的所有可能词语,适用于需要对文本进行整体性的统计分析,不要求高精度的场景。③搜索引擎模式。在精确模式的基础上,对长词再次进行切分,提高召回率。它既保留了精确模式的准确性,又兼顾了全模式的召回率,适用于搜索引擎等需要综合考虑准确性和召回率的场景,能够较好地平衡分词效果。在本节研究的文本挖掘任务中需要准确理解每个词的语义,从而获得每个文本的情感得分,因此选择采用精确模式。Jieba 分词工具的三种模式如图 6-16 所示。

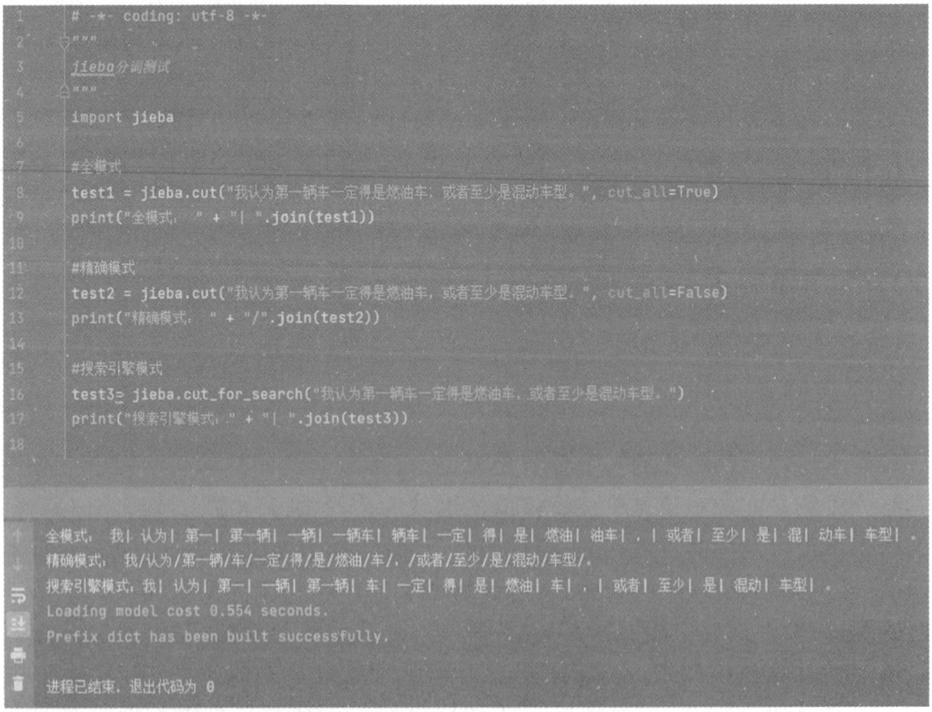

图 6-16　Jieba 分词工具的三种模式

2. 构建自定义词典

由于本节研究的文本为新能源汽车领域的在线评论,其中涉及许多汽车领域的专业词汇,Jieba分词工具中自带的词库无法识别出这些专业领域的词汇,因此需要通过构建自定义词典来提高分词的准确性。本节研究构建的自定义词典主要来自清华大学开放中文词库THUOCL,THUOCL是由清华大学自然语言处理与社会人文计算实验室整理推出的一套高质量的中文词库,词表来自主流网站的社会标签、搜索热词、输入法词库等。其汽车词库包含了大部分汽车类词汇,如"轿车""车展""前挡风玻璃"等,相关词条数量为1752条。除此之外,还添加了"新能源汽车""充电桩""充电站"等固定搭配词汇,"蔚来""小鹏""理想"等造车新势力品牌词汇,以及"电车""油车""纯电""混动""插混"等网络常用的缩写词汇。通过合并去重,最终共得到1802个新能源汽车专业词汇,其构成本节研究使用的新能源汽车领域自定义词典,构建自定义词典后的分词效果如表6-10所示。

表 6-10 构建自定义词典后的分词效果

分词过程	举例
文本	随着新能源汽车的迅猛增长,与不断增加的新能源汽车的保有量相比,充电桩建设仍显不足
原始分词	随着/新能源/汽车/的/迅猛/增长/,/与/不断/增加/的/新能源/汽车/的/保有量/相比/,/充电/桩/建设/仍显/不足/
构建自定义词典后	随着/新能源汽车/的/迅猛/增长/,/与/不断/增加/的/新能源汽车/的/保有量/相比/,/充电桩/建设/仍显/不足/

3. 去停用词

去停用词是数据预处理中重要的一步,它不仅能够节省存储空间,还能够提高搜索效率。在进行分词后,常常会得到许多对数据分析无帮助的词语,例如"啊""哦""额",这些字或词若不删除将会严重影响后续的分析,因此,在数据预处理的过程中需要将这些停用词(stop words)进行剔除。停用词通常包括介词、副词、语气词、连词等。现有研究已有许多成型的停词表,因此,本节研究将哈尔滨工业大学停用词表、四川大学机器智能实验室停用词表及百度停用词表合并后去重,形成本节研究使用的停用词表。

(四)数据分析方法

1. 情感分析

情感分析指用自然语言处理、文本挖掘以及计算机语言学等方法来识别和提取原素材中的主观信息(如观点、情感、态度、评价等),情感分析的过程就是对这些主观信息进行提取、分析、归纳和推理的过程。当前的情感分析技术主要分为两类,一是基于规则(情感词典)的方法,二是基于统计学习的方法。第一种基于规则的方法,是根据情感词典所提供的词的情感倾向性信息,结合语言知识和统计信息,进行不同粒度下的情感分析。第二种基于统计学习的方法主要研究如何在文本表示层面寻找更加有效的情感特征,以及如何在机器学习模型中合理地使用这些特征。

2. 主题分析

本研究利用 LDA 主题模型来提取情感文本的主题。情感文本分为积极情感文本和消极情感文本,并分别进行 LDA 主题聚类,进而获得新能源汽车领域中涵盖积极情感的主题和涵盖消极情感的主题。这些主题可以被看作具有相似主题内容的文本集合。为了进一步了解这些主题的含义,根据获得的主题词对每个主题进行推断,这意味着从主题模型中获得的主题可以通过主题词来描述,并能够更好地理解新能源汽车领域中积极和消极情感主题的相关内容。通过本节研究的方法,可以在语料库中快速获得一组可解释的主题,从而深入研究新能源汽车话题下的积极和消极情感主题,这有助于更全面地理解公众对新能源汽车的态度、情感和观点,为相关领域的决策和发展提供有价值的信息。

3. 文本编码

扎根理论是一种著名的质性研究方法,其主要宗旨是在经验资料的基础上建立理论。扎根理论的操作方法中,最核心的一环是对资料进行逐级编码,一共包括了三个级别的编码。为了更好地对资料进行整理,本节研究借助 NVivo 软件开展编码工作。NVivo 是由美国 QSR 公司(Qualitative Solutions and Research Pty Ltd.)开发设计的一款计算机辅助质性数据分析软件,最大的优势在于其强大的编码功能,可以对广泛的研究主题进行整合,使得研究者快速捕捉文本中的信息点(王光明,等,2014)。首先将材料进行格式整理,导入 NVivo 11 Plus 软件中,界面如图 6-17 所示。然后将所有文本数据对应编码到节点,形成编码参考点:①进行开放编码,在这一步需要以开放的态度对文本进行检视,提取文本中的原始信息点,并对文本进行标记;②在开放编码的基础上进行轴心编码,这一步是将相似含义的概念进行整合,归纳形成类属或维度;③选择编码,这一步需要将所有类属通过一个整合图示联结起来,体现在软件中即二级节点和一级节点的从属关系。所有编码工作完成后,在 NVivo 11 Plus 软件中导出完整的编码层次图。

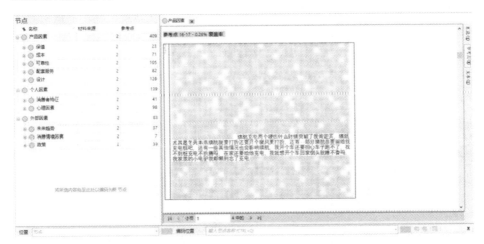

图 6-17　NVivo 11 Plus 编码界面

二、新能源汽车话题情感分析

(一) 情感的划分

情感分析是一种对现实的看法、态度和情感的研究,侧重于识别文本中表达的情感,然后对其进行解释。因此,情感分析研究的主要目标是识别文本中的内容,识别情感,然后将它们的情感极性分为正面、负面和中立面(Jena R,2020)。

本节研究采用 Python 的第三方库 SnowNLP 进行情感分析,SnowNLP 是一个基于 TextBlob 库的中文自然语言处理 Python 库。它可以根据其对中文文本的处理功能来对文本进行情感分析,操作简单且容易实现。文本的情感训练和预测是基于"文档-主题-词"的贝叶斯原理(张冬和魏俊斌,2021)。SnowNLP 对文本数据进行情感分析的步骤如下:

① 调取已分类的积极语料库(pos.txt)和消极语料库(neg.txt);
② 通过贝叶斯模型,计算出正负极性的先验概率 $P(pos)$ 和 $P(neg)$;
③ 计算每个词汇正负极性的后验概率 $P(词|pos)$ 和 $P(词|neg)$;
④ 选择其中概率较大的类别作为该词汇的正极性或负极性类别。

本节研究首先通过 SnowNLP 获得各情感词的情感得分,如图 6-18 所示,并将文本分为积极情感与消极情感两部分后,再分别对其进行下一步的主题分析。通过 SnowNLP 计算得出的情感得分在 0~1 之间,情感得分越接近于 0 则该条文本越倾向于消极情感,情感得分越接近于 1 则该条文本越倾向于积极情感。本节研究通过 SnowNLP 对获取到的每一条知乎评论进行打分,其中评分大于或等于 0.5 的评论视作积极情感文本,评分小于 0.5 的评论视作消极情感文本。最后对文本内的所有情感得分进行累加,并基于文本内的否定词设置情感极性,最终得到整个文本的情感得分。通过 SnowNLP 对整理出的 2236 条评论进行情感打分,最终得到积极情感文本 1189 条,消极情感文本 1047 条,情感占比如表 6-11 所示。

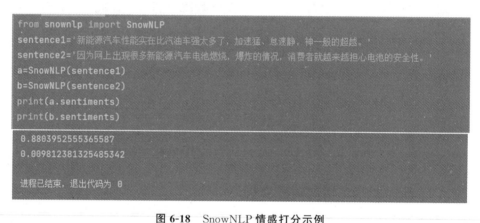

图 6-18 SnowNLP 情感打分示例

表 6-11 积极情感与消极情感评论占比

情感类型	出现次数	占比
积极情感	1189	53.18%
消极情感	1047	46.82%
总计	2236	100.00%

(二)情感主题聚类

为更好地了解消费者积极情感与消极情感产生的原因,本节研究将进一步通过情感主题聚类对文本主题进行分析。在通过 SnowNLP 的情感打分的基础上,将文本分为积极情感文本数据库与消极情感文本数据库,然后使用 LDA 主题聚类方法分别对两个数据库中的文本进行主题聚类。

由于 LDA 主题模型中的主题是由关键词组成的主题词向量,而不是一个完整的主题名,因此,研究者仍然需要在给定主题下,基于每个主题中的关键词与高相关性文档之间的逻辑联系推断每个主题并命名。由于文本数据的复杂性,在文本数据生成模型的过程中,可能会有一些不符合整体分布规律的离群样本(何佳讯,等,2021),这些样本会导致聚类结果出现一些无意义的词语或主题,因此,需要研究者在平衡话题衔接性和排他性的基础上进行人为调整,通过调整参数来降低无意义主题的数量,或对其进行剔除。

本节研究通过主题困惑度来确定 LDA 主题个数,困惑度的数值越低,则不确定性越小,模型聚类的效果越好。在确定初步的主题个数后,对"主题-词"进行分析,分析步骤为:

① 首先在原始文本中定位每一主题词的位置;
② 根据上下文推断该主题词描述的情景与现象;
③ 通过主题词推断该主题名称,得出初步主题名;
④ 对比各主题之间、同一主题下不同主题词之间的关系,检查是否有偏离值或无意义值需要删除;
⑤ 将所有的积极情感与消极情感主题、主题词进行上述分析后,得出最终的主题名与主题词。

1. 积极情感主题聚类

由图 6-19 可知,当主题数目 $k=8$ 时积极情感的模型困惑度达到最小,故在模型中 k 取值为 8,然后得到相应的主题结果和主题词。如表 6-12 所示,8 个主题分别为性价比、国产、限牌限号、从众心理、技术、品牌、使用场景、插混。

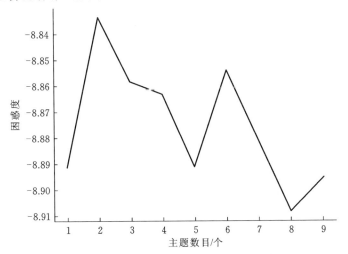

图 6-19　积极情感主题数目-困惑度变化情况

表 6-12 新能源汽车话题积极情感主题维度分析

主题号	主题	主题词及其出现次数占比
主题 1	性价比	降价(0.0133)、试驾(0.0114)、车型(0.0108)、设计(0.0075)、性价比(0.0071)
主题 2	国产	服务(0.0126)、补贴(0.0105)、中国(0.0101)、国产(0.0093)、不错(0.0087)
主题 3	限牌限号	省钱(0.0170)、混合(0.0139)、限牌(0.0118)、限号(0.0101)、车型(0.0098)
主题 4	从众心理	买(0.0036)、二手(0.0009)、涨(0.0008)、多人(0.0005)
主题 5	技术	增程式(0.0020)、dmi(0.0008)、路线(0.0005)、规划(0.0005)、寿命(0.0004)
主题 6	品牌	高端(0.0212)、行业(0.0090)、营销(0.0087)、相关(0.0081)、苹果(0.0072)
主题 7	使用场景	用途(0.0053)、多久(0.0004)、小孩(0.0003)、很香(0.0003)
主题 8	插混	插混(0.0110)、充电(0.0086)、买(0.0078)、续航(0.0077)、公里(0.0072)

注："dmi"指的是比亚迪 DM-i 超级混动技术。

主题 1,性价比。该主题聚焦于优秀的产品质量和较低的产品价格,具体体现为消费者对汽车性能和降价促销的满意程度。如表 6-13 所示,首先是"降价",该主题词反映在文本中主要指特斯拉在 2019 年至 2021 年的多次降价,由于特斯拉在国内占据了新能源汽车的大部分市场,其产品定价对国内其他品牌的新能源汽车定价有着至关重要的影响。2019 年,特斯拉上海超级工厂开工建设,原料与物流成本的极大节省给特斯拉带来了巨大的优势。面对国内的市场竞争压力,部分其他品牌的新能源汽车也实施了一定程度的定价下调,加之各地政府对新能源汽车进行的补贴和税收减免,整体而言,新能源汽车的价格逐渐被消费者所接受。"试驾""车型""设计"等主题词反映了消费者对汽车商品属性的感知和体验,说明近年来新能源汽车的产品质量和设计越来越能够吸引消费者。

表 6-13 积极情感主题 1 分析

主题词	出现次数占比	文本范例
降价	0.0133	我觉得特斯拉降价挺好的,降到 16 万~20 万元这个区间,感觉就要改变燃油车的市场了
试驾	0.0114	某些意向车主在试驾或试乘过理想 ONE 之后,觉得车很棒
车型	0.0108	同时流线型很好,拥有 50∶50 完美车身比例
设计	0.0075	极氪的定位是潮流科技,所以外观的设计和内饰的配置都是比较新潮先进的
性价比	0.0071	作为国产车里续航最长、配置最好的一款纯电动汽车,最低售价竟然只要 27 万多元,顶配版也只要 32 万多元,这性价比,不用我说,大家都会觉得高得离谱了吧

注:"文本范例"有改动。

主题 2,国产。该主题反映了消费者对中国新能源汽车产业的积极态度,具体体现为对中国发展新能源汽车整体趋势的共识,以及对国产新能源汽车产品和服务的认可。如表 6-14 所示,对于"服务"主题词来说,为了推广新能源汽车,国内许多厂商纷纷推出多样化的售后服务,例如,蔚来的移动充电车服务、比亚迪的电池终身质保服务等。这些服务对于缓解消费者对新能源汽车的续航、电池安全等顾虑有着显著的正向作用。而"补贴"则体现了我国对大力发展新能源汽车的经济激励。从 2009 年开始我国对新能源汽车实行补贴政策,各地方政府也纷纷推出相应的配套补贴。例如,深圳市政府在 2010 年 7 月出台了关于私人购买新能源汽车给予补贴的政策,该政策在国家政府补贴的基础上,对于纯电动汽车的购买进行 6 万元的追加补贴。根据测算,在该政策出台后,深圳私人购买纯电动汽车最高补贴可达 12 万元。尽管近年来补贴开始退坡,但国家层面和地方层面对于新能源汽车的部分优惠政策仍有保留和延续,依然是消费者的关注重心之一。

表 6-14 积极情感主题 2 分析

主题词	出现次数占比	文本范例
服务	0.0126	买蔚来车之后还会单独再送 3~10 次加电服务,以及可以购买每月 980 块钱的能量无忧(无限次免费充电的服务)
补贴	0.0105	中国近年来大力推广电动汽车,并为此进行了大量的补贴

续表

主题词	出现次数占比	文本范例
中国	0.0101	生在中国制造崛起的年代真是幸福
国产	0.0093	当然这个模式搞得好的话直接是一张国际名片,成为国产电动汽车在全球市场扩张的一张王牌
不错	0.0087	比如我之前和我老婆说,比亚迪唐真的不错

注:"文本范例"有改动。

主题3,限牌限号。主题分析如表6-15所示。该主题反映了新能源汽车在购买阶段和出行阶段的优势。我国为推动新能源汽车发展颁布了多层面多维度的扶持政策,除了前文提到的补贴和税收减免以外,在全国多个地区还实行不限牌、不限号的政策。有关不限牌的政策,如上海、广州、杭州等地新能源汽车享有免费新能源汽车专用号牌,无须竞拍。对于急需购车的消费者而言,新能源汽车号牌的易得性是一个巨大的吸引点,不仅能够解决摇号的难题,还能够节省购置车牌的成本。有关不限行、不限号的政策,如在西安,悬挂新能源专用号牌的车辆可在市内公交专用道行驶,夏季及冬季尾号限行期间,可在限行区域内的所有道路通行,同时享受在全市公共停车场停车前两小时免费的优惠政策;在北京,纯电动汽车不受工作日高峰时段或者重污染红色预警区域限行措施的限制,每周每天24小时均可上路行驶。对于使用汽车频繁的消费者来说,不限行、不限号的优势也将成为新能源汽车被青睐的原因之一。

表6-15 积极情感主题3分析

主题词	出现次数占比	文本范例
省钱	0.0170	如果在限牌城市,强烈推荐电动车,因为太省钱了
混合	0.0139	油电混合只适合被限牌又想买油车的人
限牌	0.0118	如果你在一些限牌照的大城市,基础设施比较完善,能提供及时的售后服务,只是日常上下班用作代步,可以选择新能源汽车
限号	0.0101	如果用车环境是在限行限号的大城市,新能源车的政策优势,让新能源车十分值得优先考虑
车型	0.0098	不仅有燃油车的便利,而且有纯电动车型的绿色牌照政策。戏谑归戏谑,我们首先要弄清楚在什么情况下需要纯电动车

注:"文本范例"有改动。

主题 4，从众心理。主题分析如表 6-16 所示。该主题反映了新能源汽车在消费者的认知上呈现出积极的市场现状及趋势。近年来，我国的新能源汽车市场呈现持续增长的态势。根据中国汽车工业协会的数据，2019 年中国新能源汽车产销分别完成 124.2 万辆和 120.6 万辆，2020 年产销分别完成 136.6 万辆和 136.7 万辆，2021 年 1—11 月新能源汽车产销分别完成 302.3 万辆和 299.0 万辆[①]。在原始文本中，能够发现许多评论中使用了"很多人买"的表述，这说明消费者对新能源汽车销售状况有着正向、客观的认知，乐观的市场现状有助于消费者产生积极的心理预期。在早期，中国的新能源汽车市场占比较小，这也导致了新能源汽车二手市场一直难以发展起来，并且相关的二手车交易也未形成规范，存在许多信息不对称和风险问题，导致交易异常困难。对于新能源汽车的潜在购买者来说，保值率、折旧率等相关参考指标不清晰也成为阻碍其购买的一个重要原因。从新能源汽车的话题讨论中可以发现，广泛的积极认知同样有助于改变消费者对新能源汽车二手交易与保值率的刻板印象，有利于新能源汽车二手市场的发展。

表 6-16　积极情感主题 4 分析

主题词	出现次数占比	文本范例
买	0.0036	但是不得不说，这么一辆车，卖这么贵，还有这么多人买，是有点本事的
二手	0.0009	说实话，已经有很多人在做新能源汽车的二手业务了，价格还是挺保值的
涨	0.0008	电动车销量的持续上涨，必然对几年后的二手燃油车保值率造成较大影响，很多人已经坐不住了
多人	0.0005	不啊，要是一无是处会有这么多人买吗

注："文本范例"有改动。

主题 5，技术。主题分析如表 6-17 所示。该主题聚焦于新能源汽车的技术讨论。新能源汽车可根据驱动能源分为四大类型：纯电动汽车（BEV）、混合动力汽车（HEV）、燃料电池电动汽车（FCEV）、其他新能源汽车。主题词"增程式"

---

① 中国汽车工业协会. 2021 年 11 月汽车工业经济运行情况简析[EB/OL]. (2021-12-10) [2022-1-1]. http://www.caam.org.cn/chn/4/cate_31/con_5235200.html.

和"dmi"属于混合动力汽车的相关技术。增程式电动汽车(range extend electric vehicle,REEV)内部装配了一台发动机,通过增程器让汽油为发动机提供能量,产生电力后输送给电动机,然后将发动机产生的电能储存在电池中,电池给电动机提供能量,进而驱动车辆行驶。"dmi"指的是比亚迪的 DM-i 超级混动技术,它以大容量电池和高性能大功率扁线电机为设计基础,依靠大功率高效电机进行驱动,而汽油发动机的主要功能是利用高效转速去发电,适时直驱。消费者关注混动技术的主要原因是纯电动汽车存在里程焦虑的问题,由于我国充电基础设施建设尚不完善,混合动力汽车能够有效消除消费者的这种担忧。但由于混合动力汽车内要集成纯电动汽车和燃油汽车两套完整的动力系统,因此混合动力汽车又具有成本较高、结构复杂、质量较重等劣势,而增程式和比亚迪 DM-i 两种混动技术的方案是近年来备受消费者关注和期待的解决方案。除了与混动有关的技术,从主题词"路线""规划""寿命"的文本中可以发现,这些词汇往往与电池技术挂钩,例如,电池技术路线、充电规划、电池寿命等。总的来说,消费者对电池技术的期待主要集中于充电效率与电池质量上。

表 6-17　积极情感主题 5 分析

主题词	出现次数占比	文本范例
增程式	0.0020	在当下这个阶段,各种插电式混动才是最优解,包括比亚迪的 dmi,理想的增程式
dmi	0.0008	电车请选择 PHEV、dmi、增程式
路线	0.0005	固态电池技术路线尚有不足,例如快充效率不佳、固态电解质导电率仅为电解液的十分之一
规划	0.0005	所以主打的营销方向应该是性能和智能,而智能确实应该包含充电规划
寿命	0.0004	与此同时,随着电池寿命的逐步延长,新能源车的保值率也会逐步提升的

注:"文本范例"有改动。

主题 6,品牌。主题分析如表 6-18 所示。该主题聚焦于新能源汽车的品牌视角,讨论的内容包括新能源汽车的品牌定位、市场地位、营销策略等。主题词"高端"体现了部分知名新能源车企的品牌定位,例如特斯拉、蔚来、小鹏等,同时,这个词也用于描述其他新能源汽车企业推出的高端车型,如比亚迪汉等。早年特斯拉通过首款车型 Tesla Roadster(纯电动超级跑车)在消费者心中树立了高端、卓越的形象。在近年,陆续崛起的国产造车新势力,如蔚来、小鹏、理想,也着重宣传自己的高端、豪华定位。除了汽车厂商主动宣传的定位,消费者们也看重企业在行业中的市场竞争关系与市场地位。在中国新能源汽车市场这个全新的竞争格局中,与"行业"主题词相关的讨论中,常见"对手""敌人""龙头""鲶鱼效应"。为树立良好的品牌形象,各企业的营销方法也是用户热衷讨论的话题,例如,提到蔚来更侧重于优质服务,小鹏主打自动泊车功能,比亚迪掌握核心科技刀片电池等。这些具有识别度的内容成为消费者眼中企业营销的重点。此外,研究还发现了一个特别的主题词"苹果",浏览文本中该词出现的场景可以发现,消费者在提起新能源汽车品牌时往往会拿苹果与华为、其他国产手机厂商(如小米、OPPO、VIVO)做对比。在部分消费者的心中,特斯拉与国产新能源汽车厂商的竞争,与苹果在中国手机市场中的竞争有着相似之处。同样作为美国的高新科技企业,两个品牌是否会有相似的历史发展轨迹,也成为消费者关注的话题之一。

表 6-18 积极情感主题 6 分析

主题词	出现次数占比	文本范例
高端	0.0212	首先,特斯拉通过 Roadster 跑车来吸引高端客户群体;然后用 Model S 来吸引中高端客户
行业	0.0090	除了宁德时代和比亚迪在这个行业是当仁不让的龙头外,欣旺达、德赛电池是从给苹果生产电子类产品的小电池转型为生产动力电池的
营销	0.0087	纯粹从质量角度看,中国本土知名汽车品牌并不一定就比合资甚至进口的差,品牌营销才是它们要花费许多时间、投入大量成本才能"摸着石头"研究出来的东西
相关	0.0081	目前很多互联网相关品牌高调造车,固然跟资本运作有关,但这其中很多品牌其实都已经有过同车企的合作经历,绝非脑子一热就跟风
苹果	0.0072	当年苹果 3G 出现,随后新一代智能机快速发展,你说当时正在发展的手机厂商会把苹果看作对手吗

注:"文本范例"有改动。

主题 7,使用场景。主题分析如表 6-19 所示。该主题涵盖了新能源汽车的多种使用场景。例如,主题词"用途"常涉及通勤、代步、上下班等情况;主题词"小孩"常与家用、接送上学、买菜等家庭生活场景相联系。从主题词"很香"能够看出,在短途使用场景下消费者通常对新能源汽车有着较高的满意度。

表 6-19 积极情感主题 7 分析

主题词	出现次数占比	文本范例
用途	0.0053	另外,现阶段买新能源车还要看用途,如果是家用或者上下班用还行
多久	0.0004	目前新能源车电量问题是最让人心烦的,有时候充满电,也要不断思考到底能跑多久
小孩	0.0003	2019 年,因为小孩两岁了,需要经常带大量东西出门,忍痛卖掉了空间很小、开了多年的 E84 X1
很香	0.0003	长途还是不建议开纯电动汽车出行,但纯电动汽车在城市通勤、买菜等方面还是"很香"的

注:"文本范例"有改动。

主题 8,插混。主题分析如表 6-20 所示。该主题反映了参与话题讨论的部分消费者对插电式混合动力汽车的认可。从主题词"续航""公里",以及主题词"充电"中能够发现,这种对于插混汽车的偏好是由于纯电动汽车仍然有难以解决的里程和充电时长问题。除此之外,插混汽车还能够兼顾纯电动汽车的其他优点,例如,优秀的驾驶感("这时候插混车型就是完全纯电行驶的质感,丝般顺滑,动力强劲,提速又快又舒服,完全没有顿挫。"),限购政策优惠("大部分地区不需要指标,嗖一下付钱就开回家!")等。这些积极认知往往会转化为购买意愿,在与主题词"买"相关的文本中,通常有两种与购买相关的表达,一种是表达自身购买的意愿,一种是推荐他人购买。

表 6-20 积极情感主题 8 分析

主题词	出现次数占比	文本范例
插混	0.0110	插混等很多车型在未来 10 年内仍有很大市场
充电	0.0086	PHEV 的出现,是出于纯电动汽车解决不了里程焦虑,还有充电时长等问题

续表

主题词	出现次数占比	文本范例
买	0.0078	所以,当下如果非要买新能源汽车,建议还是考虑混动的车
续航	0.0077	一开始担心电池续航的问题,可以优先选择采用插混技术的新能源汽车
公里	0.0072	就算混动汽车油箱小,加一次油至少也能在高速公路上跑400公里

注:"文本范例"有改动。

2. 消极情感主题聚类

由图 6-20 可知,当主题数目 $k=9$ 时消极情感的模型困惑度达到最小,故在模型中 k 取值为 9,然后得到相应的主题结果和主题词。如表 6-21 所示,9 个主题分别为群体划分、长途、充电桩、质量问题、品牌、性价比、插混、后悔、安全事故。

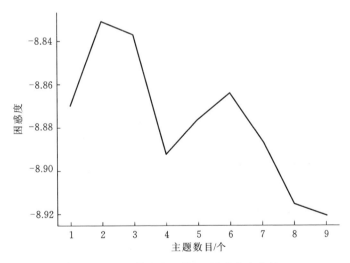

图 6-20　消极情感主题数目-困惑度变化情况

表 6-21　新能源汽车话题消极情感主题维度分析

主题号	主题	主题词及其出现次数占比
主题 1	群体划分	评论(0.0122)、买不起(0.0111)、群体(0.0106)、声音(0.0080)、限号(0.0076)

续表

主题号	主题	主题词及其出现次数占比
主题2	长途	游玩(0.0094)、不香(0.0051)、租车(0.0027)、一千公里(0.0025)
主题3	充电桩	燃油(0.0115)、混动(0.0109)、城市(0.0083)、充电桩(0.0083)、建议(0.0080)
主题4	质量问题	造车(0.0128)、刹车(0.0072)、玩具(0.0070)、踩(0.0068)
主题5	品牌	媒体(0.0058)、广告(0.0035)、专业(0.0028)、加热(0.0017)
主题6	性价比	贵(0.0147)、质量(0.0088)、卖(0.0081)、功能(0.0080)、价位(0.0077)
主题7	插混	车主(0.0156)、插混(0.0136)、服务(0.0132)、技术(0.0101)、续航(0.0086)
主题8	后悔	油费(0.0150)、后悔(0.0126)、卖(0.0113)、身边(0.0079)
主题9	安全事故	买(0.0089)、干吗(0.0045)、爆炸(0.0028)、碰撞(0.0024)、发生(0.0021)

主题1,群体划分。主题分析如表6-22所示。该主题反映了消极情感评论中的群体划分现象,这种划分可能是基于立场的,也可能是基于事实的。新能源汽车的购买涉及多方面的考量,每个消费者的需求和客观条件也不尽相同,这就导致了不同立场和环境中的消费者往往存在对立的观点,而在部分情况下这种对立情感会转化为消极情感。在知乎的新能源汽车讨论中,这种对立性通常有两种导向的归因,一种是基于客观层面的,例如,在产品层面的讨论中,不支持纯电动汽车的用户往往会强调充电桩分布不均、电池安全性堪忧等事实;在品牌层面的讨论中,不支持特斯拉的用户会强调危机公关事件和品牌的国别属性。一种是基于主观层面的,例如,主题词"买不起"有时会指代消费者与消费者间的收入水平差异,有时也作为一种有攻击意味的发言,将对立群体的观点归咎于嫉妒心理;又例如,主题词"限号"主要针对购买新能源汽车的行为而言,在不支持新能源汽车的用户看来,购买新能源汽车是一件"不得已而为之"的选择,而限号则是其中最难以回避的客观条件之一。

表 6-22　消极情感主题 1 分析

主题词	出现次数占比	文本范例
评论	0.0122	评论中的"电吹",你们在网上吹嘘电车的样子看着很勇武
买不起	0.0111	"键盘侠"确实太多了,90%的网友可能都买不起甚至都没去看过实车
群体	0.0106	并且买特斯拉的人和买国产新能源汽车的人,根本不属于一个受众群体
声音	0.0080	一辆三四十万元的车而已,搞得好像多了不起一样,有批评的声音就会说"你们买不起"
限号	0.0076	我严重怀疑这些"电吹"基本上都是没车的,要么就是城市限号限行,为了省钱只能买电车且买了后强行挽尊站队

注:"文本范例"有改动。

主题 2,长途。主题分析如表 6-23 所示。该主题主要聚焦于纯电动汽车远距离的使用场景,如主题词"游玩""一千公里"。在远距离的使用场景下,纯电动汽车无法满足消费者的需求,因此,在这种情况下往往需要"租车"作为补充。在消费者视角下,新能源汽车更多作为市内通勤的工具,这种对长途需求的不满反映的是消费者对纯电动汽车的里程焦虑。

表 6-23　消极情感主题 2 分析

主题词	出现次数占比	文本范例
游玩	0.0094	二线以下的城市,平常通勤和出去游玩,就买辆燃油车,现阶段的新能源汽车只适合在城市里用于平常通勤
不香	0.0051	混动汽车"不香"吗?虽然比亚迪的混动汽车现在很难买
租车	0.0027	我无法信任纯电动汽车!除非在家里、单位都能便捷地充电,且能够接受租车远游
一千公里	0.0025	最核心的仍然是续航。因为绝大部分人单次跑高速距离不会超过八百公里,只要续航超过一千公里,那么上高速前充好电基本没有太大问题

注:"文本范例"有改动。

主题3,充电桩。主题分析如表6-24所示。该主题聚焦于新能源汽车的充电桩建设,包括城市内的充电桩设施和城际间的充电桩设施。充电难的问题主要集中于长途使用的情景,消费者在此时往往会对纯电动汽车产生消极的评价,从而转向寻求传统燃油汽车和混合动力汽车。据中国汽车工业协会统计,2021年前三季度,充电设施数量的增速远远赶不上新能源汽车数量的增速。根据中国电动汽车充电基础设施促进联盟数据显示,截至2021年9月,我国车桩比例约3∶1,但是整个公共充电桩的平均利用率还不到百分之十,这主要是因为充电桩的分布不均。此外,许多充电桩企业盲目扩大规模,导致许多充电桩设置不合理,且后续维护管理不到位,造成了许多公共资源的浪费。面对充电桩的数量不足、分布不均、管理不力,消费者的补能方式受到许多限制,从而产生较强烈的消极情感。

表6-24 消极情感主题3分析

主题词	出现次数占比	文本范例
燃油	0.0115	不能跑长途、充电不方便,这也是当下新能源汽车比不过燃油汽车的第一大原因
混动	0.0109	但是短时间内纯电动汽车高速充电问题都不会有太好的解决办法,现阶段插电式混动汽车才是最优解
城市	0.0083	新能源汽车充电都找不到充电桩,在自家充又要等那么久,不能说开就开,在一些城市都很难找到充电桩
充电桩	0.0083	但是目前来看,电动汽车相比于燃油汽车唯一的缺点应该是充电桩较少,如果解决了,电动汽车对于燃油汽车来说是彻彻底底的降维打击
建议	0.0080	但如果你有很多长途要跑,我建议你再等等基建

注:"文本范例"有改动。

主题4,质量问题。主题分析如表6-25所示。该主题聚焦于新能源汽车的质量问题,其中备受关注的是刹车失灵的现象。主题词"刹车"在2021年4月后出现得较为频繁,这主要是由于2021年4月特斯拉被曝出刹车失灵(上海车展上一位身穿印有"刹车失灵"T恤衫的车主站在特斯拉车顶上维权),引起了大量消费者对刹车问题的关注。实际上这种对新能源汽车质量的疑虑并非仅仅针对特斯拉这一品牌,在主题词"造车"的文本中能够发现,这种对产品质量的担忧指向的是大部分的新能源汽车厂商。对这种新生事物不信任,消费者通常使用"玩具"来描述或指代新能源汽车,该词背后蕴含着对新能源汽车的认知是不实用、不靠谱、不专业。

表 6-25　消极情感主题 4 分析

主题词	出现次数占比	文本范例
造车	0.0128	但这并不仅仅是特斯拉的问题,也是所有智能汽车、新能源汽车及造车新势力的通病
刹车	0.0072	三电关机、续航、智能化……这些都不会出人命,刹车搞不定才是要命的,所以买车之前自己掂量掂量
玩具	0.0070	买这个本来就是抱着买玩具和买一个属性标签的心态,所以即使遇到一些问题也没有感觉心态爆炸或者这个品牌不怎么样
踩	0.0068	几万块钱的电动汽车,跑一半熄火,油门刹车踩哪个有用都是玄学问题

注:"文本范例"有改动。

主题 5,品牌。主题分析如表 6-26 所示。该主题聚焦于新能源汽车企业的品牌宣传和危机公关事件。新能源汽车作为一项新兴事物,在国内市场的竞争异常激烈,这使得企业在前期通常会进行大量的促销和宣传工作。同时,在互联网的时代背景下,许多企业都选择在网络媒介平台上使用各种宣传手段,例如,经由专业媒体发布"软文"(advertorial)等。但是这些形式的推广,也带来了一部分消费者的反感。这些推广在一定程度上隐瞒了关键的信息,或有以偏概全之嫌,使得消费者无法正确客观地了解产品,产生认知差异。

表 6-26　消极情感主题 5 分析

主题词	出现次数占比	文本范例
媒体	0.0058	现在市场中新能源车品牌较多,良莠不齐,多听老车主意见,少听媒体忽悠,多试驾感受,少听人云亦云者的话
广告	0.0035	你们这个车,请代言,漫天刷广告,找"水军",一半车价都是营销成本,有什么可买的

续表

主题词	出现次数占比	文本范例
专业	0.0028	在专业的玩车圈有一个基本共识:蔚来的车水准极高
加热	0.0017	做试验的三元锂电池都是反复充放电后加热到工况温度进行穿刺的

注:"文本范例"有改动。

主题6,性价比。主题分析如表6-27所示。该主题聚焦于新能源汽车的价格与性能。从主题词"贵"可以看出部分消费者认为新能源汽车的定价较高,并且近年来补贴退坡力度逐渐加大,导致新能源汽车和燃油汽车相比没有价格优势。除此之外,芯片短缺、动力电池涨价等问题导致全国汽车产量下降。根据AFS权威数据显示,截至2021年12月5日,由于芯片短缺问题,中国汽车市场累计减产已达198.2万辆,全球汽车市场累计减产1012.2万辆,这也使得新能源汽车的售价均有上涨。部分消费者认为新能源汽车虽有较高的市场售价,但在功能和质量上并未有显著提升,因此产生了消极情感。

表6-27 消极情感主题6分析

主题词	出现次数占比	文本范例
贵	0.0147	比燃油车价格贵20%~30%,相对于节省的油耗和用车成本,就是一个需要权衡的问题了
质量	0.0088	对质量的监管绝对要提升一个大档次,如果车不行那肯定会被政府驱逐就不考虑了,所以最划算的做法就是等
卖	0.0081	电动汽车卖不出去的,这里有个重大因素,就是目前电动汽车几乎没有用到10年的
功能	0.0080	所以只要有4个轮子、两排沙发能跑起来,就可以了,其他的附加功能都是"装饰"
价位	0.0077	我这个车是接近20万元的顶配,这个价格可以买到不少畅销B级中配燃油车,不少人是不甘心这个价位买这个车的

主题7,插混。主题分析如表6-28所示。该主题反映了话题讨论中部分消

费者对于插电式混合动力汽车的消极情感。其中造成消极情感的因素体现在主题词"服务""技术""续航"上。此处的"服务"主要指的是充电服务网络,"技术"主要指的是电池相关技术(如充电技术、蓄电技术)。对于插电式混合动力汽车的情感消极主要是由于插电式混合动力汽车在技术原理上承载了两个驱动单位,而这种复杂性被视作一种重大的缺陷("短途拖着发动机费电,长途拖着电池费油"),并且作为一种折中选择,许多厂商更倾向于研究纯电动汽车相关的技术("欧洲车企高管证实制造商未来不会开发新的插电式混合动力系统")。除此之外,还有一些消费者自身所处的环境因素("上海等地方也已经明确未来不给插电式混合动力汽车绿牌")。

表 6-28   消极情感主题 7 分析

主题词	出现次数占比	文本范例
车主	0.0156	实际行驶里程在 250 公里上下,这是在全国大多数地区多数车主都能实现的水平
插混	0.0136	插混车型是个新东西,民众对于新东西是很容易有惧怕心理的
服务	0.0132	最起码,构建一个高效、完善的充电服务网络迫在眉睫
技术	0.0101	目前电池充蓄电技术应用的情况离人类科技可能达到的"天花板"还远得很
续航	0.0086	他曾经说过,新能源车的续航里程最低要达到 1200 公里,才能切实解决电动汽车与燃油汽车的续航差别问题

注:"文本范例"有改动。

主题 8,后悔。主题分析如表 6-29 所示。该主题聚焦于对新能源汽车购买行为的后悔心理,这种后悔心理可以根据他们对新能源汽车的态度分为两大类:一种是在使用体验后对新能源汽车产生了消极情感的后悔;另一种则是在使用体验后对新能源汽车仍有积极认可,但对于实施购买行为的时机存在后悔心理,例如,实施购买行为过早或过晚。其中,后悔买早了的主要原因是新能源汽车技术迭代十分迅速,在早期购买了新能源汽车的用户未能享受到更好的技术红利;后悔买晚了的主要原因是这部分消费者在使用后有良好的体验,并感受到油费支出的大幅降低,因此有着"早买多省"的心理。而在使用体验后对新能源汽车产生消极情感的消费者,情感形成的原因不尽相同,包括但不限于冬季电池损耗大、冬季电池无法使用、长途场景使用困难、充电困难等。

表 6-29 消极情感主题 8 分析

主题词	出现次数占比	文本范例
油费	0.0150	加油就会特别不方便,而且油费会特别贵
后悔	0.0126	最让人后悔的是什么啊,越来越便宜啊,想想当年买进口特斯拉 Model 3 的人
卖	0.0113	刚提车 Model 3,开了 1700 公里,卖掉了之前的 2015 款 CR-V2.4
身边	0.0079	反正我是不买,对身边计划买的也一定阻止

主题 9,安全事故。主题分析如表 6-30 所示。该主题聚焦于新能源汽车的安全事故。新能源汽车推广以来,国内外均发生过新能源汽车火灾事件,这些火灾事件在消费者口中通常描述为新能源汽车自燃事件。尽管实际数据显示,新能源汽车的起火概率并未高于燃油车的起火概率,但从舆论趋势中可以发现,消费者对新能源汽车自燃的现象仍抱有较大的疑虑。一方面,这是由于消费者对新兴事物天然持有怀疑态度;另一方面,社会媒介对新能源汽车起火事故的侧重报道、选择性报道,也在一定程度上加深了消费者对新能源汽车容易自燃的印象。这种印象的加深也与新能源汽车的电池特性有关,除了车祸时电池受到挤压碰撞容易爆炸或自燃以外,电池火灾事故的灭火难度也相对较大。乘用车主流动力电池的构成中,其正极多为三元锂材料,能够在高温下直接分解出氧气,而电池的电解液含大量易燃的有机物,再加上电池本身易短路、发热,这使得新能源车的动力电池在密闭条件下也可以燃烧,并且即使火熄灭了也容易复燃。从知乎的话题讨论中能够发现,这种重大安全事故的隐患导致了消费者对新能源汽车消极情感的产生,也极大地降低了消费者的购买意愿。

表 6-30 消极情感主题 9 分析

主题词	出现次数占比	文本范例
买	0.0089	总的来说,新能源电动汽车虽然看起来环保时尚,但是自身的问题也颇多,在购买时一定要严格把控,保证安全
干吗	0.0045	可以说,这一撞就是营销,但它真要有这本事,早干吗去了
爆炸	0.0028	挤压碰撞,电池经过挤压或者是碰撞之后,也极其容易发生自燃或者爆炸事故

续表

主题词	出现次数占比	文本范例
碰撞	0.0024	有的新能源车型在充电的过程中燃烧,而有的车型则是在发生碰撞或者是涉水之后引发燃烧事故的
发生	0.0021	如果行驶在一些坑洼不平的路段或者是路上有碎片,一旦磕碰到电池就有可能发生自燃

第四节 本章小结

  提高新能源汽车的采用率是中国应对气候变化和治理环境污染的重要手段,从私人消费者视角与公众需求出发,探究新能源汽车发展的驱动因素,对政府制定政策和汽车制造商实施有效的战略具有重要意义。本章综合运用文本挖掘、机器学习等方法,探究了社交媒体中公众对新能源汽车的关注度、情感主题以及情感产生机制。本章由两个研究构成,研究所用的文本数据来自新浪微博和知乎两个平台,研究内容包括公众对新能源汽车的关注度分析和情感分析。在新能源汽车公众关注度分析方面,对相关微博用户进行分类后,采用深度学习模型从变化趋势、区域差异等方面分析了个人用户对新能源汽车的关注度;在新能源汽车话题情感分析方面,主要运用 LDA 主题模型对知乎社区中的问答式帖子进行情感主题聚类,从中发现公众对新能源汽车持有的八种积极情感和九种消极情感。本章还进一步采用了一种无监督学习方法计算微博帖子的情感值,探究了个人用户在新能源汽车情感产生机制上的性别差异。基于对微博和知乎平台的文本挖掘与分析,本章得出了以下几个主要结论。

  在新能源汽车关注度方面,公众对新能源汽车的关注度持续增加。就新浪微博用户对新能源汽车的关注度而言,研究表明,微博用户对新能源汽车的关注度持续增加。从个人用户对新能源汽车关注度的变化趋势来看,男性对新能源汽车表现出比女性更多的关注。新能源汽车政策的实施和调整,无疑增加了人们的讨论。研究发现,个人用户对新能源汽车的讨论和关注随着政策的变化而增加,这可能是由于新能源汽车补贴政策影响了新能源汽车的价格,从而改变了人们的购买意愿和计划(Li W, et al.,2018)。

  个人用户对新能源汽车的关注度存在地区差异,这可能是由不同的人口密度、政策宣传和配套设施水平导致的。可以看出的是新浪微博各地区用户的活跃度与人口密度高度相关。此外,新能源汽车政策的推广效果受地区人口密度的影响,虽然新能源汽车在全国范围内得到了推广,但不同地区的推广程度存在很大的差异。具体而言,在人口密度不同的地区,新能源汽车推广政策的传播速度不同(Li W, et al.,2017a),这就导致了人们对新能源汽车的关注度不同。

公众对新能源汽车既持有积极情感又持有消极情感。公众对新能源汽车的积极情感源于新能源汽车的性价比、对国产新能源汽车品牌的信心、限牌限号方面的购买和出行政策、乐观的市场认知、对电池技术的期待、对品牌定位的热议、新能源汽车丰富的使用场景、对插混汽车的偏好和关注等;而消极情感则来源于因群体划分而表现出的观点对立、对新能源汽车续航能力的焦虑、充电设施建设不足、对新能源汽车质量问题的担忧、品牌公关危机、新能源汽车性价比、对插混汽车技术的担忧、后悔情绪以及新能源汽车安全事故等。

男性用户和女性用户对新能源汽车的情感产生机制有所不同。女性用户对新能源汽车的态度相对来说比男性用户更负面。女性用户对新能源汽车的消极情感主要来自家庭、配套设施、技术担忧、交通问题和人身安全;女性用户对新能源汽车积极情感的驱动力来自生活在发达城市、国外品牌和技术、国内品牌和政策支持以及股票市场。男性用户对新能源汽车的消极情感主要来自配套设施、技术担忧、人身安全和补贴政策;男性用户对新能源汽车积极情感的驱动力来自生活在发达城市、国家政策、股票市场和品牌竞争。家庭因素对女性用户来说更重要。此外,男性用户和女性用户在新能源汽车补贴政策方面有相反的情感取向。

第七章 新能源汽车购买意愿研究

要促进中国新能源汽车产业发展,除了在供给市场出台扶持新能源汽车制造商的相关政策外,还需要从需求市场入手,激励消费者采用新能源汽车。2020年,国务院办公厅印发了《新能源汽车产业发展规划(2021—2035年)》,规划中提到,中国的新能源汽车进入加速发展新阶段,市场主导被确立为基本原则,要求更好地发挥政府在战略规划引导、绿色消费引导等方面的作用,抢抓战略机遇,巩固良好势头。研究影响消费者新能源汽车购买意愿的因素既有助于政府针对性地出台相关政策以减少消费者购买新能源汽车的顾虑,又有助于新能源汽车制造商针对性地设计和产出满足消费者需求的新能源汽车,为我国新能源汽车的推广普及注入新动能。本章从微观层面的个体消费者入手,从个人因素、产品因素、政策因素及情感等方面探讨影响消费者新能源汽车购买意愿的因素。

第一节 研究问题与研究动机

消费者对新能源汽车产生行为意向需要经历新能源汽车知识积累、形成对新能源汽车的情感偏好、出现对新能源汽车的行为意向的完整过程(Liu X and Hu W,2019)。在第六章探索消费者对新能源汽车的关注度和情感偏好的基础上,本章希望进一步构建消费者对新能源汽车的行为意向模型,具体来说,本章希望构建一个较为完整的新能源汽车购买意愿模型,梳理出影响消费者新能源汽车购买意愿的因素及其影响机制。

《新能源汽车产业发展规划(2021—2035年)》确定要以市场主导为基本原则继续推动新能源汽车产业的发展,这意味着未来新能源汽车产业的发展更多依赖于市场中的企业和消费者。《新能源汽车产业发展规划(2021—2035年)》强调了在市场主导的原则下,政府应给予对消费者采用新能源汽车有促进作用的新能源汽车停车、充电等方面的优惠政策,这表明政府新能源汽车政策的制定也在有意识地根据市场中消费者的反应进行调整。新能源汽车市场中消费者的消费偏好不断改变,适应新能源汽车市场发展的新能源汽车政策也应根据市场反应不断优化调整。本章希望通过探究影响消费者新能源汽车购买意愿的因素,为新能源汽车政策的调整提供更多的资料参考。

影响消费者购买新能源汽车的因素可以概括为外部因素和内部因素。在外部因素方面,消费者是否购买新能源汽车与电池寿命(Chen C F,et al.,2020)、配套的充电设施(Maia S C,et al.,2015)、国家补贴(Wang X,et al.,2021)等因素息息相关。内部因素方面,感知利益、风险认知、情感、信任等个人心理因素也会影响消费者对新能源汽车的接受和购买意愿。已有研究表明,个人对新能源汽车的偏好取决于其自身创新能力和对新能源汽车性能的态度（Morton C，et al.，2016），Khan U 等人发现心理需求因素也会对消费者采用新能源汽车产生影响（Khan U，et al.，2020）。基于第六章对社交媒体数据的分析结果，本章按照"认知-情感-意愿"的路径构建了一个新能源汽车购买意愿模型，以期将影响消费者购买新能源汽车的外部因素与内部因素联系起来，更好用于指导未来新能源汽车政策的制定。

第二节　基于文本挖掘的新能源汽车购买意愿模型构建

一、研究数据与编码方法

本节研究根据第六章第二个研究（来自知乎平台的文本数据）的初始文本数据库，通过人工筛选对 2236 条回答文本进行购买意愿的精确识别。判断标准为文本中有明确的购买意愿的表达，或已购买新能源汽车。最终，得到 181 条回答文本（共 254 419 字）。根据第六章情感分析的结果，可识别出这些回答的情感倾向，共有 94 条为积极情感，87 条为消极情感，每一条回答文本均有其对应的情感评分。将筛选出的积极、消极文本分别进行保存，并借助 NVivo 软件开展下一步的编码工作。如图 7-1 所示，在 NVivo 中，对积极情感文本原始材料和消极情感文本原始材料进行编码，分别得到积极与消极维度的自由节点，再根据逻辑结构与具体情况，对自由节点进行重新命名或合并，以此确保每一条编码都包含消费者认知、积极/消极情感、行为意愿这三要素。

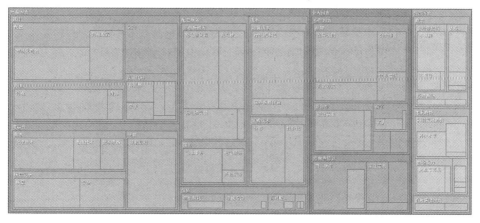

图 7-1　编码层次图

二、数据编码过程

(一) 开放编码

开放编码时要对收集到的每一条评论进行细致分析,将其中出现的消费者认知与事实现象进行概念化进而形成初始范畴。在开放编码的过程中,始终围绕新能源汽车购买意愿这一主题,在摒弃个人主观意志和已有经验的基础上,利用质性分析软件 NVivo 对筛选出的 181 条新能源汽车购买意愿回答进行逐字逐句反复阅读,结合第六章第三节中积极情感(8 个)、消极情感(9 个)的内容主题,提取文本中涉及的显性与隐性概念,并通过清晰明了的概念定义出现的所有现象,在反复比较后归结具有相同性质的内容形成概念化的初始范畴。

新能源汽车购买意愿的相关节点编码如表 7-1 所示,经过反复的编码最终确认了 39 个初始概念。在对资料编码和分析研究后,根据概念间的语义关系将同属一类的相关概念进行综合聚类,形成成本、保值、可靠性、设计、配套服务、消费者特征、心理因素、消费情境因素、未来趋势、政策共 10 个初始范畴。

表 7-1 新能源汽车购买意愿的相关节点编码

自由节点	原始文本
价格	深圳市政府鼓励大家买车而给补贴,新购补贴 2 万元,置换补贴 2 万元,比亚迪再补贴 2 万元,渴望了一年多的纯电动车的我看到这个机会心想:此时不换更待何时
性价比	这个价格买燃油汽车很难买到这种配置的,毕竟发动机、波箱等成本在,电动汽车能够把这部分成本让渡到车的配置上
保养维修	保养和维护成本远远低于燃油汽车,电动汽车的保养和维护基本就是换个空调滤芯,调调胎压,日常检查一下,费用大多维持在几百元
行驶成本	行驶成本远远低于燃油汽车
电池寿命	电动汽车保值率不行就是因为电动汽车值钱的是电池,电池这东西有什么保值率,谁会买别人的二手电池
电池损耗	当然首任车主换电免费这个政策就是为了让一些担心纯电动汽车电池损耗的车主无后顾之忧,这个挺好
迭代速度	电动汽车 3 年前的各项参数与现在的相比就像落后了一个世纪一样,你问我支持不支持电动汽车,我当然支持;你问我买不买,我当然不买

续表

自由节点	原始文本
面对贬值的心态	关于后期保值的问题,那就以后再探讨吧。反正我换智能手机的时候也不会考虑旧手机怎么置换,经常都搁置了
技术	经过10年的进化,比亚迪最早应用在F3DM上的第一代DM技术终于成熟了,终于可以"笑傲江湖"了
续航	还有,开燃油汽车没有续航焦虑,所以我内心其实是偏向买燃油汽车的
质量安全	即使是二三线企业生产的铁锂电池,其安全性,尤其在针刺试验方面,相比于世界一流的三元电芯也具有压倒性优势
外观	"这是啥车呀?真好看!"我跟他们说是小鹏,他们问是哪产的,我说是国产的,毫无例外地惊讶:"国产车真好看呀!"好看这事错不了
空间	极氪001的实车给我最大的感受就是它真的很气派,4970 mm的车长,3005 mm的轴距,还有1999 mm的车宽,很明显极氪001的车身尺寸已经超过了市面上的大部分家用轿车
设计风格	国际大师做了整车设计,难怪这审美提高了
配置	促使我下定决心买P7的,更多的是智能化驾驶的乐趣。毫不夸张地说,P7搭配Xmart OS 2.0的智能座舱,其系统性能的优化和车载智能语音助手的交互便捷程度,是目前国际上一流的存在
充电桩安装	小区禁止安装汽车充电桩,没有小区充电环境
充电桩管理	虽然充电站不少,但是很多时候开过去后才发现充电桩因疏于管理或者人为破坏,无法正常使用
充电桩数量	但是又不得不承认,如果需要出差或想自驾游,开电动汽车实在也不是很方便,找充电桩肯定比找加油站难
充电桩位置	电动汽车在功能性和便利性方面就是个"残疾车",只有极其规律的短途出行和有固定车位才能掩盖它的缺陷
充电服务(加电、服务车)	电耗方面很不错,而且还有免费的充电服务
电池服务(换电、质保)	当然首任车主换电免费这个政策就是为了让一些担心纯电动汽车电池损耗的车主无后顾之忧,这个挺好
其他服务(洗车、保险)	真的省了很多心,怕麻烦的我快乐到不行,还送代驾、洗车等服务,都在"服务无忧包"里

续表

自由节点	原始文本
第二辆车	所以我个人还是建议,有燃油汽车的情况下,买辆电动汽车用于平时通勤代步,那是再好不过了
个人经济水平	看到这些,脑袋一热,就买了电动汽车。相信我,对于像我一样的穷人,老老实实先买燃油汽车吧
家庭状况	看家家里人的喜好和所处状态,如果有孩子有老人,那空间很重要,蔚来 ES8 或许真的是不二之选了
所处地区	冬天的电池折损是存在的,在东北更是严重,尤其是开空调后,更是如此。这个你自己去平衡,看你所在地区的冬天占全年的比例有多少
兼容性	看用车习惯。每天行驶路线比较固定,基本在电池续航半径内的,适合买新能源汽车
环保价值观	再一方面,我也的确希望能够提高武汉市的空气质量,所以我很坚定地打算购买比亚迪的纯电动汽车
面子	而且 Mach-E 继承野马的外观设计,真的是帅,比一般的 SUV 更有运动感,开在路上,那个经典的三柱尾灯让人感到很有面子
追求新鲜事物	新能源汽车代表一种生活态度,选择新能源汽车最主要的原因是对新鲜事物的一种认可
品牌态度	顺便说一句,××? 我不会买
销售人员专业性	同时,工作人员也都是很热情地和你相处,有那么一种"海底捞+星巴克+小米"的感觉
线下体验	我就是试驾了特斯拉之后认清了自己的需求
预期能源价格	首先,现阶段看电动汽车使用能耗的成本确实低,但只是现阶段。结合能源短缺来看,未来电价普涨是必然的。我们工业有工业电,商业有商电,一定会有车电,而且价格一定是最高的
科技发展趋势	现在电动汽车遇到的所有问题,都是新生事物面世时必须经历的阵痛。而所有的电动汽车车主,都算是"小白鼠""试验品"。感谢你们为新事物成熟稳健发展做出的各种牺牲
市场潜力	燃油汽车也不至于说完全退出人们视线,电动汽车取代燃油汽车还有漫漫征途
战略指向	与时俱进,国家大力发展新能源,你说你买燃油汽车,说明你不懂趋势

续表

自由节点	原始文本
经济激励	新能源车型按照国家政策不需要购置税,只需要购车费用、强险费用和上牌费用即可上路
非经济激励	有些城市限行限号,且你对能否摇得到蓝牌是没什么把握的,那唯一可以买的只有新能源汽车了

注:"原始文本"有改动。

(二)主轴编码

主轴编码是寻找开放编码形成的初始范畴之间的逻辑关系,再通过聚类形成宏观层面的范畴。通过对文本资料的深入研究,本节研究得到了丰富的关于新能源汽车购买意愿影响因素的相关概念和范畴,并且发现了范畴与范畴之间的相互关系。新能源汽车购买意愿影响因素的主轴编码具体如表7-2所示。

表7-2 新能源汽车购买意愿主轴编码

范畴	节点	参考点/个
成本	价格	19
	性价比	11
	保养维修	8
	行驶成本	33
保值	电池寿命	8
	电池损耗	8
	迭代速度	2
	面对贬值的心态	5
可靠性	技术	37
	续航	33
	质量安全	35
设计	外观	35
	空间	21
	设计风格	20
	配置	52

续表

范畴	节点	参考点/个
配套服务	充电桩安装	15
	充电桩管理	2
	充电桩数量	18
	充电桩位置	25
	充电服务（加电、服务车）	5
	电池服务（换电、质保）	14
	其他服务（洗车、保险）	3
消费者特征	第二辆车	23
	个人经济水平	7
	家庭状况	8
	所处地区	3
心理因素	兼容性	24
	环保价值观	3
	面子	8
	追求新鲜事物	3
	品牌态度	60
消费情境因素	销售人员专业性	4
	线下体验	3
未来趋势	预期能源价格	5
	科技发展趋势	20
	市场潜力	12
政策	战略指向	13
	经济激励	7
	非经济激励	19

（三）选择性编码及分析

选择性编码旨在理清核心范畴与其他主范畴之间的逻辑关系,在所有已发现的概念中经过系统的分析得到一个核心类属,并不断将其他类属聚集于此。核心类属必须具有统领性,相较于其他类属而言能够最大化地将研究结果囊括在一个较为宽泛的理论范围之内。

基于上述对新能源汽车的多方面感知的开放编码与主轴编码,通过选择性编码将有关新能源汽车购买意愿的主线抽出,以故事线的方式将各主范畴关联起来,构建新能源汽车购买意愿影响因素的模型。核心范畴、主范畴、副范畴编码频次统计如表 7-3 所示。

表 7-3 核心范畴、主范畴、副范畴编码频次统计

核心范畴	主范畴	副范畴	参考点/个
新能源汽车购买意愿影响因素	产品因素	成本	71
		保值	23
		可靠性	105
		设计	128
		配套服务	82
	合计		409
	个人因素	消费者特征	41
		心理因素	98
	合计		139
	外部因素	消费情境因素	7
		未来趋势	37
		政策	39
	合计		83
合计			631

本节研究以新能源汽车购买意愿影响因素为核心范畴,通过逻辑关系及故事线将各主范畴关联起来,构建新能源汽车购买意愿理论模型。消费者购买意愿的产生与产品因素息息相关,而个人因素往往作为衡量、评判产品因素的标准,消费者通过比对产品因素的综合评分,从而产生购买意愿。外部因素既直接影响产品因素的客观结果,又间接影响消费者个人因素评价的程度。例如,消费者对新能源汽车的续航里程认知各有不同,这是由于消费者个人的使用需求不

同,导致了评判标准的不一致。对于上班族而言,使用需求主要集中在市内代步、城市内通勤,此时新能源汽车的续航里程能够充分满足需求,因此,该项评分较高。但对于有跨城市需求的消费者而言,新能源汽车就容易出现里程焦虑的问题。此时消费者通常会向下探寻,例如,是否有充足的充电桩能够满足续航过程中补能的需要?如果消费者所处地区有较丰富的充电桩资源,则对续航里程依然有较积极的认知。又例如,外部因素中的充电桩政策会直接影响充电桩的数量及分布,充电桩政策正以较为平和的速度推广,充电桩的数量与分布仍不尽如人意,这就客观影响了消费者对续航问题的认知。但当国家战略与科技发展有了明确而坚定的趋势时,将有利于消费者缓解对现状不足的焦虑,通过未来预期减少对续航里程的担忧。

1. 个人因素

消费者特征、心理因素均属于消费者个人层面的认知,如图 7-2 所示。

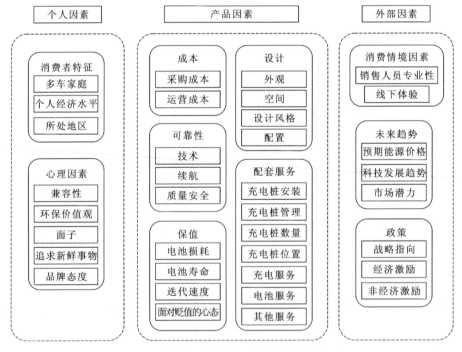

图 7-2 新能源汽车购买意愿影响因素模型

在消费者特征层面,主要涵盖了三项基本的人口特征,分别是个人经济水平、家庭状况以及所处地区。消费者是否已经拥有一辆汽车可以视作个人经济水平的一项具体指标。在文本分析的过程中发现,有部分消费者表示自己已有一辆燃油汽车所以才进行新能源汽车的购买,或者说是将拥有一台燃油汽车作为购买新能源汽车的前提,因为他们希望通过燃油汽车来满足多样化的使用场景,减少单一使用新能源汽车可能会带来的各种困难。这隐含着消费者对新能源汽车的消极情感,但因为他们已有心理预期,将这些困难视为已接受的客观缺点,所以这种隐性的消极情感并不会影响消费者对新能源汽车产生购买意愿,家庭已拥有的燃油汽车弥补了这种缺陷。但能够负担得起两辆汽车的家庭仍在少数,在文本中这类样本数量也较少。个人经济水平通常限制了消费者购买行为,但并不一定降低消费者的购买意愿。在文本中有部分经济水平受限的消费者也会表达出对新能源汽车的购买意愿,因为他们对新能源汽车持有积极的认知与情感("现在插电式混动的话,其实也是值得购买的……对于这样子的车型而言,从技术上来说的话已经是成熟的。就是价格有点贵,等我有钱了,再买吧!")。家庭状况描述了影响新能源汽车购买意愿的两个方面,一是购车动机,二是决策依据。在购车动机层面,消费者通常表达了家庭使用的需求,对应所需产品空间大、方便接送小孩等特性与功能。在决策依据层面,消费者表达了决策时看重家庭成员的意见,家庭成员对新能源汽车的态度影响了购车者本人的购买意愿("老婆喜欢""毕竟买来主要是接送孩子上下学用的,孩子喜欢就是买它的理由。一看款式孩子就喜欢上了。")。但本节研究认为,这种家庭因素的影响并不含有与新能源汽车密切相关的联系,这种影响同样会在其他的大件商品购买中体现(如购房、购买燃油车等),因此不将这种家庭因素纳入新能源汽车购买意愿模型中。消费者所处地区强调的是所处地区冬季在全年的时间占比,由于中国地幅辽阔,北部地区冬季气温低、持续时间长,这给电池带来了较大的负担。许多东北地区的已购车主在评论中表达了后悔购买的消极情感,原因是出现了电池折损。因此,许多消费者在购买时,也会将所在地区作为一项前提。

在消费者的心理层面,主要有环保价值观、面子、追求新鲜事物和品牌态度这四个因素在发挥作用。环保价值观与追求新鲜事物对购买意愿的影响在过往的研究中已有体现,在本节研究中,发现环保价值观和追求新事物通常作为辅助因素影响着消费者的购买意愿,而并非影响购买意愿的主导因素,消费者通常将其视作附加性质的好处。面子指的是一种典型社会心理现象,在新能源汽车的购买中表现为出于虚荣心而产生购买意愿,或感到丢人而产生不愿购买的态度。在积极的情感中,消费者认为购买某些品牌的新能源汽车是有面子的,例如,被广泛提及的特斯拉产品,这是由于特斯拉在品牌创立之初的定位是高端时尚的纯电动轿跑车,在2014年进军中国市场时主打的产品 Model S 也定位为纯电动豪华轿车,特斯拉高端的品牌形象走入了中国消费者的心中。后续的国产新能源汽车也延续着这一定位进行布局,例如,模仿跑车设计、强调豪华高端定位等。

而在消极情感中,消费者认为某些新能源汽车品牌较为低端。消费者对新能源汽车的品牌态度对购买意愿也有着重要影响,通过文本分析发现,品牌态度会影响消费者对新能源汽车的情感,而品牌态度的形成又多与企业的营销方式相关。例如,部分品牌的公关事件给消费者的情感带来了负面影响,还有概念炒作、媒体炒作和购买"水军"等行为也会引起消费者的消极情感("但真要买,还是要等电池技术突破了,电车厂家扎扎实实沉淀下技术,好好做车而不是炒概念。")。在消费者对新能源汽车的品牌态度中有一种类型体现为对国产新能源汽车品牌的积极情感,这种情感的成因与民族情感有着很大的关系,它主要体现在两个方面,一方面是对国家新能源战略方向的支持,另一方面是对国产品牌的偏好。除此之外,近年来国产新能源汽车的发展与成果也是促使消费者产生积极情感的原因之一("近两年,国内造车新势力及自主品牌先后在动力电池能量密度和工况续航里程两个关键指标上反超特斯拉,就是产业链高速发展的结果。")。

2. 产品因素

根据科特勒的产品层次理论,产品的核心利益层指消费者购买某种产品时所追求的最基本、最主要的利益。对于新能源汽车而言,其核心利益是汽车能够带来的运输交通功能,而续航、充电等则是消费者关心此核心利益的形式体现。汽车作为耐用品,还涉及反复补能反复使用的情况,充电和充电桩就与新能源汽车的可持续能力相关。在续航的范畴下,既有积极情感又有消极情感,这种认知差异的产生主要是由于不同的消费者采用了不同的比较标的。积极情感反映的普遍认知是续航持久,这种认知是与旧款或其他款新能源汽车相比得到的,如某款产品的续航能力在众多新能源汽车中拔尖。而消极情感包含两种,一种认知是与燃油汽车比,新能源汽车的续航能力普遍较差;另一种认知则是与预期中(或产品宣传中)的新能源汽车比较,在购买和使用后发现续航状况与预期存在差距,因此失望、后悔。

消费者对电池的认知和情感从电池技术、电池损耗两方面体现。消费者对电池技术的判断并不统一,部分消费者认为电池技术正在发展或已取得较大进展,因此产生了积极情感,对新能源汽车的电池容量较为满意。而另一部分消费者认为电池技术目前没有突破,电池损耗是现有电池技术难以突破的一种体现,这些认知导致了消极情感的产生,降低了消费者的购买意愿。

从补能的层面看,消费者最关注的是充电速度和充电桩的数量及分布情况。充电速度直接决定了消费者的充电等待时长,充电等待时长影响着消费者情感,等待时间越长消费者情感越消极。这种等待场景普遍出现在长途、高速休息站,而产生这种现象的原因也与充电桩供不应求有关。充电桩的管理问题会直接导致可用充电桩数量的下降,从而令消费者产生更强烈的消极情感。除此之外,在文本中也发现,部分消费者对于等待时长已有心理预期,因此会主动在等待充电的同时安排其他的行程。这种附带的行为越容易实施,消费者就越容易产生积极情感。例如,市内代步的消费者能够在目的地的大型商场进行充电("充电时间吃个早餐,不怎么耽误事。尤其是很多商场都有充电桩,逛街吃饭期间把电充了,还免停车费。")。当消费者拥有私人充电桩时,上述的充电焦虑情感会得到较大的缓解。因此,私人充电桩的安装便利程度是影响消费者购买的一大重要因素,而影响充电桩安装的往往是住所小区物业的管理情况("小区禁止安装汽车充电桩,没有小区充电环境。"),当小区内有充电桩或支持充电桩改造时,消费者更倾向购买新能源汽车。

从产品的表现形态来看,消费者关注的是新能源汽车的外观设计、功能配置部分。外观、空间是常见的影响购买意愿的因素,另外,在本节研究中发现消费者对新能源汽车所展现出的设计风格也有所偏好。消费者通常会使用科技感、时尚感、未来感、豪华等词语描述新能源汽车的外观设计风格,这与前文提到的新能源汽车多使用跑车设计亦有联系。消费者关注的功能配置通常包括中控、音响、座椅以及其他智能化配置(如自动泊车、语音智能系统)。从文本中可以看出,这种设计风格的差异化和功能配置的智能化让消费者普遍产生了积极情感,有助于新能源汽车在整体汽车市场中脱颖而出。

产品服务主要分为三个类型,分别是电池服务、充电服务以及其他服务。电池服务一般包括换电服务和电池质保服务,换电服务通常是在换电站通过更换新能源汽车电池来缩短补能时间,该服务的提供者以蔚来为代表。电池质保服务通常指电芯终身质保服务以及8年或15万公里内的电池质保服务,该服务是汽车厂商基于商品质量给消费者的一种保证,目的是缓解消费者对电池安全、质量及损耗的焦虑,该服务的提供者以比亚迪为代表。充电服务主要包含两种形式,一种是给予消费者有限的免费充电的额度,该服务的提供者以小鹏为代表;一种是通过移动充电车的形式缓解消费者的续航焦虑,该服务的提供者以蔚来为代表。除了消费者最为关心的电池、充电服务,企业还为消费者提供了诸如代驾、洗车、道路救援、免费安装充电桩等其他服务,这些服务都能够提高消费者对新能源汽车的购买意愿。

对于新能源汽车安全、质量、操纵驾驶感的认知可归类于消费者对客观属性的感知判断。对于新能源汽车的可靠性,消费者通常从三个角度进行判断,一是整体汽车质量安全,通常表述为品控、工艺、故障等;二是新能源汽车的技术成熟度;三是续航的稳定性。新能源汽车的安全性讨论与传统燃油汽车存在很大不同。传统的汽车安全讨论往往关注防抱死制动系统、防碰撞预警系统等,但消费者对新能源汽车的安全性讨论主要集中在自燃事故等方面。大多数新能源汽车自燃的原因往往是电池短路和散热问题,这就让许多消费者产生了对电池安全的担忧。但技术在不断发展,例如,比亚迪的三元锂电池包通过针刺试验等成果,技术成熟也对消费者评价汽车安全性产生了正向影响。此外,部分消费者认为,驾驶安全意识也是影响安全性的重要因素,这部分消费者认为由于媒体频繁报道新能源汽车的安全性事故,导致新能源汽车的安全性评价整体偏低,而加强自身的驾驶安全意识能够有效降低对安全性的担忧。除了可靠性外,消费者也同样关注实际的使用体验,相较于燃油汽车而言,新能源汽车具有动力强、提速快、电机音量小等客观差异,这些体验普遍增强了消费者对新能源汽车的积极情感,但也有例外,例如,有发动机情结的消费者认为电机音量小是劣势,部分消费者并不适应这种操作感,或因提速太快感到晕车不舒服等。

由于汽车的购买属于复杂性决策,价格问题不仅与采购成本有关,更与运营成本和保值问题相关。从采购成本的环节来看,影响消费者态度的包括客观的产品价格和主观的消费者对价格的感知。产品价格受到几个因素的影响,如政府补贴、免征购置税、企业优惠等。消费者对价格的感知通常表现为对性价比的感知,这种性价比有两种含义,一种是商品的性能值与价格值比,另一种则是该产品与其他同类替代品的竞争性比较。新能源汽车的运营成本较低是消费者购买新能源汽车的主要原因。新能源汽车的运营成本主要包括行驶成本和保养维护成本,与燃油汽车相比,新能源汽车在行驶成本和保养维护成本上有着较大优势,并且电力价格正向影响新能源汽车的行驶成本,从而影响消费者的购买意愿。这种影响不仅是基于事实层面的,消费者对于电价的预期也会影响购买意愿。保值率是过往研究中较少提及的话题。由于新能源汽车仍处在新产品的成长期,产品的更新迭代十分迅速,尤其是电池的升级换代,这使得新能源汽车在保值层面上具有相对劣势。此外,中国的新能源汽车二手市场并不十分完善,相关的二手交易也未形成规范,这导致了买卖双方都无法给出合理的价格,并且存在许多信息不对称和风险问题,导致交易困难。对于新能源汽车的潜在购买者来说,保值率、折旧率等相关参考指标的不清晰也成为降低购买意愿的一个重要原因。

3. 外部因素

外部因素包含了三个范畴,一是政策,二是未来趋势,三是消费情境因素。政策可分为战略指向、经济激励与非经济激励。战略指向是国家为应对气候变化、推动绿色发展的战略举措,具体而言,如《新能源产业振兴和发展规划》《新能源汽车产业发展规划(2021—2035年)》等纲领性文件。这些文件的出台给新能源汽车产业未来一个时期的发展提供重要的指导,而对消费者而言,宏观层面的发展方向及其坚定决心是促使消费者产生积极情感与购买意愿的主要原因("与时俱进,国家大力发展新能源,你说你买燃油汽车,说明你不懂趋势!")。除战略制定外,中国还对新能源汽车实施了一系列经济与非经济激励政策。最主要的经济激励包括补贴与免征购置税。但随着产业升级与变化,近年来补贴逐渐退坡。2016年末,财政部等四部委发布《关于调整新能源汽车推广应用财政补贴政策的通知》,明确新能源汽车(除燃料电池汽车)补贴将逐年退坡20%,直至2020年彻底停补(实际上延长至2022年正式停补)。因此,在本节研究中,近几年的消费者已较少提及补贴政策,关注重点更倾向于国家推行的非经济激励政策。非经济激励政策主要包括不限牌、不限行及推进基础设施建设政策。其中,限牌限行是消费者转向购买新能源汽车最主要的原因,在面对该举措时,意图购买燃油车的消费者通常表达出无奈的消极情感,从而转向新能源汽车的购买。

未来趋势主要涉及市场潜力、预期能源价格和科技发展趋势。市场潜力指新能源汽车与燃油车市场的潜力。当消费者认为燃油车市场在未来仍有潜力时,对新能源汽车的购买意愿会下降,这种认知产生的主要原因是燃油车的存量和增量占比,尽管新能源汽车快速发展,但燃油车依然牢牢占据现有市场的主流位置。预期能源价格指未来电价与油价的走势,当消费者持有对未来电价上涨的预期时,对新能源汽车的购买意愿会有所下降("首先,现阶段看电动汽车使用能耗的成本确实低,但只是现阶段。结合能源短缺来看,未来电价普涨是必然的。我们工业有工业电,商业有商电,一定会有车电,而且价格一定是最高的。")。这种观点的成因也受到全国各地限电政策的影响。在本节研究中,更多的消费者还是认为在未来油价上涨的可能性更大,因此电力的价格优势为消费者带来了更多行驶成本的下降,消费者对采用电力能源更加积极,从而产生新能源汽车购买意愿("汽油是不可再生能源,未来五年油价肯定是越来越贵的。")。最后,科技发展趋势描述的是消费者对于社会历史发展进程的一种认知和判断,这部分消费者认为社会发展的前进方向是科技向前发展、能源可持续化发展,这种认知通常带来了较积极的消费者情感,文本也反映出购买意愿的产生;但该购买意愿并不一定指导消费者在当下实施购买行为,根据不同的消费者对于现阶段科技发展状态的理解,有部分消费者认为现阶段仍处于初步发展的环节,他们更愿意在未来进行新能源汽车的购买。

消费情境因素在文本中体现较少,主要是消费者进行的线下体验以及对线下销售人员专业性的评价。在本节研究中,进行了线下体验(看车、试驾)的消费者均对新能源汽车表现出积极情感("带太太去试驾,感觉特别好。""我就是试驾了特斯拉之后就认清了自己的需求。")。在本次的研究样本中,销售人员的专业性包括态度和专业知识两个维度,态度有两种体现,分别为热情和傲慢,当工作人员热情接待消费者时,消费者有明显的积极情感,当工作人员态度傲慢时,消费者有明显的消极情感。在销售人员专业知识这一初始概念中仅有唯一样本,在该样本下销售人员的专业知识对消费者情感的影响不明显("除了领队的大哥比较专业以外,现场的销售人员里面至少三个都是学生样子,刚入职不久的,对于配置的熟悉程度可能还不如排队的粉丝们……诚心地说,这个硬件配置潜力是很大的,如果能有团队用心去优化解决卡顿和一些操作逻辑的问题,这辆车在这个价位绝对是很好的选择。")。

三、新能源汽车购买意愿模型实证研究

研究概念模型图如图 7-3 所示,首先,根据前文质性研究得出的新能源汽车购买意愿模型,并参考过往文献中的成熟测量量表,对模型中的变量进行问卷设计。其次,确定调研对象与调研方法,获取研究数据。最后,在描述性统计分析和结构方程模型分析的基础上对结果进行讨论。此外,由于消费情境因素在前文的编码分析中出现次数仅有 7 次,本节研究认为消费情境因素并不是影响消费者购买意愿的主要因素,因此,该因素不纳入实证研究的检验。

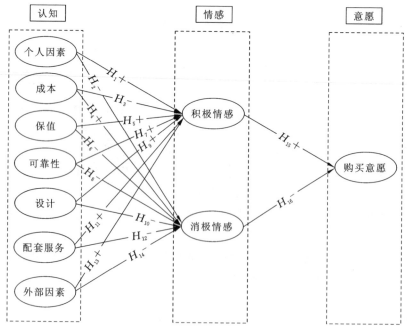

图 7-3 研究概念模型图

(一) 模型构建与研究设计

1. 研究假设与量表构成

1) 个人因素对情感的影响

个人的心理因素是目前研究得较为成熟的一项前因变量,它通常包括了价值观、主观规范、符号象征等。在本节研究中,发现这些心理因素还以其他的形式被表达出来,如兼容性、面子、品牌态度等。兼容性指某项创新与现有价值观、以往经验、潜在采用者需求兼容的程度。de Oliveira M B 等人(2022)通过实证研究发现,当电动汽车与消费者的价值观和需求的兼容性越强,他们对电动汽车的态度就越积极。在 Moons I 和 De Pelsmacker P(2015)的研究中,他们认为,兼容性、主观规范等个人因素对消费者对电动汽车的情感产生了积极影响。此外,他们还发现关注环境的人似乎更多地受到情感的驱使。沈悦和郭品(2015)认为,虚荣效应与攀比效应能够提高新能源汽车消费偏好。在中国,这种心理因素通常表现为面子意识。面子反映的是中国消费者在做出购买决定时可能会考虑自己的社会声誉和他人的意见(郭晓琳和林德荣,2015)。对于新能源汽车消费者来说,面子意识可能给消费者带来积极情感,也有可能给消费者带来消极情感。追求新鲜事物也是一项重要的影响因素。Edison S W 和 Geissler G L(2003)认为,很多人对技术变化和伴随技术变化的不确定性感到不舒服,不愿意接受它们,但对于小部分的技术爱好者来说,他们往往对新能源汽车这种新奇事物持积极态度,并可能产生购买意愿。因此,追求新鲜事物的消费者往往会对新能源汽车产生积极情感,对此比较不敏感的消费者,则可能会产生消极情感。品牌态度在新能源汽车购买意愿的研究中反映了消费者对产品或服务的看法。Walla P 等人(2011)通过使用客观测量来量化品牌态度中与情感相关的方面,在实验中,他们发现与不喜欢的品牌名称相比,与喜欢的品牌名称相关的眨眼幅度显著降低,这说明了积极的品牌态度会引起更高程度的积极情感。因此,兼容性、环保价值观、面子、追求新鲜事物及品牌态度均会对消费者情感产生影响。

基于此,提出以下假设。

H_1:个人因素对积极情感有显著正向影响。当新能源汽车与消费者的价值观和需求的兼容性越好时,消费者的积极情感越强烈;当新能源汽车越能够满足消费者的面子意识时,消费者的积极情感越强烈;当消费者越愿意追求新鲜事物时,消费者的积极情感越强烈;当消费者对某一新能源汽车品牌好感度越高时,消费者对新能源汽车的积极情感越强烈。

H_2:个人因素对消极情感有显著负向影响。当新能源汽车与消费者的价值观和需求的兼容性越差时,消费者的消极情感越强烈;当新能源汽车越不能够满足消费者的面子意识时,消费者的消极情感越强烈;当消费者越不愿意追求新鲜事物时,消费者的消极情感越强烈;当消费者对某一新能源汽车品牌的负面态度越强烈时,消费者对新能源汽车的消极情感越强烈。

2) 产品因素对情感的影响

产品因素主要反映的是消费者对于产品属性各个方面的认知与看法。在过往研究中,这些维度被广泛地用于消费者购买意愿的预测。Yang S 等人(2013)发现价格、续航里程和充电效率会影响电动汽车的购买和使用;Egbue O 和 Long S(2012)的研究发现,电动汽车的性能、安全性、尺寸和风格也会影响消费者的态度。随着研究的不断发展,学者们发现这些维度也对消费者的情感产生了一定的影响。例如,在 Jena R(2020)的研究中,他发现价格高、维修难、电池技术不成熟、电池的维护和寿命的不确定性等产品因素对印度消费者的情感产生了不利影响;Schuitema G 等人(2013)研究对电动汽车的情感属性在消费者采用意愿中的作用,结果表明,对电动汽车工具属性的积极认知会导致消费者对电动汽车产生更多积极情感,进而对电动汽车的购买意愿产生积极影响;余帆(2022)的研究中发现空间、动力、舒适性是新能源汽车用户情感最主要的影响因素。本节研究综合前人文献及编码结果,将产品因素梳理为成本、保值、可靠性、设计、配套服务五类。成本包括了新能源汽车的采购成本和运营成本,保值主要涉及新能源汽车的损耗与折旧,可靠性指与新能源汽车质量安全、技术和续航相关的属性,配套服务主要包括新能源汽车的充电基础设施和产品服务。当消费者认同新能源汽车在成本、保值、可靠性、设计、配套服务等维度存在优势时,对于新能源汽车的积极情感越显著,反之则消极情感越显著。基于此,提出以下假设。

H_3:成本对积极情感有显著负向影响。当购买和运营新能源汽车的成本越低时,消费者的积极情感越强烈。

H_4:成本对消极情感有显著正向影响。当购买和运营新能源汽车的成本越高时,消费者的消极情感越强烈。

H_5:保值对积极情感有显著正向影响。当新能源汽车的保值状况越好时,消费者的积极情感越强烈。

H_6:保值对消极情感有显著负向影响。当新能源汽车的保值状况越差时,消费者的消极情感越强烈。

H_7:可靠性对积极情感有显著正向影响。当新能源汽车的质量安全越好、技术越发达、续航越久时,消费者的积极情感越强烈。

H_8:可靠性对消极情感有显著负向影响。当新能源汽车的质量安全越差、技术越落后、续航越短时,消费者的消极情感越强烈。

H_9:设计对积极情感有显著正向影响。当新能源汽车的设计越时尚、舒适度越好时,消费者的积极情感越强烈。

H_{10}:设计对消极情感有显著负向影响。当新能源汽车的设计越落伍、舒适度越差时,消费者的消极情感越强烈。

H_{11}:配套服务对积极情感有显著正向影响。当新能源汽车的基础设施和服务越完善时,消费者的积极情感越强烈。

H_{12}:配套服务对消极情感有显著负向影响。当新能源汽车的基础设施和服务越欠缺时,消费者的消极情感越强烈。

3)外部因素对情感的影响

外部因素主要包括了消费者对未来趋势和政策的认知与判断。Rezvani Z 等人(2015)认为,消费者对支持性政策或背景力量的看法会影响他们对新能源汽车的态度。黄鲁成等人(2019)的研究中,通过对新能源汽车补贴政策的文本挖掘,发现有半数消费者对新能源补贴政策持积极情感,有四成的消费者对补贴政策持消极情感,因为他们认为补贴政策有损整个汽车市场的公平性,不利于新能源汽车产业的健康可持续发展。因此,当外部因素整体有利于新能源汽车发展时,消费者对新能源汽车的积极情感越显著。反之,当外部因素不利于新能源汽车发展时,消费者对新能源汽车的消极情感越显著。基于此,提出以下假设。

H_{13}:外部因素对积极情感有显著正向影响。当消费者对新能源汽车的未来趋势越认可、越多地感受到政策支持时,消费者的积极情感越强烈。

H_{14}:外部因素对消极情感有显著负向影响。当消费者对新能源汽车的未来趋势越不认可、越少地感受到政策支持时,消费者的消极情感越强烈。

4)情感对购买意愿的影响

情感是消费者反应的重要组成部分,在过往研究中已有大量研究表明情感对于消费者的购买意愿起重要作用(Rezvani Z,et al.,2015)。在 Moons I 和 De Pelsmacker P(2012)的研究中,他们认为消费者对电动汽车的情感是 Ajzen I (1991)计划行为理论(TPB)的一个附加维度,他们将情感的加工水平定义为三个层次:本能加工、行为加工和反思加工。并且他们认为,情感与态度对消费者购买意愿的影响相似。因此,当消费者对新能源汽车持有积极情感时,消费者越容易产生购买意愿。反之,当消费者对新能源汽车持有消极情感时,消费者越难以产生购买意愿。基于此,提出以下假设。

H_{15}：积极情感对购买意愿有显著正向影响。

H_{16}：消极情感对购买意愿有显著负向影响。

2. 变量定义及量表设计

1) 个人因素

实证研究中的个人因素包括了兼容性、环保价值观、面子、追求新鲜事物与品牌态度。根据前面的编码分析结果结合前人的研究量表，分别抽取出一道最具代表性且最贴近于文本中消费者表述的题目作为本节研究的测量题项，最终得到个人因素的测量问项，如表7-4所示。

表7-4 个人因素的测量问项

变量	因子	题项	参考文献作者和发表时间
个人因素	PF1	我认为驾驶新能源汽车适合我的生活方式	Barbarossa C, et al., 2015
	PF2	我认为自己有环境保护的愿望，并希望通过行动去践行它	Kang M J and Park H, 2011
	PF3	我认为自己在购物时会考虑面子问题	Zhang Y, et al., 2011
	PF4	我认为自己喜欢尝试新的东西	Agarwal R and Prasad J, 1998
	PF5	我认为某个新能源汽车品牌是吸引人的	Machleit K A and Wilson R D, 1988

2) 产品因素

实证研究中的产品因素包括了成本、保值、可靠性、设计、配套服务。结合前人的研究量表，对产品因素的各个维度进行题项设置，其中，变量维度的设计参考前文编码分析中的副范畴，测量题项的个数和文本设计参考前文编码分析中的初始节点，最终得到产品因素的测量问项，如表7-5所示。

表7-5 产品因素的测量问项

变量	因子	题项	参考文献作者和发表时间
成本	COS1	我认为新能源汽车的价格可以接受	de Oliveira M B, et al., 2022
	COS2	我认为新能源汽车的性价比高	
	COS3	我认为新能源汽车的保养维修费用便宜	
	COS4	我认为新能源汽车每月的油费便宜	

续表

变量	因子	题项	参考文献作者和发表时间
保值	HED1	我认为新能源汽车的电池寿命短	Li W, et al., 2017
	HED2	我认为新能源汽车电池会存在损耗	
	HED3	我认为新能源汽车的迭代速度快	
	HED4	我在意新能源汽车的保值问题	
可靠性	REL1	我认为新能源汽车有更高的安全性	Wang S, et al., 2017
	REL2	我认为新能源汽车技术已经很成熟了	
	REL3	使用新能源汽车时,我不担心我会无法到达目的地	
设计	DES1	我认为新能源汽车外观时尚	Wang Z and Dong X, 2016
	DES2	我认为新能源汽车空间宽敞舒适	
	DES3	我认为新能源汽车的设计风格不错	
	DES4	我认为新能源汽车的总体配置不错	
配套服务	SUP1	对我来说,新能源汽车的充电桩安装方便,如小区允许安装、企业赠送充电桩等	Wang Z and Dong X, 2016;Chen K, et al., 2019
	SUP2	我认为新能源汽车的充电桩管理有序	
	SUP3	我认为新能源汽车的充电桩建设完善	
	SUP4	在我居住或工作的地方附近有充电桩分布	
	SUP5	我认为新能源汽车提供的充电服务不错,如免费加电服务、移动充电车服务	
	SUP6	我认为新能源汽车提供的电池服务不错,如换电服务、电芯质保服务	
	SUP7	我认为新能源汽车提供的其他服务不错,如赠送免费洗车券、协助保险理赔等	

3) 外部因素

实证研究中的外部因素包括了未来趋势及政策。由于消费情境因素更适合实验场景,并且在前文研究中的编码节点过少,在此予以排除。de Oliveira M B (2022)在研究中将类似的促进因素定义为以资源(时间或金钱)或技术决定的外部条件,这些因素表现为执行某些行为的动机。本节研究结合前人的研究量表以及编码中消费者对未来趋势和政策的表述进行了题项的调整，并且为帮助被试更好地理解经济与非经济激励，结合中国新能源汽车政策的现状对题项进行了优化，最终得到外部因素的测量问项，如表 7-6 所示。

表 7-6 外部因素的测量问项

变量	因子	题项	参考文献作者和发表时间
外部因素	EF1	我认为未来油价将逐步上涨	Jaiswal D, et al., 2021; de Oliveira M B, et al., 2022
	EF2	我认为新能源汽车是顺应未来科技发展趋势的	
	EF3	我认为，在不久的将来，新能源汽车的使用量将超过燃油车	
	EF4	我认为国家在战略层面大力支持新能源汽车产业，有助于新能源汽车的发展	
	EF5	我认为国家实行的补贴与免税政策，有助于新能源汽车的发展	
	EF6	我认为国家实行不限牌、不限号、完善基础设施建设的政策，有助于新能源汽车的发展	

4) 情感与购买意愿

在过往文献中发现，积极情感与消极情感也可能会影响消费者的购买意愿。当消费者对新能源汽车持积极情感时，对购买意愿的产生有所帮助；当消费者对新能源汽车持消极情感时，则会对消费者的购买意愿的产生形成阻碍。由于积极情感与消极情感、购买意愿在过往研究中已有非常成熟的量表，本节研究将根据新能源汽车的具体情境对题项做微小调整，积极情感与消极情感的测量问项、购买意愿的测量问项如表 7-7 和表 7-8 所示。

表 7-7 积极情感与消极情感的测量问项

变量	因子	题项	参考文献作者和发表时间
积极情感	POS1	新能源汽车对我来说很有吸引力	Barrett L F and Russell J A, 1999; Watson D, et al., 1988
	POS2	我对新能源汽车充满热情	
	POS3	我为拥有一辆新能源汽车而感到自豪	
消极情感	NEG1	我讨厌新能源汽车	
	NEG2	我对新能源汽车感到担心	
	NEG3	我对新能源汽车感到失望	

表 7-8　购买意愿的测量问项

变量	因子	题项	参考文献作者和发表时间
购买意愿	PI1	我会考虑购买新能源汽车	Dodds W B, et al.,1991; Wang S, et al.,2017
	PI2	我想买一辆新能源汽车	
	PI3	我会向其他人推荐新能源汽车	

3. 问卷方法

正式问卷共分为三部分,第一部分为问卷的前言部分,主要包括问候语、问卷用途、填表说明等;第二部分为被调查者的人口统计特征,包括性别、年龄、受教育程度、家庭人数、家庭年收入水平、家庭拥有汽车情况、家庭未来五年购车计划等;第三部分是关于研究变量的具体问题。在问卷选项设计上,采用了五级 Likert 量表,其中"1"代表非常不同意,"2"代表不同意,"3"代表一般,"4"代表同意,"5"代表非常同意。

为确保问卷的信度与效度,本节研究借助问卷前测对问卷进行了修正。问卷前测分两次进行,首先在教师、学生中发放 10 份初始问卷,调研对象针对问卷测项中含义模糊、内涵重复的测项提出了建议,我们根据反馈意见对问卷的措辞及题量进行了修改;第二次前测通过线上平台进行,在网络平台中发放 50 份问卷进行测试,我们根据测试结果对问卷题目进行二次修改,最终形成正式版问卷进行发放。

4. 数据收集

正式调查问卷的发放主要通过线上电子问卷的形式发放,在问卷发放设置上,单一网络 IP 地址只允许回答 1 份问卷。此外,根据研究内容,本节研究的调研对象应满足以下条件:调研对象需要具有一定的经济基础,有能力为家庭购置一辆新能源汽车。因此,问卷回收时会排除 18 岁以下无稳定正当收入的样本,以及家庭人均收入明显无法承担购车费用的样本。在剔除回答时间过长与过短等无效样本后,最终回收 685 份有效问卷。

(二) 数据分析

1. 描述性统计分析

描述性统计分析是对样本和总体的基本特征进行分析,用以描述测量样本和总体的各种特征。研究分析了被调查者的人口统计特征,从而了解样本的基本情况。人口统计特征如表 7-9 所示。

表 7-9 人口统计特征表

人口统计变量		样本数/份	占比
性别	男	350	51.09%
	女	335	48.91%
年龄	18~24 岁	23	3.36%
	25~34 岁	493	71.97%
	35~44 岁	147	21.46%
	45 岁及以上	22	3.21%
受教育程度	初中及以下	0	0.00%
	高中或中专	23	3.36%
	本科	507	74.01%
	硕士	145	21.17%
	博士	10	1.46%
家庭年收入水平	10 万元以下	10	1.46%
	10 万~20 万元	287	41.90%
	20 万~50 万元	351	51.24%
	50 万元及以上	37	5.40%
所属地区	东北地区	38	5.55%
	华北地区	104	15.18%
	华中地区	65	9.49%
	华东地区	264	38.54%
	华南地区	165	24.09%
	西北地区	8	1.17%
	西南地区	41	5.99%
家庭人数	两人及以下	71	10.36%
	三人	352	51.39%
	四人	164	23.94%
	五人及以上	98	14.31%

续表

人口统计变量		样本数/份	占比
家庭目前是否拥有一辆燃油车	是	158	23.07%
	否	527	76.93%
家庭目前是否拥有一辆新能源汽车	是	609	88.91%
	否	76	11.09%
家庭是否计划在未来五年内购买新能源汽车	是	41	5.99%
	否	644	94.01%
总计		685	100.00%

2. 探索性因子分析

探索性因子分析(exploratory factor analysis,EFA)是一项用于多元观测变量降维处理的技术,EFA 可以帮助研究者用最少数量的公因子表达尽可能多的变量信息。通过 KMO 值和 Bartlett 球形检验来检测本量表是否适合做探索性因子分析。本测量问卷共包含 42 道题,由表 7-10 可知,KMO 值为 0.883(大于 0.8),sig 值为 0(小于 0.05),适合进行因子分析。

表 7-10 KMO 和 Bartlett 球形检验

KMO 取样适切性量数		0.883
Bartlett 球形检验	近似卡方	11 786.240
	自由度	595
	显著性	0.000

因子分析采用了最常用的主成分分析法。在探索性因子分析筛选变量测量题项时,需要删除具有多重负荷和低负荷的题项,若该题项在两个以上的因子内负荷值超过 0.4 应予以删除,若该题项在所属因子内的负荷值小于 0.5 也应予以删除。根据上述筛选原则,PF3、PF4、COS3、REL1、REL2、REL3、EF6 对应的七个题项不符合标准,予以删除,最终保留 35 个有效题项。从表 7-11 可以看出,提取 9 个变量累积解释总变异的 69.927%,可以解释大部分的方差。9 个变量分别代表了配套服务、外部因素、设计、保值、购买意愿、成本、个人因素、消极情感、积极情感。

表 7-11 修正后的旋转成分矩阵

因子	成分								
	1	2	3	4	5	6	7	8	9
SUP2	0.830								
SUP1	0.816								
SUP3	0.794								
SUP5	0.785								
SUP4	0.757								
SUP6	0.742								
SUP7	0.693								
EF5		0.828							
EF4		0.809							
EF1		0.773							
EF2		0.760							
EF3		0.712							
DES4			0.845						
DES3			0.838						
DES1			0.820						
DES2			0.778						
HED1				0.836					
HED3				0.825					
HED2				0.780					
HED4				0.716					
PI3					0.841				
PI1					0.765				
PI2					0.759				
COS1						0.843			
COS2						0.801			
COS4						0.798			
PF5							0.821		
PF1							0.778		

续表

因子	成分								
	1	2	3	4	5	6	7	8	9
PF2							0.753		
NEG1								0.795	
NEG3								0.743	
NEG2								0.521	
POS1									0.732
POS2									0.716
POS3									0.573
特征根	4.669	3.314	2.911	2.808	2.576	2.218	2.183	2.000	1.795
方差百分比/(%)	13.341	9.470	8.318	8.023	7.360	6.336	6.237	5.715	5.127
累积/(%)	13.341	22.811	31.129	39.152	46.512	52.848	59.085	64.800	69.927

3. 信度分析

在进行探索性因子分析后,为确保所有变量测量题项在所属因子内具有高度一致性,对优化后的题项进行 Cronbach's α 信度分析。信度分析的结果显示,各变量的内部一致性系数均大于 0.7,说明测量量表具有良好的内部一致性,信度分析结果如表 7-12 所示。

表 7-12 信度分析结果

变量	Cronbach's α	题数/个
个人因素	0.765	3
成本	0.799	3
保值	0.825	4
设计	0.861	4
配套服务	0.901	7
外部因素	0.857	5
积极情感	0.842	3
消极情感	0.831	3
购买意愿	0.829	3

4. 效度分析

1) 内容效度

内容效度,即表面效度,用来衡量量表题目对测量内容的合适程度。良好的内容效度可以确保测量题项准确地表达所测量变量的内涵。本节研究测量题项的设计在基于定性研究的基础上参考了国内外学者开发的成熟量表,在量表完成初步设计后结合反馈意见进行了二次修订,因此具有较好的内容效度。

2) 收敛效度

本节研究中采用平均方差提取值(average variance extracted,AVE)来进一步测量收敛效度与区分效度,AVE 是用来衡量因子解释的方差与测量误差解释的方差之间的比率关系的指标。在检验效度时,一般认为所有因子的平方根大于各因子间的相关系数,则认为该问卷的效度达到了要求。收敛效度检验如表 7-13 所示。

表 7-13 收敛效度检验

变量	因子	因子载荷	SE	t-value	P	SMC	CR	AVE
个人因素	PF5	0.779				0.607	0.770	0.529
	PF2	0.646	0.061	14.621	***	0.417		
	PF1	0.751	0.061	16.108	***	0.564		
成本	COS1	0.823				0.677	0.802	0.576
	COS2	0.767	0.054	17.581	***	0.588		
	COS4	0.680	0.049	16.700	***	0.462		
保值	HED2	0.644				0.415	0.830	0.555
	HED1	0.862	0.080	17.300	***	0.743		
	HED3	0.837	0.083	17.303	***	0.701		
	HED4	0.603	0.073	13.586	***	0.364		
设计	DES1	0.764				0.584	0.862	0.609
	DES3	0.775	0.049	20.072	***	0.601		
	DES4	0.840	0.053	21.002	***	0.706		
	DES2	0.740	0.052	18.776	***	0.548		

续表

变量	因子	因子载荷	SE	t-value	P	SMC	CR	AVE
配套服务	SUP5	0.764				0.584	0.902	0.570
	SUP1	0.805	0.049	21.804	***	0.648		
	SUP4	0.759	0.052	20.267	***	0.576		
	SUP6	0.725	0.046	19.445	***	0.526		
	SUP2	0.827	0.048	22.328	***	0.684		
	SUP7	0.651	0.051	17.217	***	0.424		
	SUP3	0.740	0.055	19.746	***	0.548		
外部因素	EF1	0.754				0.569	0.859	0.550
	EF5	0.786	0.054	19.788	***	0.618		
	EF4	0.810	0.053	20.555	***	0.656		
	EF3	0.615	0.054	15.543	***	0.378		
	EF2	0.729	0.056	17.952	***	0.531		
积极情感	POS1	0.804				0.646	0.845	0.645
	POS2	0.836	0.046	22.650	***	0.699		
	POS3	0.767	0.052	20.404	***	0.588		
消极情感	NEG3	0.825				0.681	0.835	0.628
	NEG2	0.730	0.048	19.080	***	0.533		
	NEG1	0.819	0.046	22.285	***	0.671		
购买意愿	PI1	0.806				0.650	0.830	0.620
	PI2	0.800	0.048	20.337	***	0.640		
	PI3	0.755	0.051	19.267	***	0.570		

注：***指 $P<0.001$。

3）区分效度

区分效度指运用相同的问卷测定不同概念的题项，测量结果之间不应有太大的相关性。由表 7-14 可知，表格对角线上的数值代表各变量的 AVE 的算术平方根，对角线下方的数值代表两两变量之间的相关系数，从表 7-14 中的数据可以看出，各变量的 AVE 的算术平方根均大于各变量之间的相关系数，表明模型具有较好的区分效度。

表 7-14 区分效度分析表

变量	消极情感	购买意愿	积极情感	外部因素	设计	成本	保值	配套服务	个人因素
消极情感	0.792								
购买意愿	−0.497	0.787							
积极情感	−0.321	0.564	0.803						
外部因素	−0.351	0.317	0.394	0.742					
设计	−0.279	0.205	0.355	0.265	0.780				
成本	−0.289	0.304	0.489	0.214	0.184	0.759			
保值	−0.297	0.195	0.336	0.166	0.080	0.258	0.745		
配套服务	−0.388	0.161	0.387	0.203	0.239	0.250	0.296	0.755	
个人因素	−0.486	0.281	0.441	0.280	0.273	0.289	0.136	0.240	0.727

5. 结构方程模型分析

1) 模型拟合

前面已经对数据进行了信度与效度的检验,以确保各个构面测量的变量具有较好的可信度与可靠度,接下来对各个构面进行因果关系之间的分析,以检验假设成立情况及模型效果。从表 7-15 和图 7-4 中的各项拟合指标可以看出,$\chi^2/df = 2.114$,小于 3.000 表示模型的拟合度较好;近似误差均方根 RMSEA = 0.04,小于 0.08 说明模型的拟合度较好;拟合度指标 GFI = 0.902,大于 0.900 表示模型的拟合度较好;比较拟合指标 CFI = 0.948,大于 0.900 表示验证的模型和理想模型之间相对匹配度较高。SRMR、NFI、TLI 等拟合指标的情况均达到判断标准,所有拟合指标均通过结构方程模型的拟合度检验,说明结构方程模型分析拟合较好。

表 7-15 模型拟合

拟合指标	χ^2/df	RMSEA	GFI	SRMR	NFI	CFI	TLI	IFI
判断标准	<3.00	<0.08	>0.900	<0.080	>0.900	>0.900	>0.900	>0.900
分析结构	2.114	0.04	0.902	0.043	0.907	0.948	0.942	0.948

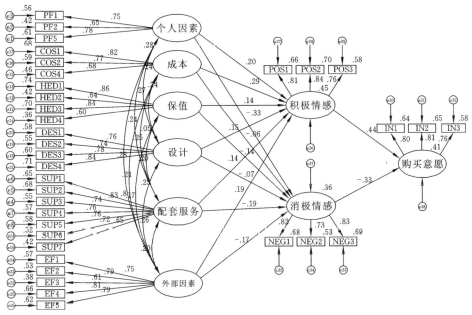

图 7-4　结构方程模型标准化系数图

2）路径分析与假设检验

路径系数，即标准路径系数，用于评估结果变量对预测变量的相对贡献。SE 标准主要用于测量抽样误差，标准误差越小，样本间的变异越小，样本值在均值附近的分布越密集，代表性越好。P 值是验证假设支持的关键指标，0.05 为临界值，如果 P 值大于 0.05，说明假设不被支持。结构模型检验的路径回归系数和拟合指数如表 7-16 所示。

表 7-16　路径分析

路径	Std.	SE	CR	P
个人因素→积极情感	0.199	0.047	4.531	***
外部因素→消极情感	−0.166	0.051	−3.881	***
外部因素→积极情感	0.187	0.044	4.609	***
配套服务→积极情感	0.136	0.035	3.412	***
保值→积极情感	0.144	0.038	3.593	***
设计→积极情感	0.149	0.039	3.718	***
设计→消极情感	−0.074	0.045	−1.764	0.078

续表

路径	Std.	SE	CR	P
成本→积极情感	0.291	0.04	6.695	***
成本→消极情感	−0.056	0.044	−1.256	0.209
个人因素→消极情感	−0.328	0.057	−6.792	***
配套服务→消极情感	−0.189	0.041	−4.402	***
保值→消极情感	−0.141	0.044	−3.313	***
积极情感→购买意愿	0.439	0.045	9.931	***
消极情感→购买意愿	−0.333	0.041	−7.655	***

注：*** 指 $P<0.001$。

本模型一共涉及16个假设，其中有2项假设未得到支持，研究假设验证结果如表7-17所示。

表7-17 研究假设验证结果

假设代号	假设内容	结果
H_1	个人因素对积极情感有显著正向影响	支持
H_2	个人因素对消极情感有显著负向影响	支持
H_3	成本对积极情感有显著负向影响	支持
H_4	成本对消极情感有显著正向影响	不支持
H_5	保值对积极情感有显著正向影响	支持
H_6	保值对消极情感有显著负向影响	支持
H_9	设计对积极情感有显著正向影响	支持
H_{10}	设计对消极情感有显著负向影响	不支持
H_{11}	配套服务对积极情感有显著正向影响	支持
H_{12}	配套服务对消极情感有显著负向影响	支持
H_{13}	外部因素对积极情感有显著正向影响	支持
H_{14}	外部因素对消极情感有显著负向影响	支持
H_{15}	积极情感对购买意愿有显著正向影响	支持
H_{16}	消极情感对购买意愿有显著负向影响	支持

3）中介效应检验

总效应、直接效应、间接效应分析如表7-18所示。

表 7-18 总效应、直接效应、间接效应分析

变量	效应	变量							
		成本	设计	保值	配套服务	外部因素	个人因素	消极情感	积极情感
消极情感	总效应	−0.056	−0.074	−0.141**	−0.189***	−0.166**	−0.328***	—	—
积极情感		0.291***	0.149**	0.144**	0.136**	0.187***	0.199***	—	—
购买意愿		0.146***	0.090**	0.110***	0.123***	0.137***	0.196***	−0.333***	0.439***
消极情感	直接效应	0.056	0.074	0.141**	0.189***	0.166**	0.328***	—	—
积极情感		0.291***	0.149**	0.144**	0.136**	0.187***	0.199***	—	—
购买意愿		—	—	—	—	—	—	−0.333***	0.439***
消极情感	间接效应	—	—	—	—	—	—	—	—
积极情感		—	—	—	—	—	—	—	—
购买意愿		0.146***	0.090**	0.110***	0.123***	0.137***	0.196***	—	—

注：*** 指 $P<0.001$，** 指 $P<0.01$。

将个人因素、成本、保值、设计、配套服务、外部因素作为自变量，积极情感、消极情感作为中介变量，购买意愿作为因变量，进行中介效应的检验。通过 Amos 可以得到每个变量对消费者购买意愿影响的总效应、直接效应和间接效应。通过表 7-18 中的数据可以得知，积极情感与消极情感的中介效应成立。

四、总结与讨论

（一）研究结论

基于第六章对知乎平台用户对新能源汽车态度的文本挖掘结果，本节研究对海量文本进行精读和二次筛选，以扎根理论为研究方法，通过三级编码得出相

关概念与范畴,最终形成了新能源汽车购买意愿影响因素模型。为检验该模型,在此基础上又根据变量间关系提出了基于"认知-情感-意愿"的研究假设,根据前文编码的初始概念与范畴并结合过往研究中经典的测量量表,形成本节研究使用的测量题项。最后,通过线上问卷调查得到685份有效问卷进行实证分析,包括对样本的描述性统计分析及结构方程模型分析等,对新能源汽车购买意愿影响因素及其作用机制进行了验证,得出本节研究的主要结论如下。

(1) 新能源汽车购买意愿影响因素包含了个人因素、产品因素与外部因素。

个人因素包括了消费者特征和心理因素,产品因素包括了成本、保值、可靠性、设计和配套服务,外部因素包括了消费情境因素、未来趋势和政策。消费者特征在本节研究中的体现为个人经济水平、是否为多车家庭、所处地区等,心理因素体现为兼容性、环保价值观、面子、追求新鲜事物与品牌态度;成本包括了采购成本与运营成本,保值包括电池的损耗与寿命、迭代速度及面对贬值的心态,可靠性包括技术、续航与质量安全,设计包括外观、空间、设计风格和配置,配套服务包括充电桩安装、充电桩管理、充电桩数量、充电桩位置、充电服务、电池服务和其他服务;消费情境因素包括销售人员专业性、线下体验,未来趋势包括预期能源价格、科技发展趋势和市场潜力,政策包括战略指向、经济激励与非经济激励。

(2) 个人因素、外部因素、设计、保值、配套服务对积极情感有显著正向影响。

根据路径系数来看,成本(0.291)对积极情感的影响最大,个人因素(0.199)和外部因素(0.187)次之,设计(0.149)、保值(0.144)对积极情感的影响较小,配套服务(0.136)对积极情感的影响最小。这说明最能给消费者带来积极情感的是新能源汽车在成本上的节约。结合质性研究与政策,本节研究发现,随着补贴的退坡,这种成本上的节约主要体现为电力价格优势带来的行驶费用的降低。个人因素中,当新能源汽车更能够兼容消费者的日常需求、消费者更倾向于环保价值观或对某新能源汽车品牌持有积极态度时,消费者对新能源汽车的积极情感会增强。在外部因素中,限牌限号是消费者最关注的政策,在限牌限号城市,政策的限制成为消费者采用新能源汽车的直接原因,而在整体宏观环境方面,对新能源汽车发展方向的认可使消费者产生了积极的心理预期,这种积极的预期和对科技发展趋势的信念都有助于消费者打消对新能源汽车的疑虑,从而促使积极情感的产生。产品的设计中,消费者对外观、空间、设计风格和配置的认可和偏好有助于积极情感的产生。对于保值问题,不同的消费者对于保值有着差异化的认知,部分消费者认为电池的损耗、电池寿命的年限以及新能源汽车的技术迭代迅速会给保值问题带来压力,但也有消费者认为这种折旧状态是在可接受范围之内的。此外,还有一些消费者对于保值问题并不那么看重,消费者更看重的是新能源汽车带来的实际成本节省,而对于预期二手市场尚未存在定论,因此并不会对他们造成影响。最后,新能源汽车的配套服务有助于增强消费者的积极情感,但基础设施建设相比于其他因素来说仍有待提高,而企业提供的有关服务是一种锦上添花的效果,并不能对积极情感的产生起主要作用。

(3) 个人因素、配套服务、外部因素、保值对消极情感有显著负向影响。

根据路径系数来看,个人因素(-0.328)对于消极情感的影响最大,配套服务(-0.189)和外部因素(-0.166)的影响较小,保值(-0.141)对消极情感的影响最小。结合质性研究发现,个人因素中影响消极情感的主要原因是消费者对于新能源汽车的品牌态度。这种消极情感的产生,主要是因为企业重于品牌定位而疏忽品牌运营的结果。新能源汽车品牌普遍定位高端,在宣传时也着重将品牌与未来、科技挂钩,使得消费者对品牌有着较高的期待,但在品牌运营的过程中,过度或错误的营销、失败的危机公关处理都令消费者感到失望,这种预期过高造成的心理落差引发了强烈的消极情感。此外,网络的匿名性也可能加剧这种情感,消费者在网络情境中会更无拘束地去表达这种负面情感。除了品牌态度以外,兼容性较差也是个人因素中导致消极情感的一个主要来源。对于部分有长途需求的消费者,新能源汽车并不能够很好地满足他们的需求,这也侧面说明了配套设施和政策对于消费者消极情感的影响,充电桩建设还有待进一步提高与完善。尽管政府推行了许多有关基础设施建设的激励政策,但在政策落实上仍有一定差距。实际上,企业也逐步提高了各自的配套服务水平,但要真正实现里程焦虑的消除,还需要长时间的消费者教育和累积完善。除了前文提到的基础设施建设的执行效果较差,燃油车市场在过去一直以来的强势地位,也对部分保守型和风险厌恶型的消费者的消极情感有所影响。新能源汽车作为一项新兴事物,尽管发展迅速,但仍有许多不完善之处。例如,电池技术始终难以实现质的突破,消费者始终存在对电池损耗、电池寿命的担忧;新能源汽车的二手市场还亟待完善,二手交易价格的不确定、交易规则的不完善等都会对新能源汽车的保值率产生影响,从而加剧消费者的消极情感。

(4) 积极情感对购买意愿有显著正向影响,消极情感对购买意愿有显著负向影响,情感在对消费者购买意愿的影响中起中介作用。

当消费者持积极情感时,更容易产生购买意愿;当消费者持消极情感时,更难产生购买意愿。从路径系数来看,积极情感(0.439)比消极情感(-0.333)对购买意愿的影响更显著。这说明,积极情感更能影响消费者的购买意愿,相关企业和部门更应重视从个人因素、产品因素、外部因素多个方面对积极情感进行激发。

(二)结果讨论

对于探索性因子分析中可靠性这一因素未能提取出来的问题,通过对质性研究的原始资料和编码的回顾发现,可能是由于可靠性这一因素与其他因素关联较大导致的。例如,可靠性因素中的质量安全一项与设计因素中的配置相关("在降低起售价的同时,增加了舒适性及安全性配置,虽然小鹏P7这两款没有智能导航辅助驾驶。");续航与外部因素中的政策相关("电动汽车兴起不过几年时间,国家大力建设充电设施也仅仅是近五年的事,这是电动车续航焦虑的根本原因。");技术与外部因素中的未来趋势相关("特别是电动汽车近几年技术进展太快,老旧车型很容易落伍且需求方极小,也加剧了这种保值率的降低。而燃油车可以说是并没有明显的技术进步,所以其保值率看似理想。")。因此,可靠性依然是影响新能源汽车消费者购买意愿的重要因素,在本节研究中,如产品配置、政策和未来趋势中均有可靠性的体现。

此外,本节研究有两条假设未得到支持,首先是成本对消极情感的正向影响不显著。根据重新检索质性研究的原始资料发现,成本对消极情感的正向影响不显著的原因可能有以下三种:其一是补贴尽管有所退坡,但优惠依然存在,对于部分消费者而言,购置成本可以接受;其二是根据现有的燃油价格,新能源汽车的使用成本持续存在对比效应,与传统燃油车相比,新能源汽车仍然具有明显的运营成本优势;其三是新能源汽车作为一项新技术产品,本身意味着高成本,消费者对于成本的下调并未有较高的期待("你今天看到的这些新能源汽车,五年内不会有大的技术突破了,也不会降价了。"),并且近年来受到国际形势的影响,芯片短缺和电池价格上涨的事实也有助于消费者理解企业的成本压力,因此对降价的预期降低,从而体现为成本对消极情感的正向影响不显著。

其次是产品设计对消极情感的负向影响不显著。设计上的优势能够为消费者带来积极情感,但设计的不足并不足以带来消极情感的影响。汽车作为一件具有实用意义的商品,消费者更多在意的是产品的安全、性能、便利等,相比之下,设计在消费者心中的优先序列会靠后("总之,我作为车主,反正是后悔了。基本的质量都保证不了,动不动就让车主体验高速惊魂,谈性能,谈使用成本,是不是本末倒置了呢？"）。此外，设计优劣实际上是一项非常主观的判断，特别是外观的好看程度、设计风格的偏好，每个人的看法都不尽相同。这些判断都具有强烈的个人色彩。因此，当设计不符合消费者心中的理想时，消费者也能够欣然接受（"外观这个事情见仁见智，我单纯觉得前后灯不是特别搭，当然这也不至于成为不购买的决定性因素。"）。

本节基于第六章文本挖掘的结果，构建了影响消费者新能源汽车购买意愿的整体模型，从个人因素、产品因素以及外部因素方面讨论了这些因素如何影响消费者情感态度及购买意愿，并检验了消费者情感在各个认知因素和新能源汽车购买意愿之间的中介作用。本节通过问卷调查的方式验证新能源汽车购买意愿模型，大部分研究假设能够得到支持，但正如结果讨论部分指出的，消费者对于成本、产品设计等的态度是主观且复杂的，产品设计的不足有时并不会造成强烈显著的消极情感，这就说明消费者对于新能源汽车的情感态度一定程度上存在矛盾、纠结的部分，这是一个重要且有趣的发现。下一节将基于拓展的技术接受模型（TAM）重点讨论态度矛盾在新能源汽车购买意愿中的作用。

第三节　积极情感与消极情感的冲突：态度矛盾的作用

一、新能源汽车购买中情感的冲突

过往关于新能源汽车购买意愿的研究主要集中在产品因素、政策因素和消费者因素上。许多研究发现消费者不购买新能源汽车的最常见原因是行驶里程有限、充电基础设施不足、充电时间长、安全性不足和性能不确定等因素（Carley S, et al., 2013）。但实际上，新能源汽车噪声低、加速度快、重心低、能耗低等，具有很多优点。在过去，新能源汽车的优惠政策和补贴有效促进了新能源汽车购买（Chen K, et al., 2019b）。此外，消费者的价值感知也会影响他们对新能源汽车的购买意愿（Han L, et al., 2017）。可见，消费者对新能源汽车的态度往往不是极端的"喜欢"或"不喜欢"，而是混合的和不确定的，这就让购买决策陷入困境。

中华传统文化中的儒家思想有其独特的价值。增强新能源汽车购买意愿的价值观包括天人合一和节俭。在生态价值观方面，中国消费者认为人和自然是一体的，使用新能源汽车有利于保护环境，符合天人合一的理念。节俭是中华民族的传统美德。在中国,人们普遍提倡俭朴的生活方式,因为它符合儒家思想的礼仪要求,是一种美德。考虑到政府补贴和相对便宜的电价,许多消费者认为购买新能源汽车是降低购买成本和使用成本的有益行为。

降低新能源汽车购买意愿的价值观包括保守主义和面子观。中国消费者的消费心理普遍保守,不太容易接受新兴产品或进入新市场。由于新能源汽车是创新产品,消费者可能对技术变革和相关的不确定性感到不安,因此对新能源汽车的购买犹豫不决。在许多中国消费者的认知中,面子也非常重要,它代表着在生活中通过成功和炫耀获得的声誉。在儒家集体主义的影响下,中国人普遍持有一种相互依存的自我概念,因此,大家更倾向于通过明显的消费来展示自己的社会地位,例如,选择知名品牌的、价格昂贵的燃油车(Wang S, et al., 2016)。这些顾虑和消费观念也让消费者在购买新能源汽车时更加谨慎。

可以看出,消费者对新能源汽车可能既有积极的情感,又有消极的情感(Wan J, et al., 2017),呈现为态度矛盾。作为一种心理现象,态度矛盾在生态消费中普遍存在,并显著影响生态消费行为。本节研究从态度矛盾的视角探析消费者的新能源汽车购买意愿。

新兴产品的特点之一是新技术的应用。新能源汽车也是一种应用新技术的新兴产品,如电池技术和驱动系统。技术接受模型(TAM)及其扩展模型旨在研究用户对信息技术的接受程度(Kamal S A, et al., 2020)。该模型可以从技术角度解释影响消费者采用新能源汽车的核心要素(Wang S, et al., 2018b)。鉴于中国的文化背景和新能源汽车的独特属性,本节研究扩展技术接受模型(TAM)来研究影响新能源汽车购买意愿的内部机制,并检验态度矛盾的中介作用。本节研究主要有两个贡献。首先,从消费者态度矛盾的角度研究消费者心理,为促进新能源汽车消费提供了理论支持。其次,态度矛盾心理被整合到TAM中,从而形成了一个新的扩展模型,更适合研究中国消费者对新能源汽车的购买意愿。

二、研究模型构建

(一)新能源汽车购买意愿

许多学者运用TAM研究新能源汽车购买意愿。Wu J 等(2019)使用TAM研究了感知有用性、感知易用性和环境问题导致的电动汽车自动采用意向;Park E 等(2018)基于TAM和电动汽车的特点,探讨了电动汽车驾驶员的认知;扩展的 TAM 还被用于分析消费者认知、感知风险、感知有用性和财务激励政策对新能源汽车采用意愿的影响(Wang S,et al.,2018b)。TAM 还可以与其他理论相结合。例如,基于 TAM 和计划行为理论,王月辉和王青(2013)结合新能源汽车购买行为的特点建立理论模型,对影响北京居民购买新能源汽车意愿的因素进行实证研究。

(二) 态度矛盾

态度矛盾被定义为一个人同时对一个物体有积极和消极的感觉时的状态(Rothman N,et al.,2017)。如果高度积极的情感和高度消极的情感共存,一个人会产生态度矛盾,这会让他感到冲突、难以做出决定。以往的研究表明,有些个体特征与更大的态度矛盾相关,如自我和情绪的认知表征、辩证思维、对无效的恐惧和对认知的低需求(Rothman N,et al.,2017)。

人们经常会有矛盾的态度,包括在购买绿色产品时(Chang C,2011)。一方面,消费者觉得绿色产品既节能又环保,对使用它们持更积极的态度(Dean M,et al.,2012)。另一方面,消费者可能对绿色产品持更消极的态度,因为他们对绿色产品知之甚少,或是怀疑其环境主张。

一般来说,有两种方法可以用来衡量态度矛盾。一种是通过询问个体的态度是片面的还是混合的,直接评估矛盾心理的主观感受。该方法反映一个人在多大程度上经历了矛盾态度的冲突。当然,询问人们是否感到矛盾,可能被误解为犹豫不决或不确定,无法获得矛盾心理的准确主观体验(Russell C A,et al.,2011)。此外,由于心理冲突的无意识,人们也很难明确表达他们的矛盾态度,这些可能会影响方法的准确性。另一种方法是评估客观的矛盾心理,即积极和消极情感的共存(Itzchakov G and Van Harreveld F,2018)。客观方法分别评估个体态度的积极和消极成分,然后通过数学模型将这两个成分组合成矛盾指数。最常用的数学模型是 Griffin 公式,即 $A=(P+N)/2-|P-N|+C$,其中,A 表示态度矛盾,P 表示积极情感,N 表示消极情感,C 是一个常数。Griffin 公式有效地反映了 Thompson M M 等(1995)定义的态度矛盾的两个关键组成部分。具体来说,$|P-N|$ 表示积极和消极情感之间的相似性,而 $(P+N)/2$ 表示积极和消极情感的强度。A 值越高,态度矛盾的程度就越高。客观方法较全面地涵盖了态度矛盾心理的各个组成部分,并有助于提高推断矛盾心理体验的准确性。

态度矛盾是一种困惑和不确定的状态,它会刺激消费者对认知闭合的需求(对一个已确认但并不完全正确的决定的渴望)。对于新能源汽车这种具有公共利益特征的高新技术产品,消费者通常会产生态度矛盾,从而抑制他们的购买意愿。针对新能源汽车的购买意愿,本节研究使用主观和客观两种测量方法来对比其有效性。

(三) 感知有用性、感知易用性和感知风险对购买意愿的影响

感知有用性代表从某种行为中的得利程度,这包括有形和无形的利益。新能源汽车被认为是未来半个世纪交通运输领域的一项极具前途的产品。新能源汽车可以减少对石油的直接需求,并在环境保护方面发挥积极作用(Ou X, et al.,2010)。一些学者认为,新能源汽车具有明显的经济效益,例如,减少汽油使用,从而降低燃料成本(Chen K, et al.,2019b)。此外,中国政府针对新能源汽车发布了一系列优惠政策,包括补贴、免费上牌、免费停车、不限行、不限购等,这些政策在促进新能源汽车销售方面发挥了重要作用(Wang S, et al.,2018b),也有助于提高新能源汽车车主的出行效率和生活质量。借鉴 Wang S 等(2018b)的测量方式,在本节研究中,感知有用性包括三个方面:保护环境、降低家庭交通成本、提高出行效率和生活质量。

感知易用性指个人主观上认为执行特定行为毫不费力的程度。例如,在中国一些交通限制严格的城市,新能源汽车车主无须等待摇号即可获得特殊牌照,这让新能源汽车的采用更为便利。参考 Wu J 等(2019)的测量方式,考虑到新能源汽车的技术和性能特点,在本节研究中,感知易用性包括三个方面:申请牌照的便利性、出行的便利性和操作的便利性。

感知有用性和感知易用性被认为是支持新能源汽车购买意愿的重要前因(Globisch J, et al.,2018)。本节研究提出以下假设。

H_1:感知有用性显著正向影响购买意愿。

H_2:感知易用性显著正向影响购买意愿。

传统的 TAM 只考虑新技术的积极因素,忽略了用户的负面感知。感知风险是直接或间接影响新能源汽车购买意愿的主要因素(Jaiswal D, et al.,2021),是消费者在购买商品时所经历的不确定性和负面结果。消费者感知到的风险因产品而异。Wang Y 等(2020c)指出,购买和拥有新能源汽车的感知风险可分为六类:财务风险、身体风险、时间风险、绩效风险、社会风险和便利性风险。

在中国,与新能源汽车相关的财务风险包括相对较低的剩余价值等(Brand C, et al.,2017)。与传统燃油车相比,新能源汽车的部分技术仍然不发达,例如,续航里程有限(Wang N, et al.,2017a)和充电时间长(Schuitema G, et al.,2013)。消费者在购买新能源汽车之前会考虑便利性的风险,包括时间损失和对产品功能的失望。当然,家里有充电设施的便利性对新能源汽车的潜在买家来说很重要。这也说明充电基础设施不足会给消费者带来不便

(Wang S，et al.，2017b)。消费者安全保障(如自燃)是新能源汽车的另一个问题(Brand C，et al.，2017)。面子意识也可能会影响中国消费者采用新能源汽车的决定,特别是考虑到车的象征意义(Qian L and Yin J，2017)。在中国社会,大多数消费者仍然更愿意购买燃油车,因为这样他们就可以展示自己的社会身份、社会地位和自我形象(Wang S，et al.，2016)。基于以上情况,本节研究提出以下假设。

H_3：感知风险显著负向影响购买意愿。

(四)感知有用性、感知易用性和感知风险对态度矛盾的影响

以往的研究表明,个人的感知有用性和感知易用性会影响其对事物的态度(Wu B and Chen X,2017)。Chang C(2011)发现,感知质量是对绿色产品态度矛盾的重要预测因子,而感知效用是显著预测因子。易用性高的产品通常被认为是值得信赖的(Vahdat A，et al.，2020)。基于此,本节研究提出以下假设。

H_4：感知有用性显著负向影响态度矛盾。

H_5：感知易用性显著负向影响态度矛盾。

感知风险反映了购买过程的不可预测性,通常被视为一种负面看法,这与消费者想要购买绿色商品时的态度矛盾正相关(Le A N，et al.，2019)。因此,本节研究提出以下假设。

H_6：感知风险显著正向影响态度矛盾。

(五)态度矛盾对购买意愿的影响

Wang J M 和 Wu L C(2015)认为,绿色购买情感呈现出显著的二维特征,即基于正面和负面情感的维度,这两个维度对绿色购买意愿产生不同的影响。积极情感可以增强绿色购买意愿,而消极情感可以干扰和削弱绿色购买意愿。

态度矛盾可能直接或间接影响消费者在购买前和购买过程中的行为。一方面,消费者对新能源汽车有强烈的正面情感。他们认为,新能源汽车有利于环境保护、有可观的补贴、可以直接上牌并且驾驶限制较少。另一方面,消费者也有强烈的负面情感。他们可能担心新能源汽车充电不方便、驾驶体验差、不安全。态度矛盾对个人行为意愿有消极影响(Hu H，et al.，2017a),这也会降低消费者的品牌满意度和品牌忠诚度。因此,本节研究提出以下假设。

H_7：态度矛盾显著负向影响购买意愿。

这些假设将通过两个子研究进行检验。在子研究 1 和子研究 2 中,态度矛盾分别通过客观和主观方法进行测量。研究模型如图 7-5 所示。

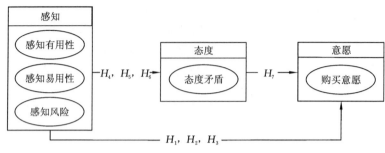

图 7-5　研究模型

三、子研究 1

（一）样本与数据收集

子研究 1 的数据于 2019 年 6 月 8 日至 2019 年 9 月 23 日期间以两种方式收集。一种是在汽车交易市场和车管所现场发放问卷，另一种是通过调查平台 Credamo 在线发放问卷。现场调查在广东省进行，在线调查覆盖中国 20 个省级行政区。共回收问卷 582 份，其中现场有效问卷 163 份，线上有效问卷 419 份。使用 SPSS 22.0 和 Amos 22.0 软件包对数据进行分析，表 7-19 显示了样本分布情况。

表 7-19　子研究 1 的样本人口统计情况

人口统计变量		样本数/份	占比/(%)
性别	男	298	51.2
	女	284	48.8
年龄	18～24 岁	163	28.0
	25～34 岁	245	42.1
	35～44 岁	150	25.8
	45 岁及以上	24	4.1
受教育程度	初中及以下	2	0.3
	高中或中专	7	1.2
	大专	81	13.9
	本科	406	69.8
	硕士及以上	86	14.8

续表

人口统计变量		样本数/份	占比/(%)
职业	企业员工或管理人员	200	34.4
	工人	124	21.3
	公务员	35	6.0
	个体户	102	17.5
	学生	108	18.6
	其他	13	2.2
家庭人数	两人及以下	92	15.8
	三人	278	47.8
	四人	156	26.8
	五人及以上	56	9.6
家庭年收入水平	10万元以下	41	7.0
	10万~20万元	292	50.2
	20万~50万元	148	25.4
	50万元及以上	101	17.4
家庭目前是否拥有汽车	是	426	73.2
	否	156	26.8
家庭是否计划在未来五年内购买汽车	计划购买燃油汽车	176	30.2
	计划购买新能源汽车	320	55.0
	无购买计划	86	14.8
总计		582	100

(二) 变量测量

问卷由两部分组成。第一部分收集被试的基本人口统计信息,第二部分收集变量的测量数据。在子研究1中,所有测量题项均基于现有文献。通过中英文翻译和半结构化、小规模的访谈,对文本表达进行修改,以适应当前的研究环境,还邀请两位营销专家对量表的内容进行评估。最后,使用 Likert 五点式量表来测量六个变量。测量结构如表7-20所示,并且按照表中所示的顺序询问题项。使用 Griffin 公式计算积极情感和消极情感得分来测量客观态度矛盾,C的值为0。

表7-20 子研究1的测量结构

变量	因子	题项	参考文献作者和发表时间	均值	标准差
感知有用性	PU1	新能源汽车有助于减少碳排放和缓解能源短缺问题	Wang S, et al., 2018	3.96	0.977
	PU2	新能源汽车有助于减少家庭交通支出		4.01	0.899
	PU3	新能源汽车可以提高出行效率和生活质量		4.00	1.060
感知易用性	PEU1	我认为新能源汽车很容易获得牌照	Wu J, et al., 2019	3.92	1.134
	PEU2	我认为开新能源汽车去任何我想去的地方都很容易		3.95	0.999
	PEU3	我认为使用新能源汽车很容易		3.84	0.966
感知风险	PR1	我担心在使用新能源汽车时遭受经济损失（因为低二手车回收价值等）	Li W, et al., 2017; Wang Y, et al., 2020	3.10	1.310
	PR2	当我在路上开新能源汽车时，我不会觉得很安全		2.98	1.290
	PR3	考虑到新能源汽车的缺点（如行驶里程有限、充电时间长、充电基础设施不足），我认为使用新能源汽车可能会造成相当大的时间损失		3.10	1.312
	PR4	我担心新能源汽车是否真的能像燃油汽车那样好用		2.87	1.212
	PR5	我担心如果我购买新能源汽车，我的家人和朋友可能不理解我的决定		2.84	1.227
	PR6	我担心开新能源汽车对我来说不方便		2.87	1.223

续表

变量	因子	题项	参考文献作者和发表时间	均值	标准差
积极情感	POS1	新能源汽车对我来说很有吸引力	Barrett L F and Russell J A,1999;Watson D, et al.,1988	3.98	0.861
	POS2	我对新能源汽车充满热情		3.84	1.059
	POS3	我为拥有新能源汽车而感到自豪		3.88	0.963
消极情感	NEG1	我讨厌新能源汽车		1.92	0.867
	NEG2	我很担心新能源汽车		2.88	1.154
	NEG3	我对新能源汽车感到失望		1.97	0.898
购买意愿	PI1	我会考虑购买新能源汽车	Dodds W B,et al.,1991;Wang Z, et al.,2017	3.76	1.036
	PI2	我想买一辆新能源汽车		3.81	0.89
	PI3	我会向别人推荐新能源汽车		3.85	0.904

（三）测量模型分析

使用 Cronbach's α、CITC、CR 和 AVE 来检验量表的信效度，如表 7-21 所示。因子载荷和 CITC 均超过 0.5，Cronbach's α 和 CR 均超过 0.7，AVE 超过 0.5。此外，如表 7-22 所示，每个变量的 AVE 平方根均大于相关系数，这表明该问卷具有良好的信度和效度。

表 7-21 子研究 1 中各变量的信度和效度分析

变量	因子	因子载荷	CITC	Cronbach's α	CR	AVE
感知有用性	PU1	0.850	0.718	0.849	0.851	0.655
	PU2	0.836	0.700			
	PU3	0.866	0.744			
感知易用性	PEU1	0.868	0.769	0.844	0.849	0.653
	PEU2	0.833	0.691			
	PEU3	0.808	0.684			

续表

变量	因子	因子载荷	CITC	Cronbach's α	CR	AVE
感知风险	PR1	0.801	0.720	0.901	0.902	0.604
	PR2	0.827	0.754			
	PR3	0.815	0.742			
	PR4	0.800	0.715			
	PR5	0.818	0.739			
	PR6	0.799	0.713			
购买意愿	PI1	0.586	0.721	0.861	0.865	0.682
	PI2	0.581	0.723			
	PI3	0.623	0.778			

表 7-22 子研究 1 结构的平均值、标准差和相关性

变量	感知有用性	感知易用性	感知风险	购买意愿	均值	标准差
感知有用性	**0.809**				3.990	0.860
感知易用性	0.288***	**0.808**			3.903	0.904
感知风险	−0.018	−0.148	**0.777**		2.960	1.033
购买意愿	0.500***	0.626***	−0.448***	**0.826**	3.807	0.836

注：*** 指显著性水平为 0.01，对角线上加粗数据是表 7-21 中 AVE 的平方根。

（四）结构模型分析

子研究 1 中运用结构方程模型进行分析和验证。考虑到共同方法偏差（CMB）对研究结果的可能影响，进行 Harman 单因素检验并通过了检验。模型的拟合指标如下：$\chi^2/df=1.188$，RMSEA$=0.018$，GFI$=0.977$，AGFI$=0.966$，NFI$=0.978$，IFI$=0.996$，CFI$=0.996$，PGFI$=0.682$，PNFI$=0.774$。χ^2/df 小于 3，RMSEA 小于 0.08，GFI、AGFI、NFI、CFI 和 IFI 均超过 0.9，PGFI 和 PNFI 均超过 0.5。态度矛盾和购买意愿两个变量的复平方相关系数分别为 0.353 和 0.739，表明该模型具有良好的拟合性和预测能力。子研究 1 的标准路径系数如表 7-23 所示。

表 7-23　子研究 1 的标准路径系数

路径	Std.	SE	CR	P
态度矛盾←感知有用性	−0.113	0.053	−2.848	0.004
态度矛盾←感知易用性	−0.350	0.067	−8.456	0.000
态度矛盾←感知风险	0.391	0.045	10.053	0.000
购买意愿←态度矛盾	−0.393	0.026	−10.407	0.000
购买意愿←感知有用性	0.314	0.032	9.017	0.000
购买意愿←感知易用性	0.330	0.043	8.540	0.000
购买意愿←感知风险	−0.218	0.028	−6.285	0.000

运用 Bootstrap 方法检验态度矛盾的中介效应（自抽样 5000 次），通过 95% 置信区间是否包括 0 来判断效应是否显著。如表 7-24 所示，95% 置信区间 [0.015, 0.077] 和 [0.015, 0.076] 不包括 0，说明态度矛盾在感知有用性对购买意愿的影响中起显著的正向中介作用；95% 置信区间 [0.102, 0.179] 和 [0.101, 0.177] 不包括 0，说明态度矛盾在感知易用性对购买意愿的影响中起显著的正向中介作用；95% 置信区间 [−0.199, −0.115] 和 [−0.198, −0.114] 不包括 0，说明态度矛盾在感知风险对购买意愿的影响中具有显著的负向中介作用。同时，Z 的绝对值大于 1.96，进一步验证了 Bootstrap 方法的测试结果。态度矛盾在感知有用性、感知易用性和感知风险对购买意愿的影响中起着部分中介作用。子研究 1 的模型图如图 7-6 所示。

表 7-24　子研究 1 的中介效应检验

路径	点估计量	SE	Z	Bootstrap 中介效应检验结果			
				偏差矫正百分位法		百分位法	
				置信区间下限	置信区间上限	置信区间下限	置信区间上限
感知有用性→购买意愿	0.044	0.016	2.75	0.015	0.077	0.015	0.076
感知易用性→购买意愿	0.138	0.019	7.26	0.102	0.179	0.101	0.177
感知风险→购买意愿	−0.154	0.021	−7.33	−0.199	−0.115	−0.198	−0.114

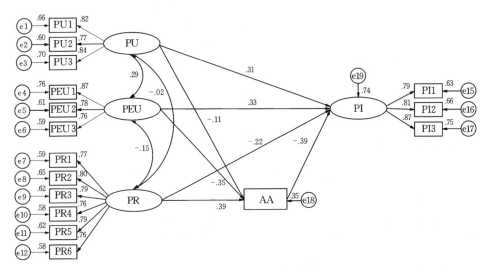

图 7-6 子研究 1 的模型图

四、子研究 2

(一) 样本与数据收集

子研究 2 的数据于 2022 年 7 月 15 日至 2022 年 7 月 29 日通过 Credamo 平台在线调查收集,样本来自中国 29 个省级行政区。共收集问卷 1023 份,其中有效问卷 627 份。表 7-25 显示了样本分布情况。

表 7-25 子研究 2 的样本人口统计概况

人口统计变量		样本数/份	占比/(%)
性别	男	290	46.3
	女	337	53.7
年龄	18～24 岁	130	20.7
	25～34 岁	349	55.7
	35～44 岁	93	14.8
	45 岁及以上	55	8.8

续表

人口统计变量		样本数/份	占比/(%)
受教育程度	初中及以下	44	7.0
	高中或中专	63	10.0
	大专	80	12.8
	本科	388	61.9
	硕士及以上	52	8.3
职业	企业员工或管理人员	275	43.9
	工人	124	19.8
	公务员	41	6.5
	个体户	42	6.7
	学生	86	13.7
	其他	59	9.4
家庭人数	两人及以下	44	7.0
	三人	279	44.5
	四人	165	26.3
	五人及以上	139	22.2
家庭年收入水平	10万元以下	118	18.8
	10万~20万元	299	47.7
	20万~50万元	170	27.1
	50万元及以上	40	6.4
家庭目前是否拥有汽车	是	532	84.8
	否	95	15.2
家庭是否计划在未来五年内购买汽车	计划购买燃油汽车	91	14.5
	计划购买新能源汽车	446	71.1
	无购买计划	90	14.4

续表

人口统计变量		样本数/份	占比/(%)
家庭曾经购买过新能源汽车吗	是	116	18.5
	否	511	81.5
总计		627	100

(二) 变量测量

在子研究2中,问卷也由两部分组成。第一部分收集被试的基本人口统计信息,第二部分收集变量的测量数据。题项按照表7-26所示的顺序提出。大多数题项与子研究1相同,不同之处在于态度矛盾的题项是基于Olsen S O 等(2009)以及 Itzchakov G 和 Van Harreved F(2018)的研究设计的。

表7-26 子研究2的测量结构

变量	因子	题项	参考文献作者和发表时间	均值	标准差
感知有用性	PU1	新能源汽车有助于减少碳排放和缓解能源短缺问题	Wang S, et al., 2018	4.28	0.781
	PU2	新能源汽车有助于减少家庭交通支出		4.16	0.856
	PU3	新能源汽车可以提高出行效率和生活质量		3.93	0.886
感知易用性	PEU1	我认为新能源汽车很容易获得牌照	Wu J, et al., 2019	3.79	0.968
	PEU2	我认为开新能源汽车去任何我想去的地方都很容易		3.93	0.989
	PEU3	我认为使用新能源汽车很容易		3.94	0.926
感知风险	PR1	我担心在使用新能源汽车时遭受经济损失(因为低二手车回收价值等)	Li W, et al., 2017; Wang Y, et al., 2020	3.37	1.095

续表

变量	因子	题项	参考文献作者和发表时间	均值	标准差
感知风险	PR2	当我在路上开新能源汽车时,我不会觉得很安全	Li W, et al., 2017; Wang Y, et al., 2020	3.20	1.104
	PR3	考虑到新能源汽车的缺点(如行驶里程有限、充电时间长、充电基础设施不足),我认为使用新能源汽车可能会造成相当大的时间损失		3.16	1.125
	PR4	我担心新能源汽车是否真的能像燃油汽车那样好用		3.16	1.098
	PR5	我担心如果我购买新能源汽车,我的家人和朋友可能不理解我的决定		2.74	1.125
	PR6	我担心开新能源汽车对我来说不方便		2.85	1.108
态度矛盾	AA1	我对新能源汽车的感觉很复杂	Olsen S O, et al., 2009; Itzchakov G and Van Harreveld F, 2018	2.82	1.040
	AA2	我对新能源汽车的态度很矛盾		2.95	1.106
	AA3	我对购买新能源汽车百感交集		3.09	1.124
购买意愿	PI1	我会考虑购买新能源汽车	Dodds W B, et al., 1991; Wang Z, et al., 2017	3.79	1.015
	PI2	我想买一辆新能源汽车		3.77	1.024
	PI3	我会向别人推荐新能源汽车		3.70	1.043

(三)测量模型分析

如表 7-27 和表 7-28 所示,问卷具有良好的信度和效度。

表 7-27　子研究 2 各变量的信度和效度分析

变量	因子	因子载荷	CITC	Cronbach's α	CR	AVE
感知有用性	PU1	0.825	0.696	0.831	0.833	0.625
	PU2	0.856	0.715			
	PU3	0.787	0.665			
感知易用性	PEU1	0.834	0.687	0.834	0.835	0.627
	PEU2	0.851	0.721			
	PEU3	0.779	0.676			
感知风险	PR1	0.711	0.612	0.860	0.860	0.507
	PR2	0.751	0.659			
	PR3	0.743	0.661			
	PR4	0.778	0.703			
	PR5	0.727	0.600			
	PR6	0.746	0.667			
态度矛盾	AA1	0.753	0.691	0.829	0.830	0.620
	AA2	0.755	0.700			
	AA3	0.781	0.673			
购买意愿	PI1	0.852	0.799	0.891	0.892	0.734
	PI2	0.846	0.804			
	PI3	0.794	0.755			

表 7-28　子研究 2 结构的平均值、标准差和相关性

变量	感知有用性	感知易用性	感知风险	态度矛盾	购买意愿	均值	标准差
感知有用性	**0.791**					4.123	0.728
感知易用性	0.466***	**0.792**				3.887	0.833
感知风险	−0.230***	−0.208***	**0.712**			3.080	0.850
态度矛盾	−0.494***	−0.477***	0.610***	**0.787**		2.953	0.942
购买意愿	0.478***	0.515***	−0.424***	−0.563***	**0.857**	3.753	0.930

注：*** 指显著性水平为 0.01，对角线上加粗数据是表 7-27 中 AVE 的平方根。

(四) 结构模型分析

模型的拟合指标如下:$\chi^2/df=2.015$,RMSEA=0.040,GFI=0.955,AGFI=0.938,NFI=0.956,IFI=0.977,CFI=0.97,PGFI=0.698,PNFI=0.781。χ^2/df 小于3,RMSEA 小于0.08,GFI、AGFI、NFI、CFI 和 IFI 均超过0.9,PGFI 和 PNFI 均超过0.5。态度矛盾和购买意愿的复平方相关系数分别为0.553和0.440。子研究2的标准路径系数如表7-29所示。

表7-29 子研究2的标准路径系数

路径	Std.	SE	CR	P
态度矛盾←感知有用性	−0.263	0.061	−5.779	0.000
态度矛盾←感知易用性	−0.251	0.056	−5.540	0.000
态度矛盾←感知风险	0.497	0.049	11.136	0.000
购买意愿←态度矛盾	−0.218	0.063	−3.386	0.000
购买意愿←感知有用性	0.196	0.061	4.054	0.000
购买意愿←感知易用性	0.280	0.059	5.763	0.000
购买意愿←感知风险	−0.187	0.057	−3.589	0.000

表7-30 显示了态度矛盾的中介效应检验结果。95%置信区间[0.022, 0.105]和[0.019,0.102]不包括0,说明态度矛盾在感知有用性对购买意愿的影响中起显著的正向中介作用;95%置信区间[0.019,0.104]和[0.017,0.100]不包括0,说明态度矛盾在感知易用性对购买意愿的影响中发挥显著的正向中介作用;95%置信区间[−0.191,−0.039]和[−0.190,−0.037]不包括0,说明态度矛盾在感知风险对购买意愿的影响中具有显著的负向中介作用。同时,Z 的绝对值大于1.96。态度矛盾在感知有用性、感知易用性和感知风险对购买意愿的影响中起着部分中介作用。子研究2的模型图如图7-7所示。

表7-30 子研究2的中介效应检验

路径	点估计量	SE	Z	Bootstrap 中介效应检验结果			
				偏差矫正百分位法		百分位法	
				置信区间下限	置信区间上限	置信区间下限	置信区间上限
感知有用性→购买意愿	0.057	0.021	2.714	0.022	0.105	0.019	0.102
感知易用性→购买意愿	0.055	0.022	2.500	0.019	0.104	0.017	0.100
感知风险→购买意愿	−0.108	0.039	−2.761	−0.191	−0.039	−0.190	−0.037

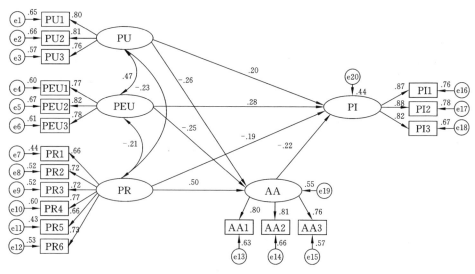

图 7-7 子研究 2 的模型图

五、讨论与总结

（一）研究结论

感知有用性、感知易用性和感知风险对新能源汽车的购买意愿有显著影响，其中感知有用性和感知易用性具有显著的正向影响，感知风险具有显著的负向影响。态度矛盾起部分中介作用，对创新产品核心性能的感知可以减少态度矛盾，而对创新产品不同方面风险的感知可以激发态度矛盾。值得注意的是，态度矛盾放大了感知有用性、感知易用性和感知风险对新能源汽车购买意愿的直接影响。感知有用性和感知易用性的积极间接效应本质上使其积极直接效应更加积极，感知风险的消极间接效应使其消极直接效应更加消极。

在子研究 1 和子研究 2 中，感知风险和感知易用性分别对新能源汽车的态度矛盾和购买意愿有最强的影响。前者反映出感知风险仍然是激发态度矛盾从而降低消费者新能源汽车购买意愿的重要因素，而后者意味着消费者逐渐理解和接受新能源汽车的功能属性以及使用起来的便利性，有助于新能源汽车的推广。比较子研究 1 和子研究 2，两组研究的发现很类似，表明在新能源汽车消费领域，矛盾心理的直接主观态度测量和间接积极/消极情感测量都是可靠的。

(二) 现实意义

本节研究分别测量了主观和客观的态度矛盾,并验证了态度矛盾对新能源汽车购买意愿的显著影响。强烈的态度矛盾会降低购买意愿,所以减少消费者的态度矛盾有助于新能源汽车的广泛采用。新能源产业是政府大力倡导和支持的一个新领域,相关产业政策的变化推动了新能源汽车企业的快速成长并使其直接参与到激烈的市场竞争中。鉴于消费者的感知有用性、感知易用性和感知风险对态度矛盾和购买意愿的不同影响,可以采取一些措施来积极应对。

感知风险对态度矛盾的影响最大,遭受经济损失可能是消费者最关心的问题。随着新能源汽车市场渗透率的提高,新能源汽车的售后服务应被高度重视。另一个重要的问题是二手新能源汽车的评估。二手新能源汽车的剩余价值缺乏统一的评估标准。二手新能源汽车认证和评估系统的制定有助于监管二手车交易市场,维护消费者权益。安全也是一个迫切需要关注的问题,应该加强新能源汽车的技术测试和离线检查,以提高产品可靠性。

感知易用性对消费者新能源汽车的购买意愿产生了最显著的影响。虽然直接经济激励可能正在减少,但有各种各样的非经济激励政策和间接的经济激励政策,这些政策包括"双积分"政策、免收牌照费、不限行、不限购等。正确设计和战略性地调整这些政策可以增强消费者对新能源汽车便利性的感知。

中国新能源汽车产业的可持续发展在很大程度上依赖于不断扩大的消费者的认可和支持。本节研究调查了中国消费者新能源汽车购买意愿的影响因素,特别关注态度矛盾。研究结果表明,感知有用性、感知易用性和感知风险对态度矛盾有不同程度的影响。此外,态度矛盾一定程度上在感知有用性、感知易用性和感知风险对购买意愿的影响中起中介作用。这些结论揭示了影响消费者态度和意图的潜在机制,为该产业的可持续发展提供了有价值的启示。

第四节 本章小结

在第六章消费者对新能源汽车态度分析的基础上,本章进一步构建了消费者新能源汽车购买意愿模型。本章围绕影响消费者新能源汽车购买意愿的因素开展了两个研究。第一个研究在第六章对消费者对新能源汽车情感态度分析的基础上,构建了一个基于"认知-情感-意愿"的购买意愿模型,该模型涵盖了影响消费者购买新能源汽车的个人因素、产品因素与外部因素，同时将消费者情感作为重要的中介变量，验证了消费者对新能源汽车的积极情感和消极情感对其购买意愿的重要影响。

　　第二个研究从消费者情感出发，重点讨论了两种情感引发的态度矛盾对新能源汽车购买意愿的作用。第二个研究在拓展的技术接受模型的基础上加入态度矛盾，并探讨其在感知易用性、感知有用性和感知风险对新能源汽车购买意愿的影响中的中介作用，形成了一个新的拓展技术接受模型。两个子研究分别使用客观和主观测量方法测量了消费者的态度矛盾，证明了态度矛盾对新能源汽车购买意愿的抑制作用。第二个研究结论揭示了努力消除消费者对新能源汽车态度矛盾的重要性。

参考文献

[1] 陈凡. 珠三角地区新能源汽车产业发展的比较研究[J]. 汽车工业研究, 2019(03): 17-20.

[2] 陈凯, 顾荣, 胡静. 基于感知收益—感知风险框架的新能源汽车购买意愿研究[J]. 南京工业大学学报(社会科学版), 2019, 18(2): 61-70, 112.

[3] 陈麟瓒, 王保林. 新能源汽车"需求侧"创新政策有效性的评估——基于全寿命周期成本理论[J]. 科学学与科学技术管理, 2015, 36(11): 15-23.

[4] 杜慧滨, 邹宏阳, 张永杰, 等. 异质行为下新能源汽车的技术采纳与扩散[J]. 管理科学学报, 2021, 24(12): 62-76.

[5] 冯相昭, 蔡博峰. 中国道路交通系统的碳减排政策综述[J]. 中国人口·资源与环境, 2012, 22(08): 10-15.

[6] 古小东, 夏斌. 区域生态环境保护协同机制的优化构建——以粤港澳大湾区为例[J]. 当代港澳研究, 2019(01): 27-55.

[7] 郭晓琳, 林德荣. 中国本土消费者的面子意识与消费行为研究述评[J]. 外国经济与管理, 2015, 37(11): 63-71.

[8] 郝玉凯, 秦远建. 中国区域汽车产业集群创新的关键影响因素分析[J]. 科学管理研究, 2012, 30(03): 43-47.

[9] 何佳讯, 葛佳烨, 张凡. 中国学者管理学研究的世界贡献:国际合作、前沿热点与贡献路径——基于世界千种管理学英文期刊论文(2013~2019年)的定量分析[J]. 管理世界, 2021, 37(09): 36-67.

[10] 黄鲁成, 王小丽, 吴菲菲, 等. 基于网络信息挖掘的创新政策公众感知研究——以新能源汽车政策为例[J]. 科学学与科学技术管理, 2019, 40(06): 21-36.

[11] 季诚浩, 戴佳, 曾繁旭. 环境倡导的差异:垃圾分类政策的政务微信传播策略分化研究[J]. 新闻大学, 2020(11): 97-110, 128.

[12] 姜爱华,生享璐.新能源汽车消费者购买意愿影响因素及引导政策研究[J].财政科学,2017(05):12-26.

[13] 黎雨敏,张秀芝,翁梓萌.需求侧管理下新能源汽车充电设施的发展策略研究[J].企业科技与发展,2021(08):22-24.

[14] 李创,叶露露,王丽萍.新能源汽车消费促进政策对潜在消费者购买意愿的影响[J].中国管理科学,2021,29(10):151-164.

[15] 李苏秀,刘颖琦,王静宇,等.基于市场表现的中国新能源汽车产业发展政策剖析[J].中国人口·资源与环境,2016,26(09):158-166.

[16] 李晓静,艾兴政,唐小我.基于供应链竞争的技术创新价值与溢出效应[J].系统工程学报,2017,32(06):808-817.

[17] 李晓敏,刘毅然,杨娇娇.中国新能源汽车推广政策效果的地域差异研究[J].中国人口·资源与环境,2020,30(08):51-61.

[18] 李一涵,田若曦,胡逸恺,等."京津冀"一体化背景下交通、生态及产业转型情况的认知研究[J].商展经济,2021(17):20-23.

[19] 刘兰剑.中国汽车节能减排政策与美、日比较研究[J].中国科技论坛,2010(06):155-160.

[20] 刘兰剑,陈双波.基于多回路竞争的新能源汽车技术创新政策研究[J].科学管理研究,2013,31(05):41-45.

[21] 刘颖琦,王静宇,Kokko A.电动汽车示范运营的政策与商业模式创新:全球经验及中国实践[J].中国软科学,2014(12):1-16.

[22] 卢超,尤建新,戎珂,等.新能源汽车产业政策的国际比较研究[J].科研管理,2014,35(12):26-35.

[23] 任保平,豆渊博.我国新经济发展的区域差异及其协调发展的路径与政策[J].上海商学院学报,2021,22(01):3-16.

[24] 沈悦,郭品.基于网络外部性理论的新能源汽车消费偏好实证研究[J].西安交通大学学报(社会科学版),2015,35(03):40-46.

[25] 盛亚,陈剑平.区域创新政策中利益相关者的量化分析[J].科研管理,2013,34(06):25-33.

[26] 王光明,佘文娟,宋金锦.基于NVivo10质性分析的高效数学学习心理结构模型[J].心理与行为研究,2014,12(01):74-79.

[27] 王颖,李英.基于感知风险和涉入程度的消费者新能源汽车购买意愿实证研究[J].数理统计与管理,2013,32(05):863-872.

[28] 王月辉,王青.北京居民新能源汽车购买意向影响因素——基于TAM和TPB整合模型的研究[J].中国管理科学,2013,21(S2):691-698.

[29] 吴昊俊,陈伟光.政策支持、环保压力与新能源汽车推广——基于空间杜宾模型的31省市面板数据分析[J].交通节能与环保,2022,18(05):81-87.

[30] 谢青,田志龙.创新政策如何推动我国新能源汽车产业的发展——基于政策工具与创新价值链的政策文本分析[J].科学学与科学技术管理,2015,36(06):3-14.

[31] 熊勇清.新能源汽车产业供需双侧政策:作用机理与实施效果[M].北京:中国社会科学出版社,2020.

[32] 熊勇清,陈曼琳.新能源汽车需求市场培育的政策取向:供给侧抑或需求侧[J].中国人口·资源与环境,2016,26(05):129-137.

[33] 熊勇清,何舒萍.新能源汽车目标用户消费行为与制造商经营行为互动过程分析——基于"领先"和"跟随"两类用户的实验模拟[J].科学学与科学技术管理,2017,38(11):61-70.

[34] 徐晨曦.新能源汽车集群发展:京津冀着重智能化,广东三电突出,长三角聚集新兴造车势力[J].中国战略新兴产业,2018(25):60-61.

[35] 杨慧,杨建林.融合LDA模型的政策文本量化分析——基于国际气候领域的实证[J].现代情报,2016,36(05):71-81.

[36] 尹洁林,张子芊,廖赣丽,等.基于技术接受模型和感知风险理论的消费者新能源汽车购买意愿研究[J].预测,2019,38(06):83-89.

[37] 余帆.基于文本挖掘的新能源轿车用户情感分析[J].物流工程与管理,2022,44(01):137-140.

[38] 张冬,魏俊斌.情感驱动下主流媒体疫情信息数据分析与话语引导策略[J].图书情报工作,2021,65(14):101-108.

[39] 张国强,徐艳梅.新能源汽车政策工具运用的国际镜鉴与引申[J].改革,2017(03):130-138.

[40] 张蕾,秦全德,谢丽娇.中国新能源汽车产业的政策协同研究——评估与演化[J].北京理工大学学报(社会科学版),2020,22(03):26-35.

[41] 张楠,马宝君,孟庆国.政策信息学:大数据驱动的公共政策分析[M].北京:清华大学出版社,2019.

[42] 张永安,周怡园.新能源汽车补贴政策工具挖掘及量化评价[J].中国人口·资源与环境,2017,27(10):188-197.

[43] 赵公民,吕京芹,武勇杰.基于LDA模型的新能源汽车政策文本量化分析[J].科技和产业,2021,21(01):49-55.

[44] 周望.政策扩散理论与中国"政策试验"研究:启示与调适[J].四川行政学院学报,2012(04):43-46.

[45] 周英男,黄赛,宋晓曼. 政策扩散研究综述与未来展望[J]. 华东经济管理, 2019,33(05):150-157.

[46] Aasness M A,Odeck J. The increase of electric vehicle usage in Norway—incentives and adverse effects[J]. European Transport Research Review, 2015,7(4):1-8.

[47] Al-Alawi B M,Bradley T H. Review of hybrid, plug-in hybrid, and electric vehicle market modeling studies[J]. Renewable and Sustainable Energy Reviews,2013,21:190-203.

[48] Arias M B,Bae S. Electric vehicle charging demand forecasting model based on big data technologies[J]. Applied Energy,2016,183:327-339.

[49] Axsen J,Kurani K S. Hybrid,plug-in hybrid,or electric —— What do car buyers want？[J]. Energy Policy,2013,61(7):532-543.

[50] Axsen J,Plötz P,Wolinetz M. Crafting strong,integrated policy mixes for deep CO_2 mitigation in road transport[J]. Nature Climate Change,2020, 10(9):809-818.

[51] Barbarossa C,Beckmann S C,De Pelsmacker P,et al. A self-identity based model of electric car adoption intention: a cross-cultural comparative study[J]. Journal of Environmental Psychology,2015,42:149-160.

[52] Beresteanu A,Li S. Gasoline prices,government support,and the demand for hybrid vehicles in the United States[J]. International Economic Review,2011,52(1):161-182.

[53] Bergek A, Berggren C, KITE Research Group. The impact of environmental policy instruments on innovation: a review of energy and automotive industry studies [J]. Ecological Economics, 2014, 106: 112-123.

[54] Bjerkan K Y,Nørbech T E,Nordtømme M E. Incentives for promoting battery electric vehicle (BEV) adoption in Norway[J]. Transportation Research Part D: Transport and Environment,2016,43:169-180.

[55] Bockarjova M,Steg L. Can protection motivation theory predict pro-environmental behavior？ Explaining the adoption of electric vehicles in the Netherlands[J]. Global Environmental Change,2014,28(1):276-288.

[56] Brand C,Cluzel C,Anable J. Modeling the uptake of plug-in vehicles in a heterogeneous car market using a consumer segmentation approach[J]. Transportation Research Part A: Policy and Practice,2017,97:121-136.

[57] Browne D, O'Mahony M, Caulfield B. How should barriers to alternative fuels and vehicles be classified and potential policies to promote innovative technologies be evaluated?[J]. Journal of Cleaner Production, 2012, 35: 140-151.

[58] Büschken J, Allenby G M. Sentence-based text analysis for customer reviews[J]. Marketing Science, 2016, 35(6): 953-975.

[59] Caperello N D, Kurani K S. Households' stories of their encounters with a plug-in hybrid electric vehicle[J]. Environment and Behavior, 2012, 44(4): 493-508.

[60] Carley S, Krause R M, Lane B W, et al. Intent to purchase a plug-in electric vehicle: a survey of early impressions in large US cites[J]. Transportation Research Part D: Transport and Environment, 2013, 18: 39-45.

[61] Caulfield B, Farrell S, McMahon B. Examining individuals preferences for hybrid electric and alternatively fuelled vehicles[J]. Transport Policy, 2010, 17(6): 381-387.

[62] Chaney A, Blei D M. Visualizing topic models[C]. Proceedings of the International AAAI Conference on Web and Social Media, 2012, 6(1): 419-422.

[63] Chang C. Feeling ambivalent about going green[J]. Journal of Advertising, 2011, 40(4): 19-32.

[64] Chen C. Science mapping: a systematic review of the literature[J]. Journal of Data and Information Science, 2017, 2(2): 1-40.

[65] Chen C, Zhuo R, Ren J. Gated recurrent neural network with sentimental relations for sentiment classification[J]. Information Sciences, 2019a, 502: 268-278.

[66] Chen C-F, Zarazua de Rubens G, Noel L, et al. Assessing the socio-demographic, technical, economic and behavioral factors of Nordic electric vehicle adoption and the influence of vehicle-to-grid preferences[J]. Renewable and Sustainable Energy Reviews, 2020, 121: 109692.

[67] Chen H C, Chiang R H L, Storey V C. Business intelligence and analytics: from big data to big impact[J]. MIS Quarterly, 2012, 36(4): 1165-1188.

[68] Chen K, Ren C R, Gu R, et al. Exploring purchase intentions of new

energy vehicles: from the perspective of frugality and the concept of "mianzi"[J]. Journal of Cleaner Production,2019b,230: 700-708.

[69] Chen Y,Zhang H,Liu R,et al. Experimental explorations on short text topic mining between LDA and NMF based schemes[J]. Knowledge-Based Systems,2019,163: 1-13.

[70] Cole D A, Preacher K J. Manifest variable path analysis: potentially serious and misleading consequences due to uncorrected measurement error[J]. Psychological Methods,2014,19(2): 300.

[71] Costa C M,Barbosa J C,Castro H, et al. Electric vehicles: To what extent are environmentally friendly and cost effective? —Comparative study by European countries[J]. Renewable and Sustainable Energy Reviews,2021,151: 111548.

[72] Dean M,Raats M M,Shepherd R. The role of self-identity,past behavior and their interaction in predicting intention to purchase fresh and processed organic food[J]. Journal of Applied Social Psychology,2012,42 (3): 669-688.

[73] DeLeo R A,Donnelly K P. Remodeling the Model: policy transfer and the implementation of the affordable care act in Massachusetts[J]. Polity, 2017,49(1): 5-41.

[74] de Oliveira M B,da Silva H M R,Jugend D,et al. Factors influencing the intention to use electric cars in Brazil[J]. Transportation Research Part A: Policy and Practice,2022,155: 418-433.

[75] Diebold F X, Yilmaz K. On the network topology of variance decompositions: measuring the connectedness of financial firms[J]. Journal of Econometrics,2014,182(1): 119-134.

[76] Dimitropoulos A,Rietveld P,Van Ommeren J N. Consumer valuation of changes in driving range: a meta-analysis[J]. Transportation Research Part A: Policy and Practice,2013,55: 27-45.

[77] Ding Y,Teng F,Zhang P,et al. Research on text information mining technology of substation inspection based on improved Jieba[C]. 2021 International Conference on Wireless Communications and Smart Grid (ICWCSG),2021: 561-564.

[78] Dong F, Liu Y. Policy evolution and effect evaluation of new-energy vehicle industry in China[J]. Resources Policy,2020,67: 101663.

[79] Du J, Ouyang D. Progress of Chinese electric vehicles industrialization in 2015: a review[J]. Applied Energy, 2017, 188: 529-546.

[80] Egbue O, Long S. Barriers to widespread adoption of electric vehicles: an analysis of consumer attitudes and perceptions[J]. Energy Policy, 2012, 48: 717-729.

[81] Fan J L, Wang J X, Li F Y, et al. Energy demand and greenhouse gas emissions of urban passenger transport in the Internet era: a case study of Beijing[J]. Journal of Cleaner Production, 2017, 165: 177-189.

[82] Feldman R. Techniques and applications for sentiment analysis[J]. Communications of the ACM, 2013, 56(4): 82-89.

[83] Flanagan K, Uyarra E, Laranja M. Reconceptualising the 'policy mix' for innovation[J]. Research Policy, 2011, 40(5): 702-713.

[84] Gallagher K S, Muehlegger E. Giving green to get green? Incentives and consumer adoption of hybrid vehicle technology[J]. Journal of Environmental Economics and Management, 2011, 61(1): 1-15.

[85] Gass V, Schmidt J, Schmid E. Analysis of alternative policy instruments to promote electric vehicles in Austria[J]. Renewable Energy, 2014, 61: 96-101.

[86] Globisch J, Dütschke E, Schleich J. Acceptance of electric passenger cars in commercial fleets[J]. Transportation Research Part A: Policy and Practice, 2018, 116: 122-129.

[87] Graham-Rowe E, Gardner B, Abraham C, et al. Mainstream consumers driving plug-in battery-electric and plug-in hybrid electric cars: a qualitative analysis of responses and evaluations[J]. Transportation Research Part A: Policy and Practice, 2012, 46(1): 140-153.

[88] Guo X, Fu L, Ji M, et al. Scenario analysis to vehicular emission reduction in Beijing-Tianjin-Hebei (BTH) region, China[J]. Environmental Pollution, 2016, 216: 470-479.

[89] Hackbarth A, Madlener R. Consumer preferences for alternative fuel vehicles: a discrete choice analysis[J]. Transportation Research Part D: Transport and Environment, 2013, 25: 5-17.

[90] Han L, Wang S, Zhao D, et al. The intention to adopt electric vehicles: driven by functional and non-functional values[J]. Transportation Research Part A: Policy and Practice, 2017, 103: 185-197.

[91] Hao H, Liu Z, Zhao F, et al. Material flow analysis of lithium in China[J]. Resources Policy, 2017, 51: 100-106.

[92] Hardman S, Jenn A, Tal G, et al. A review of consumer preferences of and interactions with electric vehicle charging infrastructure [J]. Transportation Research Part D: Transport and Environment, 2018, 62: 508-523.

[93] Hawkins T R, Singh B, Majeau-Bettez G, et al. Comparative environmental life cycle assessment of conventional and electric vehicles [J]. Journal of Industrial Ecology, 2013, 17(1): 53-64.

[94] He L Y, Qiu L Y. Transport demand, harmful emissions, environment and health co-benefits in China[J]. Energy Policy, 2016, 97: 267-275.

[95] He X, Ou S, Gan Y, et al. Greenhouse gas consequences of the China dual credit policy[J]. Nature Communications, 2020, 11(1): 5212.

[96] He X, Zhan W, Hu Y. Consumer purchase intention of electric vehicles in China: the roles of perception and personality[J]. Journal of Cleaner Production, 2018, 204: 1060-1069.

[97] Helveston J P, Liu Y, Feit E M D, et al. Will subsidies drive electric vehicle adoption? Measuring consumer preferences in the U.S. and China [J]. Transportation Research Part A: Policy and Practice, 2015, 73: 96-112.

[98] Herzenstein M, Dholakia U M, Andrews R L. Strategic herding behavior in peer-to-peer loan auctions[J]. Journal of Interactive Marketing, 2011, 25(1): 27-36.

[99] Hess A, Malandrino F, Reinhardt M B, et al. Optimal deployment of charging stations for electric vehicular networks[C]. Proceedings of the First Workshop on Urban Networking, 2012: 1-6.

[100] Hidrue M K, Parsons G R, Kempton W, et al. Willingness to pay for electric vehicles and their attributes [J]. Resource and Energy Economics, 2011, 33(3): 686-705.

[101] Hoen A, Koetse M J. A choice experiment on alternative fuel vehicle preferences of private car owners in the Netherlands[J]. Transportation Research Part A: Policy and Practice, 2014, 61: 199-215.

[102] Hu H H, Hu H Y, Parsa H G. Ambivalence attitudes toward green products and the moderating role of green advertisement: an extended

abstract[C]. Springer,2017a: 1289-1294.

[103] Hu Y H,Chen Y L,Chou H L. Opinion mining from online hotel reviews—a text summarization approach[J]. Information Processing & Management,2017b,53(2): 436-449.

[104] Huang H,Long R,Chen H,et al. Exploring public attention about green consumption on sina weibo: using text mining and deep learning[J]. Sustainable Production and Consumption,2022,30: 674-685.

[105] Huang Y,Qian L. Consumer preferences for electric vehicles in lower tier cities of China: evidences from south Jiangsu region[J]. Transportation Research Part D: Transport and Environment,2018,63: 482-497.

[106] Isoaho K,Gritsenko D,Mäkelä E. Topic modeling and text analysis for qualitative policy research[J]. Policy Studies Journal,2021,49(1): 300-324.

[107] Itzchakov G,Van Harreveld F. Feeling torn and fearing rue: attitude ambivalence and anticipated regret as antecedents of biased information seeking[J]. Journal of Experimental Social Psychology,2018,75: 19-26.

[108] Jaiswal D,Kaushal V,Kant R,et al. Consumer adoption intention for electric vehicles: insights and evidence from Indian sustainable transportation[J]. Technological Forecasting and Social Change,2021,173: 121089.

[109] Jelveh Z,Kogut B,Naidu S. Political language in economics[R]. Columbia Business School Research Paper,2018.

[110] Jena R. An empirical case study on Indian consumers' sentiment towards electric vehicles: a big data analytics approach[J]. Industrial Marketing Management,2020,90: 605-616.

[111] Jensen A F,Cherchi E,Mabit S L. On the stability of preferences and attitudes before and after experiencing an electric vehicle[J]. Transportation Research Part D: Transport and Environment,2013,25: 24-32.

[112] Ji J,Guo X,Zhang Y. The study of symbiotic relationships between the economic and the ecological system of China's mariculture industry—an empirical analysis of 10 coastal regions with Lotka-Volterra model[J]. Regional Studies in Marine Science,2021,48: 102051.

[113] Ji Q,Zhang D,Geng J-B. Information linkage,dynamic spillovers in prices and volatility between the carbon and energy markets[J]. Journal of Cleaner Production,2018,198:972-978.

[114] Jia S,Wu B. Incorporating LDA based text mining method to explore new energy vehicles in China[J]. IEEE Access,2018,6:64596-64602.

[115] Kamal S A,Shafiq M,Kakria P. Investigating acceptance of telemedicine services through an extended technology acceptance model (TAM)[J]. Technology in Society,2020,60:101212.

[116] Kang M J,Park H. Impact of experience on government policy toward acceptance of hydrogen fuel cell vehicles in Korea[J]. Energy Policy,2011,39(6):3465-3475.

[117] Khan U,Yamamoto T,Sato H. Consumer preferences for hydrogen fuel cell vehicles in Japan[J]. Transportation Research Part D:Transport and Environment,2020,87:102504.

[118] König M,Neumayr L. Users' resistance towards radical innovations:the case of the self-driving car[J]. Transportation Research Part F:Traffic Psychology and Behaviour,2017,44:42-52.

[119] Krause R M,Carley S R,Lane B W,et al. Perception and reality:public knowledge of plug-in electric vehicles in 21 US cities[J]. Energy Policy,2013,63:433-440.

[120] Krippendorff K. Content analysis:an introduction to its methodology[M]. 4th ed. Sage Publications,2018.

[121] Krupa J S,Rizzo D M,Eppstein M J,et al. Analysis of a consumer survey on plug-in hybrid electric vehicles[J]. Transportation Research Part A:Policy and Practice,2014,64:14-31.

[122] Kukreja V. Recent trends in mathematical expressions recognition:an LDA-based analysis[J]. Expert Systems with Applications,2023,213:119028.

[123] Langbroek J H M,Franklin J P,Susilo Y O. The effect of policy incentives on electric vehicle adoption[J]. Energy Policy,2016,94:94-103.

[124] Le A N,Jain M,Tam T D,et al. Attitudinal ambivalence towards green products:an empirical study in an emerging market[J]. International Journal of Economics and Business Research,2019,18(3):292-303.

[125] Lee J H,Wood J,Kim J. Tracing the trends in sustainability and social media research using topic modeling[J]. Sustainability, 2021, 13(3): 1269.

[126] Li W,Long R,Chen H,et al. A review of factors influencing consumer intentions to adopt battery electric vehicles[J]. Renewable and Sustainable Energy Reviews,2017a,78: 318-328.

[127] Li Y,Davis C,Lukszo Z,et al. Electric vehicle charging in China's power system: energy, economic and environmental trade-offs and policy implications[J]. Applied Energy,2016a,173: 535-554.

[128] Li J,Ku Y,Liu C,et al. Dual credit policy: Promoting new energy vehicles with battery recycling in a competitive environment?[J]. Journal of Cleaner Production,2020a,243: 118456.

[129] Li W,Long R,Chen H. Consumers' evaluation of national new energy vehicle policy in China: an analysis based on a four-paradigm model[J]. Energy Policy,2016b,99: 33-41.

[130] Li W,Long R,Chen H,et al. Household factors and adopting intention of battery electric vehicles: a multi-group structural equation model analysis among consumers in Jiangsu province, China[J]. Natural Hazards,2017b,87(2): 945-960.

[131] Li W,Long R,Chen H,et al. Effects of personal carbon trading on the decision to adopt battery electric vehicles: analysis based on a choice experiment in Jiangsu,China[J]. Applied Energy,2018,209: 478-488.

[132] Li X,Chen P,Wang X. Impacts of renewables and socioeconomic factors on electric vehicle demands——Panel data studies across 14 countries[J]. Energy Policy,2017c,109: 473-478.

[133] Li Y,Song J,Yang J. A review on structure model and energy system design of lithium-ion battery in renewable energy vehicle[J]. Renewable and Sustainable Energy Reviews,2014,37: 627-642.

[134] Liao F,Molin E,van Wee B. Consumer preferences for electric vehicles: a literature review[J]. Transport Reviews,2017,37(3): 252-275.

[135] Liao Z. The evolution of wind energy policies in China (1995—2014): an analysis based on policy instruments[J]. Renewable and Sustainable Energy Reviews,2016,56: 464-472.

[136] Lin B,Tan R. Estimation of the environmental values of electric vehicles

in Chinese cities[J]. Energy Policy,2017,104:221-229.

[137] Liu B. Sentiment analysis and opinion mining[M]. Morgan & Claypool Publishers,2012.

[138] Liu C,Liu Y,Zhang D,et al. The capital market responses to new energy vehicle (NEV) subsidies:an event study on China[J]. Energy Economics,2022,105:105677.

[139] Liu D. The effectiveness of three-way classification with interpretable perspective[J]. Information Sciences,2021,567:237-255.

[140] Liu X,Hu W. Attention and sentiment of Chinese public toward green buildings based on sina weibo[J]. Sustainable Cities and Society,2019,44:550-558.

[141] Liu Y,Kokko A. Who does what in China's new energy vehicle industry?[J]. Energy Policy,2013,57:21-29.

[142] Ma S,Fan Y,Feng L. An evaluation of government incentives for new energy vehicles in China focusing on vehicle purchasing restrictions[J]. Energy Policy,2017,110:609-618.

[143] Ma S,Fan Y,Guo J,et al. Analysing online behaviour to determine Chinese consumers' preferences for electric vehicles[J]. Journal of Cleaner Production,2019,229:244-255.

[144] Mabit S L,Fosgerau M. Demand for alternative-fuel vehicles when registration taxes are high[J]. Transportation Research Part D:Transport and Environment,2011,16(3):225-231.

[145] Maia S C,Teicher H,Meyboom A. Infrastructure as social catalyst:electric vehicle station planning and deployment[J]. Technological Forecasting and Social Change,2015,100:53-65.

[146] Mao S,Zhu M,Wang X,et al. Grey-Lotka-Volterra model for the competition and cooperation between third-party online payment systems and online banking in China[J]. Applied Soft Computing,2020,95:106501.

[147] Mersky A C,Sprei F,Samaras C,et al. Effectiveness of incentives on electric vehicle adoption in Norway[J]. Transportation Research Part D:Transport and Environment,2016,46:56-68.

[148] Michalek J J,Chester M,Jaramillo P,et al. Valuation of plug-in vehicle life-cycle air emissions and oil displacement benefits[J]. Proceedings of

the National Academy of Sciences,2011,108(40): 16554-16558.

[149] Mikolov T, Chen K, Corrado G, et al. Efficient estimation of word representations in vector space[J]. Computer Science,2013.

[150] Moons I, De Pelsmacker P. Emotions as determinants of electric car usage intention[J]. Journal of Marketing Management,2012,28(3-4): 195-237.

[151] Moons I, De Pelsmacker P. An extended decomposed theory of planned behaviour to predict the usage intention of the electric car: a multi-group comparison[J]. Sustainability,2015,7(5): 6212-6245.

[152] Morton C, Anable J, Nelson J D. Exploring consumer preferences towards electric vehicles: the influence of consumer innovativeness[J]. Research in Transportation Business Management,2016,18: 18-28.

[153] Musti S, Kockelman K M. Evolution of the household vehicle fleet: anticipating fleet composition, PHEV adoption and GHG emissions in Austin, Texas[J]. Transportation Research Part A: Policy and Practice, 2011,45(8): 707-720.

[154] Nykvist B, Nilsson M. Rapidly falling costs of battery packs for electric vehicles[J]. Nature Climate Change,2015,5(4): 329-332.

[155] Oliver J D, Rosen D E. Applying the environmental propensity framework: a segmented approach to hybrid electric vehicle marketing strategies[J]. Journal of Marketing Theory and Practice,2010,18(4): 377-393.

[156] Onwezen M C, Antonides G, Bartels J. The norm activation model: an exploration of the functions of anticipated pride and guilt in pro-environmental behaviour[J]. Journal of Economic Psychology,2013,39: 141-153.

[157] Ou X, Zhang X, Chang S. Scenario analysis on alternative fuel/vehicle for China's future road transport: life-cycle energy demand and GHG emissions[J]. Energy Policy,2010,38(8): 3943-3956.

[158] Ozaki R, Sevastyanova K. Going hybrid: an analysis of consumer purchase motivations[J]. Energy Policy,2011,39(5): 2217-2227.

[159] Pao H T, Chen H A, Li Y Y. Competitive dynamics of energy, environment, and economy in the US[J]. Energy,2015,89: 449-460.

[160] Park E, Lim J, Cho Y. Understanding the emergence and social

acceptance of electric vehicles as next-generation models for the automobile industry[J]. Sustainability,2018,10(3):662-674.

[161] Pearre N S,Kempton W,Guensler R L,et al. Electric vehicles:How much range is required for a day's driving? [J]. Transportation Research Part C:Emerging Technologies,2011,19(6):1171-1184.

[162] Peters A,Dütschke E. How do consumers perceive electric vehicles? A comparison of German consumer groups[J]. Journal of Environmental Policy Planning,2014,16(3):359-377.

[163] Plötz P,Schneider U,Globisch J,et al. Who will buy electric vehicles? Identifying early adopters in Germany[J]. Transportation Research Part A:Policy and Practice,2014,67:96-109.

[164] Qian L,Yin J. Linking Chinese cultural values and the adoption of electric vehicles: the mediating role of ethical evaluation [J]. Transportation Research Part D:Transport and Environment,2017,56:175-188.

[165] Qin Q,Zhou Z,Zhou J,et al. Sentiment and attention of the Chinese public toward electric vehicles:a big data analytics approach[J]. Engineering Applications of Artificial Intelligence,2024,127:107216.

[166] Rezvani Z,Jansson J,Bengtsson M. Consumer motivations for sustainable consumption:the interaction of gain,normative and hedonic motivations on electric vehicle adoption[J]. Business Strategy and the Environment,2018,27(8):1272-1283.

[167] Rezvani Z,Jansson J,Bodin J. Advances in consumer electric vehicle adoption research: a review and research agenda[J]. Transportation Research Part D:Transport and Environment,2015,34:122-136.

[168] Röder M,Both A,Hinneburg A. Exploring the space of topic coherence measures[C]. Proceedings of the Eighth ACM International Conference on Web Search and Data Mining,2015:399-408.

[169] Rothman N,Pratt M,Rees L,et al. Understanding the dual nature of ambivalence: Why and when ambivalence leads to good and bad outcomes[J]. The Academy of Management Annals,2017,11:33-72.

[170] Russell C A,Russell D W,Klein J. Ambivalence toward a country and consumers' willingness to buy emblematic brands:the differential predictive validity of objective and subjective ambivalence measures on

behavior[J]. Marketing Letters,2011,22(4):357-371.

[171] Sang Y N,Bekhet H A. Modelling electric vehicle usage intentions:an empirical study in Malaysia[J]. Journal of Cleaner Production,2015,92:75-83.

[172] Schuitema G,Anable J,Skippon S,et al. The role of instrumental, hedonic and symbolic attributes in the intention to adopt electric vehicles [J]. Transportation Research Part A:Policy and Practice,2013,48:39-49.

[173] Shalender K,Sharma N. Using extended theory of planned behaviour (TPB) to predict adoption intention of electric vehicles in India[J]. Environment,Development and Sustainability,2021,23(1):665-681.

[174] Sierzchula W, Bakker S, Maat K, et al. The influence of financial incentives and other socio-economic factors on electric vehicle adoption [J]. Energy Policy,2014,68:183-194.

[175] Steg L,Bolderdijk J W,Keizer K,et al. An integrated framework for encouraging pro-environmental behaviour:the role of values,situational factors and goals[J]. Journal of Environmental Psychology,2014,38:104-115.

[176] Su C W,Yuan X,Tao R,et al. Can new energy vehicles help to achieve carbon neutrality targets?[J]. Journal of Environmental Management,2021,297:113348.

[177] Sun Y,Wang Z,Zhang B,et al. Residents' sentiments towards electricity price policy:evidence from text mining in social media[J]. Resources, Conservation and Recycling,2020,160:104887.

[178] Tamor M A,Gearhart C,Soto C. A statistical approach to estimating acceptance of electric vehicles and electrification of personal transportation[J]. Transportation Research Part C:Emerging Technologies,2013,26:125-134.

[179] Tie S F,Tan C W. A review of energy sources and energy management system in electric vehicles[J]. Renewable and Sustainable Energy Reviews,2013,20:82-102.

[180] Vafaei-Zadeh A,Wong T K,Hanifah H,et al. Modelling electric vehicle purchase intention among generation Y consumers in Malaysia[J]. Research in Transportation Business Management,2022,100784.

[181] Vahdat A, Alizadeh A, Quach S, et al. Would you like to shop via mobile app technology? The technology acceptance model, social factors and purchase intention[J]. Australasian Marketing Journal, 2020, 29: 187-197.

[182] Valeri E, Danielis R. Simulating the market penetration of cars with alternative fuel powertrain technologies in Italy[J]. Transport Policy, 2015, 37: 44-56.

[183] Walla P, Brenner G, Koller M. Objective measures of emotion related to brand attitude: a new way to quantify emotion-related aspects relevant to marketing[J]. PlOS ONE, 2011, 6(11): e26782.

[184] Wan J, Zhao L, Gupta S, et al. Evaluating app bundling strategy for selling mobile apps: an ambivalent perspective[J]. Information Technology People, 2017, 30(1): 2-23.

[185] Wan Z, Sperling D, Wang Y. China's electric car frustrations[J]. Transportation Research Part D: Transport and Environment, 2015, 34: 116-121.

[186] Wang J M, Wu L C. Two-factor model of affection-behavior in green purchase: hypotheses and test[J]. Journal of Management Science, 2015, 24(3): 258-270.

[187] Wang K, Wei Y M. China's regional industrial energy efficiency and carbon emissions abatement costs[J]. Applied Energy, 2014, 130: 617-631.

[188] Wang L, Fu Z L, Guo W, et al. What influences sales market of new energy vehicles in China? Empirical study based on survey of consumers' purchase reasons[J]. Energy Policy, 2020a, 142: 111481.

[189] Wang M X, Zhao H H, Cui J X, et al. Evaluating green development level of nine cities within the Pearl River Delta, China[J]. Journal of Cleaner Production, 2018a, 174: 315-323.

[190] Wang N, Pan H, Zheng W. Assessment of the incentives on electric vehicle promotion in China[J]. Transportation Research Part A: Policy and Practice, 2017a, 101: 177-189.

[191] Wang R, Qi R, Cheng J, et al. The behavior and cognition of ecological civilization among Chinese university students[J]. Journal of Cleaner Production, 2020b, 243: 118464.

[192] Wang S, Fan J, Zhao D, et al. Predicting consumers' intention to adopt hybrid electric vehicles: using an extended version of the theory of planned behavior model[J]. Transportation, 2016, 43(1): 123-143.

[193] Wang S, Li J, Zhao D. The impact of policy measures on consumer intention to adopt electric vehicles: evidence from China [J]. Transportation Research Part A: Policy and Practice, 2017b, 105: 14-26.

[194] Wang S, Wang J, Li J, et al. Policy implications for promoting the adoption of electric vehicles: Do consumer's knowledge, perceived risk and financial incentive policy matter? [J]. Transportation Research Part A: Policy and Practice, 2018b, 117: 58-69.

[195] Wang X, Huang L, Daim T, et al. Evaluation of China's new energy vehicle policy texts with quantitative and qualitative analysis [J]. Technology in Society, 2021, 67: 101770.

[196] Wang Y, Wang S, Wang J, et al. An empirical study of consumers' intention to use ride-sharing services: using an extended technology acceptance model[J]. Transportation, 2020c, 47: 397-415.

[197] Wang Z, Dong X. Determinants and policy implications of residents' new energy vehicle purchases: the evidence from China[J]. Natural Hazards, 2016, 82: 155-173.

[198] Wang Z, Zhao C, Yin J, et al. Purchasing intentions of Chinese citizens on new energy vehicles: How should one respond to current preferential policy? [J]. Journal of Cleaner Production, 2017c, 161: 1000-1010.

[199] Wei S Y, Guo S L. Choice of policy tools for the development of China's new energy vehicle industry [J]. Science Technology Progress and Policy, 2014, 31(21): 99-103.

[200] Wu B, Chen X. Continuance intention to use MOOCs: integrating the technology acceptance model (TAM) and task technology fit (TTF) model[J]. Computers Human Behavior, 2017, 67: 221-232.

[201] Wu J, Liao H, Wang J W, et al. The role of environmental concern in the public acceptance of autonomous electric vehicles: a survey from China [J]. Transportation Research Part F: Traffic Psychology and Behaviour, 2019, 60: 37-46.

[202] Xu W, Shi X, Guan B. How does the new energy vehicles policy network change in China? An analysis of the roles and cooperation of the China

new energy vehicle policy makers[J]. Heliyon,2021,7(12): e08680.

[203] Yang S,Deng C,Tang T,et al. Electric vehicle's energy consumption of car-following models[J]. Nonlinear Dynamics,2013,71(1): 323-329.

[204] Yang T,Xing C,Li X. Evaluation and analysis of new-energy vehicle industry policies in the context of technical innovation in China[J]. Journal of Cleaner Production,2021,281: 125126.

[205] Yuan M,Zhang H,Wang B,et al. Downstream oil supply security in China: policy implications from quantifying the impact of oil import disruption[J]. Energy Policy,2020,136: 111077.

[206] Zhang L,Qin Q D. China's new energy vehicle policies: evolution, comparison and recommendation[J]. Transportation Research Part A: Policy and Practice,2018,110: 57-72.

[207] Zhang T,Tan Q,Yu X,et al. Synergy assessment and optimization for water-energy-food nexus: modeling and application[J]. Renewable and Sustainable Energy Reviews,2020a,134: 110059.

[208] Zhang W. Consumption, taste, and the economic transition in modern China[J]. Consumption Markets Culture,2020,23(1): 1-20.

[209] Zhang X. Reference-dependent electric vehicle production strategy considering subsidies and consumer trade-offs[J]. Energy Policy,2014, 67: 422-430.

[210] Zhang X,Bai X. Incentive policies from 2006 to 2016 and new energy vehicle adoption in 2010—2020 in China[J]. Renewable and Sustainable Energy Reviews,2017,70: 24-43.

[211] Zhang Y,Yu Y,Zou B. Analyzing public awareness and acceptance of alternative fuel vehicles in China: the case of EV[J]. Energy Policy, 2011,39(11): 7015-7024.

[212] Zhao X,Wang S,Wang X. Characteristics and trends of research on new energy vehicle reliability based on the Web of Science[J]. Sustainability, 2018,10(10): 3560.

[213] Zhu L,Wang P,Zhang Q. Indirect network effects in China's electric vehicle diffusion under phasing out subsidies[J]. Applied Energy,2019, 251: 113350.